W0068080

ars vivendi ⓧ

Johannes Wilkes

Das kleine

WESTFALEN
BUCH

Facetten einer Region

ars vivendi

Erste Auflage Mai 2016
© 2016 by ars vivendi verlag
GmbH & Co. KG, Bauhof 1, 90556 Cadolzburg
Alle Rechte vorbehalten
www.arsvivendi.com

Lektorat: Eva Elisabeth Wagner
Umschlaggestaltung: ars vivendi verlag
Druck: CPI Ebner & Spiegel, Ulm
Printed in Germany

ISBN 978-3-86913-626-4

Das kleine Westfalen-Buch

Inhalt

Eine kurze Geschichte Westfalens

Über die lange und bedeutende Geschichte Westfalens sind dicke Bücher geschrieben worden. Wir wollen uns auf wichtige Meilensteine beschränken. Zur Entstehung Westfalens gibt es eine hübsche Anekdote. Als der liebe Gott einst durch das einsame grüne Land streifte, dachte er sich: »Ist doch schade, dass sich an dieser herrlichen Gegend keine Menschen erfreuen!« Also griff er nach einer prächtigen Eiche, und siehe, aus den Ästen wurden kräftige Arme, aus dem Stamm Körper und Beine und aus der Krone ein mächtiger Schädel. Der Westfale war geschaffen. Wie er aber die Augen öffnet und den lieben Gott erblickt, verfinstert sich sogleich sein Blick: »Was machst du hier auf meiner Scholle?«

Der erste Westfale könnte ein hübscher Neandertaler gewesen sein. Nicht nur der Rheinländer, der stolz auf das Tal an der Düssel verweist, kann sich dieser Verwandtschaft rühmen, auch in Westfalen hat es dem Neandertaler gefallen, bei Warendorf jedenfalls fand man eine mächtige Platte seines etwa 80 000 Jahre alten Schädels. Der älteste westfälische Homo sapiens, von dem wir wissen, hat sein Leben in der Blätterhöhle von Hagen ausgehaucht, gut 10 000 Jahre ist das jetzt her. Möglicherweise, ja durchaus wahrscheinlich, hat der moderne Westfale manche seiner prächtigen Gene beiden Urvätern zu verdanken, die Dicke seines Schädels jedenfalls ist verdächtig.

Sesshaft wurden die ersten Westfalen erst um 4500 vor Christus. Warum sie so lange gezögert haben? Die Frage kann nur jemand stellen, der noch nicht in Westfalen gewesen ist: Weil es halt überall so schön ist! Hatte die Westfälin beschlossen, sich ein Haus mit Aussicht auf einen Sauerländer Hügel stellen zu lassen, bat sie ihren Mann kurz darauf, doch lieber hinunter ins fruchtbare Land an der Lippe zu ziehen. Kaum hatte man dort einen Bauplatz ausgeguckt, gefiel es ihr plötzlich im Teutoburger Wald noch viel besser, anschließend jedoch wollte sie sich lieber am weiten Horizont des Münsterlandes ergötzen, dann wiederum im Siegerland, wo man so hübsches Silber aus dem Berg schürfen konnte. So mäanderte man unentschlossen durchs westfälische Paradies, bis es der Ehemann schließlich leid war und er ein Machtwort sprach. Er rollte die alten Zelte endgültig zusammen und stellte ein Haus in Zeltform auf den Lössboden am Hellweg. Und wenn sich der Westfale entschließt, ein Haus zu bauen, dann auch gleich ein richtiges: Sechs Meter maß es in der Breite und satte 40 Meter in der Länge! Damit man nicht jedes Jahr wieder anbauen musste.

Wenig gefallen hat es den Westfalen, als die Römer begehrlich vom Rhein herüberschielten. Sollten sie nur hübsch im Rheinland bleiben! Als sich die römischen Legionen nicht mit der Sommerfrische in Haltern begnügen wollten, wo die Westfalen ihnen gnädig ein Plätzchen überlassen hatten, sondern sich in Marsch setzten, um ganz Westfalen zur Perle ihrer Provinzen zu machen, gab ihnen Hermann der Cherusker kräftig eins auf die Mütze. Simserim simsim simsim!

Wo genau die Varusschlacht stattgefunden hat, darüber wird weiter fleißig gestritten. Man vermutet, im südlichen Teil des nördlichen Ostwestfalens. Oder im nördlichen Teil des südlichen Ostwestfalens, die Wissenschaftler sind sich noch nicht einig. Möglicherweise soll für die Römer auch in Kalkriese bei Bramsche Schluss mit lustig gewesen sein. Manche Westfälin dürfte den verbeulten Römern traurig hinterhergeschmachtet haben, hatte sie sich doch ein römisches Bad gewünscht, so ein schickes mit Heißwasseranschluss. Jetzt hieß es weiter in der kalten Lippe baden. Auch den hübschen Fibeln und dem Halsschmuck jammerte sie nach. Der Wunsch seiner Frau aber ist dem Westfalen immer schon heilig gewesen, und so begann er, mit den Römern Handel zu treiben.

Die Römer warfen ihre nordwestlichen Nachbarn alle in einen Topf und nannten sie Sachsen. Vorsicht: Verwechslungsgefahr! Was heute in Leipzig oder Dresden sächselt, ist ein gänzlich anderer Menschenschlag. Die Altsachsen waren ein lockerer Zusammenschluss verschiedener germanischer Stämme, die bis hinauf zur Nordsee siedelten. Für einen Teil derselben, den westlichsten, tauchte plötzlich der schönste aller Namen auf: Westfalia. Auch das aber war nur eine Sammelbezeichnung, denn die stolzen und freien Sachsenstämme dachten nicht daran, sich einem König zu unterwerfen. Sie waren schon früh demokratisch organisiert und regelten ihre Angelegenheiten auf dem Thing. Ostfalen (nicht zu verwechseln mit den Ostwestfalen) gab es auch, von denen redet aber keiner mehr.

Als die Römer von den Franken besiegt wurden, bekamen die westfälischen Lande einen neuen Verehrer, gegen dessen Avancen man sich zur Wehr setzen musste. Die Franken fanden, dass es nicht mehr zeitgemäß sei, an die Vielgötterei zu glauben, und wollten die Westfalen zum Christentum bekehren. Wenn der Westfale sich aber mal entschlossen hat, an etwas zu glauben, dann auch richtig, und so folgten die nächsten Schlachten. Kaum ein anderes Volk machte den fränkischen Missionaren so viele Schwierigkeiten. Schließlich war es Karl der Große leid. Er zog ins Sauerland und ließ auf dem Marsberg die Irminsul schleifen, die Säule, die den westfälisch-sächsischen Himmel trug. Als der Himmelsbau darauf nicht einstürzen wollte, kamen die Westfalen ins Grübeln und begannen die Möglichkeit in Betracht zu ziehen, dass sich im Himmel ein Regierungswechsel vollzogen haben könnte. Sie ließen sich bekehren und hielten fortan dem Christentum die gleiche Treue wie Wodan und Co., wenngleich sie insgeheim – Gewohnheitsmenschen, die sie sind – noch manch alten Brauch praktizierten, argwöhnisch beäugt von den Bischöfen, die ihre Sitze in Münster, Paderborn, Osnabrück und Minden prächtig ausbauen ließen.

Weil Westfalen so schön zentral liegt und sich hier viele Handelswege kreuzten, wuchsen viele Siedlungen bald zu stolzen Städten heran, allen voran Soest und Dortmund. Um ihre Interessen zu schützen, schlossen sich einige von ihnen zur Hanse zusammen.

Bald herrschte in Westfalen ein Kuddelmuddel an verschiedenen Herrschaftsgebieten. Reichsstädte, kleine Grafschaften und Fürstbistümer rivalisierten miteinander, was sich noch verstärkte, nachdem Luther in Wittenberg seine Thesen an die Kirchentür geschlagen hatte. Die kleinen westfälischen Grafen und so manche Stadt witterten die Chance, ihre Eigenständigkeit zu zementieren, und traten zum evangelischen Glauben über, sehr zum Verdruss der Fürstbischöfe. Der Dreißigjährige Krieg, der darauf folgte, wütete auch in Westfalen, wenngleich nicht ganz so übel wie anderswo. Als man nach einem Ort für Friedensverhandlungen suchte, fiel deshalb die Wahl auf Münster und Osnabrück. Die noch intakte Landwirtschaft sorgte für ein gutes Catering bei den sich hinziehenden Verhandlungen. Politisch und religiös änderte sich in Westfalen nichts Großes, den Krieg hätte man sich, wie die meisten, sparen können.

Nach kurzer Friedenszeit ging es mit den Kriegen weiter. Zuerst kamen die Franzosen. Napoleon schuf sogar ein Königreich Westfalen und setzte gleich einen Bruder als Regenten ein. Weil ihm aber klar war, dass die Westfalen keinen König dulden, verlegte er die Hauptstadt lieber gleich ins hessische Kassel. Nachdem Bonaparte sein Waterloo erleben musste, war auch mit dem Königreich Westfalen Schluss. Man traf sich in Wien zum Kongress und vereinbarte beim Tanztee, dass Westfalen künftig nach Preußens Pfeife zu tanzen hatte. Seitdem sind die politischen Grenzen Westfalens definiert und haben bis heute Bestand, wenngleich viele Westfalen damit nicht einverstanden waren, denn Westfalen ist ja bedeutend größer. Die Preußen aber wollten keinen Ärger mit dem Königreich Hannover, dem man die nördlichen Teile Westfalens überließ. Der einzige Teil Westfalens, der seine Selbstständigkeit behalten durfte, war das kleine Fürstentum Lippe-Detmold. An seiner Rose durfte lange kein Preuße schnuppern.

Zum Ende des 19. Jahrhunderts verlegte sich das Leben in Westfalen zunehmend in den Untergrund. Die gewaltigsten deutschen

Kohlevorkommen führten zu einer lebhaften Wühltätigkeit und zu unglaublichem Bevölkerungswachstum, der Pott entstand, das neue Zentrum Westfalens. Industrie und Menschen mussten versorgt werden. Die drei Flüsse beschlossen, sich die Arbeit zu teilen: Die Ruhr sorgte für das Trinkwasser, die Emscher für das Abwasser und die Lippe mit ihren Kanälen für den Transport. Aus Sauer- und Siegerland schuf man das Erz herbei, gelegentlich im Tausch gegen Kohle. Öfen und Fördertürme wuchsen in die Höhe, Arbeitersiedlungen in die Breite. Aus vielen Gegenden Europas eilten die Menschen herbei, Westfalen wurde multikulturell. Bald begann es eng zu werden, und die Städte stießen aneinander, Wanne an Eickel, Castrop an Rauxel. Aus Gladbeck, Bottrop und Kirchhellen wollte man gar eine Dreifachstadt machen, Glabotki war den Menschen jedoch nicht zu vermitteln. Im Münsterland wuchsen die Schweineställe, um die Imbissbuden des Reviers mit frischen Currywürsten zu versorgen. Auch der Anbau von Gerste florierte; wenn der Bergmann aus dem heißen Bauch der Erde kletterte, musste der Durst gestillt werden. Wer wollte, konnte mit der Straßenbahn quer durchs Revier fahren, vorbei an dampfenden Schloten, Brauereien, rotierenden Förderrädern, an Kaninchenställen und Taubenschlägen.

Nach dem verlorenen Ersten Weltkrieg besetzten die Franzosen das Ruhrgebiet und forderten Kohle und Stahl als Entschädigung. Mit dem Zweiten Weltkrieg wurde es noch schlimmer. Bomber legten das ganze Ruhrgebiet in Schutt und Asche, dazu viele andere westfälische Städte wie Münster, Paderborn und Soest. Nach dem Krieg verlor als Letztes Lippe-Detmold seine Selbstständigkeit. Zwischen Rheinland und Westfalen quetschte man die Lippische Rose ins Wappen und nannte das neu entstandene Bundesland NRW. Um keinen Streit aufkommen zu lassen, schuf man zwei Landschaftsverbände: Rheinland und Westfalen-Lippe. Zur Hauptstadt machte man ein Dorf an der Düssel, das aus einem langen Laufsteg besteht – dort kaufen sich Frauen mit Geld, das sie nicht haben, Kleider, die sie nicht brauchen, um Menschen zu imponieren, die sie nicht leiden können. Seitdem wird ganz Westfalen vom Rheinland aus regiert.

Westfalen aber wurde zum Motor des deutschen Wirtschaftswunders; über den Länderfinanzausgleich finanzierte man Armenhäuser wie Bayern. Man baute wieder auf, was sich aufzubauen lohnte, aus den Ruinen entstanden die lebendigsten Städte. Hundertausende von Flüchtlingen kamen aus den Ostgebieten und entwickelten sich schnell zu echten Westfalen. Weil es in den Wirtschaftswunderjahren dennoch an Arbeitskräften fehlte, bat man Spanier, Portugiesen, Italiener, Griechen und Türken um Hilfe. Im Bemühen, die letzte Kohle aus dem Boden zu holen, grub man sich tief unter das Münsterland. Bald jedoch ist endgültig Schluss mit der Graberei. Aus den ehemaligen Industrieanlagen schuf man hübsche Denkmäler und Museen, aus dem Dortmunder Hoeschgelände den Phoenix-See mit Villen für die Fußballstars, Brauereien machte man zu, Universitäten auf. Die arme Emscher grub man wieder aus und versprach ihr, sie nie wieder in einen Abwasserkanal zu verwandeln. Irgendwann sollen wieder Lachse in ihr springen. Die Zukunft Westfalens ist grün.

Wo beginnt, wo endet Westfalen?

Keine einfache Frage. Politisch ist sie zwar leicht zu beantworten, aber bildet man damit die Wirklichkeit ab? Das westfälische Selbstverständnis? Wird sich ein Siegener als Westfale bezeichnen? Oder eine alteingesessene Familie aus Bad Laasphe? Diese südlichen Regionen von NRW haben eine gänzlich andere Geschichte, gehören nicht zu den sächsischen Stämmen, sondern zu den Franken. Sie sprechen einen anderen Dialekt, fühlen sich kulturell eher dem Rheinland oder Hessen zugehörig. Andererseits gibt es viele Gegenden im heutigen Niedersachsen, in denen sich die Menschen seit unzähligen Generationen als Westfalen fühlen. Sie sprechen die gleiche Sprache, bauten jahrhundertelang die gleichen Bauernhäuser, haben den gleichen Bischof, die gleichen Plattfüße. Und was ist mit dem Bergischen Land, was mit Wuppertal? Ist Wuppertal Rheinland oder die wahrscheinlich längste westfälische Stadt der Welt?

Wir können und wollen diese Entscheidungen nicht treffen. Westfalen soll für uns überall dort sein, wo sich die Menschen als Westfalen fühlen. Wenn Sie herausfinden wollen, ob Sie westfälischen Boden unter den Füßen haben, machen Sie den Westfalentest. Betreten Sie im Herbst die alte Dorfbäckerei und deuten auf einen der putzigen Brotmänner, die Sie in der Auslage anlachen. Sagen Sie dann zur Bäckereifachverkäuferin: »So einen hätte ich gerne!« Fragt sie nach: »Einen Stutenkerl?«, können Sie sicher sein: Sie sind in Westfalen!

(Warum das so ist? Das erfahren Sie im nächsten Kapitel!)

Ich back mir einen Stutenkerl!

Als echter Westfale sollte man einmal im Leben einen Stutenkerl gebacken haben. Das ist selbst für ungeübte Bäcker keine unüberwindliche Herausforderung. Und während Sie sich Ihren ganz persönlichen Stutenkerl zaubern, erzählen wir Ihnen, welche besondere Beziehung das leckere Männchen zu Westfalen hat. Doch zunächst stellen Sie bitte die Zutaten zusammen:

500 g westfälisches Weizenmehl (nicht Typ 04; auch nicht 09! Typ 405 bitte!)
250 ml Milch von glücklichen Münsterländer Kühen
1 Päckchen Trockenhefe von Herrn Doktor Oetker aus Bielefeld
2 Eier von Hennen (Nachbardorf von Schwerte)
75 g butterweiche Sauerländer Butter

75 g Zucker von Rüben aus der Soester Börde (notfalls auch aus rheinischer Produktion)

1 Prise Salz (nur noch schwer aus westfälischen Quellen zu erhalten, vergleiche das Kapitel »Salz«)

6 Rosinen (Herkunft gleichgültig, in Westfalen wachsen keine Trauben. Noch nicht.)

1 Tonpfeife (Vermutlich gibt es nur noch chinesische Exemplare.)

Während wir darauf warten, dass die Kühlschrankmilch lauwarm wird, dürfen wir Ihnen eine schöne Geschichte zum Stutenkerl erzählen.

Nicht lange ist es her, da waberten verführerische Düfte durch die Universität Augsburg. Die dort tätigen Sprachforscher zogen unzählige Stutenkerle aus dem Ofen, nicht zu Feierzwecken, sondern für den Dienst an der Wissenschaft. Die Wissenschaft war auch schuld daran, dass man die strammen Jungs nicht Stutenkerle, sondern neutral Hefegebäckmännchen nannte. Kaum abgekühlt, wurden die Männchen mit engagierten Doktoranden auf Reisen geschickt. Überall in Deutschland, an Hunderten von Orten, holten die Jungwissenschaftler den Hefegebäckmann aus der Tasche und fragten die Menschen, wie sie das süße Männchen nennen. So entstand eine ganz spezielle Deutschlandkarte. Das Ergebnis: Den Hefegebäckmann gibt es keineswegs ausschließlich in Westfalen, man kann ihn in ganz Deutschland verputzen, er heißt aber überall anders. Seine regionalen Eigennamen sind schöne Indikatoren für die Siedlungsgebiete der unterschiedlichen deutschen Stämme, denn im Gegensatz zu flüchtigen neudeutschen Begriffen sind Bezeichnungen für traditionelle Speisen sehr beständig. Der Stutenkerl ist sozusagen der Lackmustest für deutsche Volksstämme, ein schmackhafter Fingerabdruck zur Bestimmung von regionalen Identitäten.

Später mehr.

Die Milch ist inzwischen lau, nur mutig Zucker und Hefe hinein und das Ganze zum Mehl in die Rührschüssel geben. Mit Butter, Salz und den Eiern verrühren und dann beherzt durchkneten. Ist der Teig zu fest, noch einen Schuss Milch dazu. Geschirrtuch darüber und an einen warmen Ort stellen. Der Teig muss nun 20 Minuten gehen, Zeit genug, das Ergebnis der Augsburger Germanisten vorzustellen.

Ganze zwölf verschiedene Namen haben die Deutschen dem Hefegebäckmann verliehen, mit interessanter regionaler Verteilung. In Österreich und weiten Teilen Bayerns ist es der Krampus, der dunkle Begleiter des Nikolaus, als Pfefferkuchenmann oder Lebkuchenmann wird er in Ostdeutschland bezeichnet (die Befragten durften wohl nicht hineinbeißen, sonst hätten sie sich wegen des merkwürdig anderen Geschmacks beschwert), als Grittibänz oder Grättimann kommt er in der Schweiz dahergewatschelt (wohl wegen der gegrätschten Beine). In Teilen Badens ist es der Dambedei, jemand, den man zu heiß gebadet hat.

Doch Achtung! Auf die Uhr geschaut! Den Stutenkerlteig nicht zu lange gehen lassen! Kneten Sie ihn noch einmal kurz durch, bevor wir zum künstlerisch anspruchsvollsten Teil kommen: zur Menschwerdung oder Kerlogenese. Teilen Sie den Teig in zwei Hälften und formen Sie eine davon zu Ihrem persönlichen Stutenkerl. Keine Angst, es kann gar nichts schiefgehen. Je individueller Ihr Stutenkerl ausfällt, desto westfälischer. Denn das macht ja gerade den Westfalen aus, keiner ist wie der andere. Ihnen kommt der Kopf zu groß geraten vor? Dann ist er gerade richtig! Zwei Rosinen als Augen und eine als Mund. Nun noch das Tonpfeifchen hineingedrückt, wunderbar! Ein Stutenkerl kommt selten allein, die Westfalen sind gesellige Wesen. Formen Sie ihm noch einen Kameraden. Dann bedecken Sie das Backblech liebevoll mit Backpapier und legen Ihre Kerle auf das dünne Laken. Die beiden brauchen nun ein Viertelstündchen, um sich innerlich auf den Ofen vorzubereiten. Währenddessen dürfen wir Ihnen noch ein paar interessante Details der Stutenkerlstudie verraten.

Für uns, die wir uns mit Westfalen beschäftigen, ist interessant, dass es eine gestochen scharfe Sprachgrenze zwischen dem Rheinland und Westfalen gibt, einen echten Stutenkerl-Äquator. Die Rheinländer nennen den Stutenkerl Weckmann oder Weckenmann, manchmal auch ein Weckmännchen oder Weckenmännchen. Solche verniedlichenden Ausdrücke kommen für den Westfalen nicht infrage. Für ihn ist ein Kerl immer ein Kerl. Schaut man sich die Landkarte des Hefegebäckmannes an, so erstaunt zudem, wie sehr das Stutenkerlland sich mit den alten westfälischen Stammesgebieten deckt. Vom Sauerland im Süden bis hinauf zur Nordsee, überall nichts als Stutenkerle! Ein echter Stutenkerl kümmert sich eben nicht um willkürlich gezogene politische Grenzen; solange er westfälische Erde unter seinen strammen Füßen spürt, ist er ein Stutenkerl, immer und überall.

Aber nun ab in den Ofen mit den Lausebengeln! Keine Sorge, 200 Grad halten sie locker aus. Wieder dürfen wir uns 20 Minuten Pause gönnen. Die Zeit wollen wir nutzen, etwas zu dem Pfeifchen zu erzählen. Die Tonpfeife ist kein Spielzeug. Es hat Zeiten gegeben, da hatte jeder westfälische Bauer solche Tonpfeifen in seiner Schublade vorrätig. Kam ein Gast, so stopfte man sich ein Pfeifchen und schmauchte zusammen. Meist stammten die Tonpfeifchen aus dem Westerwald. Dort findet sich ein spezieller Pfeifenton, der nach dem Brennen blendend weiß leuchtet. Pfeifenbäcker war ein eigener Beruf. Ab Mitte des 18. Jahrhunderts aber kamen die Tonpfeifen aus der Mode. Zwar konnte man sie durch Ausbrennen säubern, war man aber unvorsichtig, so zerbrachen sie leicht. Holzpfeifen wurden modern, dem Westfalen aber gefiel besonders die schöne Meerschaumpfeife. Meerschaum, allein der Name! Poesie pur. Aus der Türkei stammt das Tonmineral Sepiolith, das sich zu den schönsten Pfeifenköpfen schnitzen lässt. Zunächst ist die Meerschaumpfeife weiß wie die Tonpfeife, mit der Zeit aber dunkelt sie nach und gewinnt ihr individuelles Profil. Wie verbreitet die Meerschaumpfeife in Westfalen gewesen ist, davon zeugen nicht zuletzt die Denkmäler für den Kiepenkerl. Doch das ist ein eigenes Kapitel.

Jetzt geht es um einen anderen Kerl, den Stutenkerl: »Ach, zieh mich raus, ach, zieh mich raus! Ich bin schon ganz durchgebacken!« Fertig ist er, braun gebrannt wie ein Sauerländer am Strand von Malle. Ist er nicht zum Anbeißen? Puristen genießen ihn pur. Gut schmeckt er auch mit Butter. So oder so: Guten Appetit!

Tipp: Wenn Ihr Stutenkerl noch westfälischer schmecken soll, dann fragen Sie nach dem Westfälischen Totleger (vergleiche Seite 51).

Google und Amazon? Alte Hüte in Westfalen!

Google? Eine westfälische Erfindung! Schon lange bevor Herr Nixdorf in Paderborn seinen ersten Computer zusammenschraubte, gab es in weiten Teilen Westfalens die perfekte Suchmaschine. Sie kam ganz ohne Akku und Internetempfang aus, lief auf zwei Beinen und trug einen großen Korb auf dem Rücken: der Kiepenkerl. Manche sagen, er sei ein Händler gewesen, der nützliche Dinge wie Knöpfe, Zwirn und Tuch oder Salz in die Dörfer brachte; den entstandenen Leerraum füllte er mit Speck, Butter und Eiern, mit denen er dann die Städter beglückte, ein vormoderner Versandhandel also, die westfälische Variante von Amazon. Was nicht in die Kiepe passte, hing baumelnd herab: Bürsten zum Scheuern der Töpfe und Milchkannen, Holzlöffel und Haarbesen.

Die eigentliche Aufgabe des Kiepenkerls aber schien eine andere gewesen zu sein: Er versorgte die Menschen mit den neuesten Neuigkeiten. Weil er überall herumkam, war er stets gut informiert und teilte sein Wissen gerne mit. Und das nicht ganz uneigennützig. Die Neugier der Menschen war sein Geschäft, so wie heute das von Google, hierdurch brachte er seine Waren viel leichter an den Mann.

Oder besser an die Frau. Was trägt man dieses Frühjahr denn so in Münster? Wie entwickelt sich der Weizenpreis? Welcher Schurke stand letzte Woche vor Gericht?

Der Kiepenkerl war nicht nur Google und Amazon in einem, er war zugleich ein gut funktionierendes Partnerschaftsportal. War einem Bauern die Frau weggestorben, erfuhr der Kiepenkerl als einer der Ersten davon und wusste in einem der Nachbardörfer garantiert eine Familie, in der eine passende Heiratskandidatin zu finden war. Dabei arbeitete er ausschließlich auf Provisionsbasis, das heißt, nur im Erfolgsfall musste gezahlt werden. Da sollten sich die modernen Partnervermittler im Internet mal eine Scheibe von abschneiden!

Provision erhielt der Kiepenkerl auch, wenn er eine Magd oder einen Knecht erfolgreich vermittelte, denn er war außerdem eine mobile Jobagentur. Zu Ostern oder zum Michaelistag liefen die Arbeitsverträge aus. Das Geld, das der Kiepenkerl für eine Vermittlung erhielt, nannte sich Mehegeld. »He hett sick op een'n annern Hof vermehet«, sagte man, wenn ein Knecht eine neue Stellung angenommen hatte.

Man sieht, der Kiepenkerl lief, was er konnte, ohne ihn aber lief nichts. Bis zum Beginn des 20. Jahrhunderts war er unterwegs, manche Strecke legte er mit dem Zug zurück, im Waggon 4. Klasse, der für Reisende mit Traglasten bestimmt war. Nicht nur durch seine Kiepe, die aus Weidenruten geflochtene Rückenkraxe, war der Kiepenkerl unverwechselbar. Wie Google, Amazon und andere bekannte Firmen legte auch der Kiepenkerl Wert auf ein charakteristisches Markendesign, das später, als man ihn touristisch zu nutzen begann, noch charakteristischer wurde. Immer trug er ein rotes Halstuch zu seinem blauen Hemd und einen Gehstock, der ihm zugleich als Maßstab diente, wenn es galt, die Länge des Tuchs zu vermessen. In der anderen Hand trug er oft die typische Meerschaumpfeife, Nichtraucher unter den Kiepenkerlen scheinen nicht vorgekommen zu sein. Seine Kleidung war dem Wetter und der Qualität der Pädkes angepasst: Lange Stiefel, ein Regenumhang und eine Schirmmütze waren Pflicht. Tat ihm der Rücken weh oder wurden die Aufträge zu zahlreich, schaffte er sich einen Hund an und ließ ihn einen hölzernen Wagen ziehen.

Auch die Kinder liebten den fliegenden Händler. Sahen sie eine Spur von Federn auf dem Weg, liefen sie jubelnd hinterher. Mancher Kiepenkerl handelte nämlich auch mit Geflügel. Für das Federvieh hatte er ein eigenes, käfigartiges Fach an seiner Kiepe, manches Huhn rupfte er gleich unterwegs. Holten die Kinder ihn ein, fiel oft ein Stück Kandiszucker ab. Wann hat es das bei Google jemals gegeben?

Wie groß ist das Erdbebenrisiko in Westfalen?

Um Sie gleich zu beruhigen: Das Risiko, dass in Westfalen die Erde bebt, ist verschwindend gering. Wie der Westfale ein ruhiger Vertreter ist, den nichts so leicht erschüttern kann, so verhält sich auch sein Land. Wir können jedoch verstehen, wenn Sie nach den schrecklichen Bildern verunsichert sind, die uns immer wieder, selbst aus nahen europäischen Regionen, erreichen. Aus diesem Grunde scheint es uns wichtig, Ihnen durch eine sachliche Analyse der hiesigen Verhältnisse Beruhigung zu verschaffen.

Für die Registrierung von Beben sind die regionalen Erdbebendienste zuständig. Jährlich treten auch in Deutschland einige Hundert Erdbeben auf, von denen manche stark genug sind, von der Bevölkerung wahrgenommen zu werden. Deutschland durchziehen zum Glück nur schwache Erdbebenzonen. Ein unsicherer Kandidat ist der Oberrheingraben, der in den Schwarzwaldstuben schon mal die Kuckucksuhren zum Wackeln bringen kann. Auch ein Keil, der sich von der Schwäbischen Alb in östlicher Richtung die Donau entlang erstreckt und fast bis nach Regensburg reicht, macht manchmal Probleme. In seinem Kerngebiet, dem Hohenzollerngraben, herrscht ein durchaus nicht geringes Erdbebenrisiko. Schuld daran ist die afrikanische Platte, die vor circa 15 Millionen Jahren so heftig gegen Europa rumpelte, dass sich die Alpen auffalteten und Schluss war mit der freien Sicht aufs Mittelmeer. Bebt es jedoch in Westfalen, ist das dem nahen Rheinland zu verdanken. Alle westfälischen Beben nehmen vom Niederrhein ihren Ausgang, abgesehen von der ein oder anderen lokalen Erschütterung durch einen einstürzenden Stollen zwischen Wanne und Eickel.

Ein schweres Beben mit verheerenden Folgen ereignete sich 1640. Besorgt legten die Dortmunder den Kopf in den Nacken und schauten hinauf zum Turm von St. Reinoldi. Das »Wunder von Westfalen« hatte eine stattliche Höhe von 112 Metern, von dort genoss man einen herrlichen Rundblick weit übers Land. An jenem Tag aber war dem Türmer nicht nach Sightseeing. Ihm muss ziemlich schlecht geworden sein, so sehr brachte das Erdbeben das westfälische Wahrzeichen zum Schwanken. Zu seinem Glück allerdings stürzte der hohe Turm erst mit leichter Verzögerung ein, nämlich 21 Jahre später. Als man ihn 1701 wieder aufbaute, beließ man es bei erdbebensicheren 80 Metern, in der Nachkriegszeit stockte man ihn dann auf 105 Meter auf, damit man ihn zwischen den Hochhäusern noch erkennen kann.

Ein aktuelles Beben fiel deutlich gnädiger aus. Anfang September 2011 riefen zahlreiche besorgte Westfalen ihre Feuerwehr an. In Dortmund stellte man zwei Schäden fest, in einem Fall war es zu Rissen in einer Kellerwand gekommen, im zweiten Fall hatte eine Hauswand in Lütgendortmund Putz abgeworfen. Selbst im ostwestfälischen Bielefeld hatten die Biergläser noch in den Schränken gesungen. Die Erdbebenstation Bensberg maß eine Stärke von 4,4 auf der Richterskala und lokalisierte den Herd bei Goch am Niederrhein.

Selbstverständlich sind auch in Westfalen Seismografen installiert. An der Ennepetalsperre und der Talsperre der Sorpe sind die kombinierten Mikrobeben- und Starkbebenstationen stets wachsam. Nur für alle Fälle natürlich. Für den Menschen sind Beben von 2 oder darunter auf der nach oben stets offenen Richterskala nicht spürbar. Wahrnehmbar werden Erdbeben gewöhnlich erst ab einer Stärke von 3. Und damit kommen wir zu einer wichtigen Bitte des neu geschaffenen Erdbebenalarmsystems NRW, die wir hiermit gerne weitergeben: Alle sich in Westfalen aufhaltenden Personen werden dringend darum gebeten, gefühlte Erschütterungen unmittelbar und detailliert mitzuteilen!

Damit Sie die Einschätzung auch korrekt vornehmen, hier ein kleiner Überblick: Erdbeben der Stärke 3 verursachen in aller Regel lediglich eine leichte, nicht unangenehme Vibration. Ab der Stärke 4 können sich dann Zimmergegenstände bewegen, etwa die hübschen Schmuckvasen auf Ihrem Wohnzimmerregal oder die TV-Fernbedienung neben Ihrem Pilsglas. Stärke 5 sollten Sie dann ankreuzen, wenn die Fernbedienung zu wandern beginnt beziehungsweise die Schmuckvasen abstürzen. Läuft plötzlich ein Sprung Ihre Wohnzimmerwand entlang, können Sie sicher sein, dass Stärke 5 erreicht ist, außer, Ihr Haus wurde durch die falsche Baufirma errichtet, denn dann springen die Wände bereits bei Stärke 4 auf. Schwieriger zu ermitteln ist Stärke 6. Hierzu begeben Sie sich bitte zunächst wegen der nun auf Sie einprasselnden Zimmerdecke unter einen robusten Eichentisch und rufen von dort jemanden an, der exakt 70 Kilometer entfernt wohnt – zum Beispiel, wenn Sie in Lüdenscheid wohnen, ihre Tante in Werne. Hat auch Ihre Tante das Beben vernommen, klicken Sie bitte Stärke 6 bis 7 an. Ab Stärke 8 wird das Ausfüllen des Formulars unpraktisch und von den Erdbebendiensten auch nicht mehr ausdrücklich verlangt. Technisch wird es jetzt ebenfalls schwierig, da in der entstandenen Trümmerwüste kaum mehr eine Leitung funktionieren dürfte. Außer natürlich, Sie sind in der glücklichen Lage, über ein internetfähiges Handy zu verfügen! Zwischen 8 und 9 liegt die Erdbebenstärke, wenn in einem Umkreis von einigen Hundert Kilometern alles in Schutt und Asche liegt. Zur Ermittlung dieses Umstands rufen Sie am besten gleich – sollten Sie sich außerhalb

Westfalens aufhalten – die Münchner Zentrale des Erdbebendienstes an. Wenn dort noch jemand abhebt, ist es eher Stärke 7 gewesen, ertönt jedoch nicht einmal mehr das Besetztzeichen, könnte es sogar Stärke 10 sein, was allerdings weltweit nur alle 20 Jahre vorkommt.

Wir hoffen, Ihnen mit der Vermittlung dieser Fakten die Angst vor einem Erdbeben ein wenig genommen zu haben. Was wirkt beruhigender als verlässliche Informationen? Auch den Turm von St. Reinoldi können Sie beruhigt wieder betreten, man hat ihm ein Betonfutter spendiert. Westfalen ist wirklich ein ziemlich sicheres Land. Wenn es das wackelige Rheinland nicht gäbe, wäre es noch sicherer. Sollten Sie allerdings an Samstagnachmittagen in Dortmund oder Gelsenkirchen ein Beben verspüren, melden Sie das bitte nicht der Erdbebenzentrale! Dann nämlich handelt es sich um Erschütterungen, die durch kollektives rhythmisches Springen auf den Rängen der Fußballstadien ausgelöst werden, und davon brauchen die sensiblen Erdbebenexperten nichts zu erfahren, woll?

(Wenn Sie sichergehen wollen, ob es nicht doch ein Beben war: www.gd.nrw.de gibt Auskunft.)

Das Westfalenlied

Wie schreibt man eine Hymne? Auf das eigene Land? Eine schwierige Aufgabe! Vor allem für einen Westfalen. Kennzeichen jeder Hymne ist ja der Lobgesang, hymnisch zu lobsingen aber liegt dem Westfalen nicht. Nicht dass sein Land kein Lob verdient hätte, natürlich hat es das! Seine ihm ureigene Bescheidenheit aber macht dem Westfalen die hymnische Dichtung schwierig. Besser können das die Engländer oder Franzosen. Und natürlich die Rheinländer, besonders die aus Köln. Kaum eine zweite Stadt, die sich so zu besingen weiß. Leider nur (oder Gott sei Dank?) hat sich bislang kein Rheinländer gefunden, den Westfalen ihre Nationalhymne zu schreiben. Um diesem Mangel abzuhelfen, mussten also die Westfalen selber ran. So ist es dann doch entstanden, das Westfalenlied, hier die Geschichte seiner Entstehung.

Rast nach einer schönen Reise. Auf Einladung eines sauerländischen Geschäftsfreunds hat Emil Rittershaus eine Landpartie gemacht, ist mit der Kutsche nach Hemer gefahren, durch das idyllische Hönnetal, hatte die Stadt Menden besucht, die Ruhrauen durchstreift und sich schließlich am Bertingloh in der Gemeinde Halingen an den Fuß der dort stehenden 1 000-jährigen Wodaneiche gesetzt. Emil Rittershaus ist ein erfolgreicher Kaufmann aus Barmen, hat die Fabrik seines Schwiegervaters übernommen und in Elberfeld ein eigenes Handelsgeschäft für Metallwaren gegründet. Eigentlich aber ist er nur eines: ein Dichter. Seine Geschäfte sind ihm nicht mehr als ein öder Broterwerb. Wenn seine Feder Bilanzen niederschreiben muss, fährt sie kratzend über das Papier, zu singen aber beginnt sie, wenn Verse aus ihr fließen. In poetischer Stimmung ist Emil Rittershaus auch jetzt, an diesem herrlichen Tag des Jahres 1869. Die alte Eiche im Rücken, das grüne Tal vor Augen, schreibt er sein wohl bekanntestes Lied, das Westfalenlied, ein Loblied auf seine Heimat.

> Ihr mögt den Rhein, den stolzen, preisen,
> Der in dem Schoß der Reben liegt.
> Wo in den Bergen ruht das Eisen,
> Da hat die Mutter mich gewiegt.
> Hoch auf dem Fels die Tannen stehn,
> Im grünen Tal die Herden gehn,
> Als Wächter an des Hofes Saum
> Reckt sich empor der Eichenbaum.
> Da ist's, wo meine Wiege stand,
> O grüß dich Gott, Westfalenland!

Mitte des 19. Jahrhunderts bewegt die Romantik viele deutsche Dichterherzen. Man träumt, man schwärmt, man lässt sich begeistern. Von eher nüchternem Wesen, das die Übertreibung nicht kennt, neigt jedoch selbst ein romantisch gestimmter Westfale nicht zum Überschwang. Auch der Dichter Emil Rittershaus nicht. Er lässt sein Westfalenlied nicht mit einem Lobpreis der westfälischen Schönheit beginnen, sondern gesteht bescheiden, dass Lob und Preis sich weiter westlich orientieren, am Rhein, an dessen stolzen Ufern die Reben glänzen. Wo die Nationalhymne, die zunächst das schöne Nachbarland besingt? Stellen Sie sich vor, ein verliebter Mann schreibt seiner Angebeteten ein Liebesgedicht, und das Gedicht beginnt mit Schwärmereien für die schöne Nachbarin. Würde die Holde diesem Kerl das Gedicht nicht um die Ohren schlagen? Und zwar mit Recht? Dass die Westfalen Rittershausens Westfalenlied dennoch begeistert aufgenommen haben, spricht für ihr großes Herz. Ihnen macht es nichts aus, fremde Schönheit anzuerkennen. Der rheinische Spruch »Man muss auch jönne könne« wird in Wahrheit westfälischen Ursprungs sein.

Auch aus den weiteren Verszeilen spricht tiefe Bescheidenheit. Dies wird deutlich, wenn wir den Inhalt kurz zusammenfassen: Auf einem Fels aus Eisenerz stehen ein paar Tannen, während unten ein paar Rindviecher vorbeitrotten. In dieser Szenerie wiegt eine Mutter ihr Kind. Mal ehrlich, würden wir mit dem Kleinen tauschen wollen?

Man muss wissen, dass für Emil Rittershaus persönlich der Satz »wo in den Bergen ruht das Eisen« eine durchaus hübsche Nebenbedeutung hatte. Schließlich heiratete er die Tochter eines Metallwarenfabrikbesitzers, sodass für den Mann von der Wupper das sauerländische Eisen wenn schon nicht das Herz, so doch den Geldbeutel ordentlich wuppern ließ. Doch weiter im Text, die zweite Strophe:

Wir haben keine süßen Reben
Und schöner Worte Überfluss

Und haben nicht so bald für jeden
Den Brudergruß und Bruderkuss.
Wenn Du uns willst willkommen sein,
So schau aufs Herz, nicht auf den Schein,
Und sieh uns grad hinein ins Aug
Gradaus, das ist Westfalenbrauch!
Es fragen nicht nach Spiel und Tand
Die Männer aus Westfalenland.

Erneut kommen die Reben ins Spiel, vielmehr die fehlenden. Fehlende Reben, fehlende schöne Worte, fehlende Grüße und fehlende Küsse, es ist, als wollte der Dichter uns das Westfalenland negativ definieren: Ich sag dir, was dem Westfalenland fehlt, und du kannst es dir vorstellen! Wie in Strophe eins spielt auch hier das Rheinland mit hinein. Ja, dort gibt es der Reben im Überfluss, dort werden nach Franzosenart galante Worte gemacht, dort grüßt und küsst man jeden, der einem über den Weg läuft. Aber was ist das alles wert? Zählt das tatsächlich? Das ist doch nichts als Oberflächlichkeit, reiner Schein, ist Koketterie und Galanterie ohne jede tiefere Empfindung. Wie anders dagegen der Westfale! Blick in dessen Auge, besser noch in sein Herz, dann wirst du ihn kennenlernen! Sie sind halt sentimentale Eichen, wie Emil Rittershausens bekannterer Zeitgenosse Heinrich Heine schon feststellte. Und gradaus. Also ehrlich und verlässlich. Ihr Ja ist ein Ja und ihr Nein ein Nein. Und ihr Vielleicht ein Vielleicht. Ohne Wenn und Aber. Hat Strophe zwei also den Charakter des Westfalen zum Thema, wird Strophe drei den westfälischen Frauen gewidmet:

Und unsre Frauen, unsre Mädchen,
Mit Augen blau wie Himmelsgrund,
Sie spinnen nicht die Liebesfädchen
Zum Scherz nur für die müß'ge Stund.

Ein frommer Engel hält die Wacht
In ihrer Seele Tag und Nacht,
Und treu in Wonne, treu in Schmerz
Bleibt bis zum Tod ein liebend Herz.
Glückselig, wessen Arm umspannt
Ein Mädchen aus Westfalenland.

So also sind sie, die Mädchen aus Westfalenland. Zumindest waren sie so oder sollten so sein, wenn es nach der Vorstellung von Emil Rittershaus ging. Es ist sicher kein Zufall, dass die dritte Strophe aus den meisten Liederbüchern gestrichen worden ist. Das vermittelte Frauenbild schien nicht mehr zeitgemäß, beim Absingen der dritten Strophe war immer häufiger albernes Gepruste und Gefeixe zu hören gewesen, sodass man das Westfalenlied um diese Strophe erleichterte. Verständlich, aber irgendwie auch schade, denn das Bild von dem Engel, der in der Seele der westfälischen Frau Wache hält, hat etwas Anrührendes. Und außerdem, auch ein Engel drückt doch mal ein Auge zu, oder? Schade vor allem um den Refrain: »Glückselig, wessen Arm umspannt / ein Mädchen aus Westfalenland.« Diese Zeilen wurden, besonders von gut geölten Kehlen, stets mit besonderer Inbrunst gesungen, wobei der Sänger oft die Probe aufs Exempel machte und mit den Armen zugleich nach rechts und links griff, vielleicht um zu testen, ob die Seelenengel seiner hübschen westfälischen Banknachbarinnen auch auf dem Posten waren. Seelenengel oder nicht: Ob nicht doch die eine oder andere Westfälin heimlich ein Liebesfädchen spinnt, weiß nur der westfälische Wind, niemals aber ihr Ehemann. Jedenfalls ist es Emil Rittershaus hoch anzurechnen, dass er so erhaben über die Westfälinnen denkt. Das tut nicht jeder westfälische Mann. Kennen Sie den Ascheberger Bauern, dessen Frau von einer Kuh erdrückt wurde? Als ihn sein Nachbar fragt, ob schon einer kondoliert habe, erwidert dieser: »Einer? Fünf! Und alle wollen die Kuh kaufen.«

In der vierten und letzten Strophe kommt Emil Rittershausens Heimatliebe in besonders ergreifender Weise zum Ausdruck:

Behüt dich Gott, du rote Erde,
Du Land von Wittekind und Teut,
Bis ich zu Staub und Asche werde,
Mein Herz sich seiner Heimat freut!
Du Land Westfalen, Land der Mark,
Wie deine Eichenstämme stark,
Dich segnet noch der blasse Mund
Im Sterben, in der letzten Stund!
Du Land wo meine Wiege stand,
O grüß dich Gott, Westfalenland!

Für uns Kinder des 21. Jahrhunderts sind diese Zeilen nicht mehr zwingend verständlich. Deshalb ein paar Erläuterungen: Unter »roter Erde« verstanden manche mit eisenhaltigem Gestein durchsetzte Böden (vergleiche Strophe eins). Namensgebend wurde die »rote Erde« etwa für die alte Kampfstätte der Dortmunder Borussia. Mit dem Versiegen des Erzabbaus im südlichen Westfalen und dem Verschwinden der schwarzen Kohleschichten an der Ruhr hat sich die vorherrschende Bodenfarbe in Gesamtwestfalen in ein allgemeines Einheitsbraun verwandelt. Wenngleich mit regionalen Unterschieden. Fett und schillernd ist das Braun in der Soester Börde, sehr zur Freude der dortigen Großbauern, von deren reichen Töchtern es zu Recht heißt, dass »sie etwas an den Füßen haben«, denn der fruchtbare Lössboden bleibt selbst an Stöckelschuhen von Prada hängen. Hellgelb und sandig schimmert es dagegen bei jedem Spatenstich in der Senne. Am Westhang des Teutoburger Waldes, im Quellgebiet der Ems, hatte einst ein mächtiger Gletscher sein Schmelzwasser zu Tal geschickt, und mit ihm reichlich sandiges Sediment. Dunkelbraun und feucht ist der Boden in Teilen des Münsterlandes, in denen man die Moore noch nicht trockengelegt hat. (Näheres siehe Kapitel »Rote Erde?«)

Auch die zweite Zeile steckt voller Rätsel: »Du Land von Wittekind und Teut«. Damit rührt Emil Rittershaus tief in der westfälischen Geschichte. Wittekind – auch Widukind genannt – hatte niemand Geringerem als Karl dem Großen größte Probleme bereitet. Der westfälische Edeling wollte sich partout nicht christianisieren lassen. Da konnte ja jeder mit einem neuen Glauben daherkommen! Er gründete eine Organisation gegen die Christianisierung des Westfalenlandes und schlug wacker zurück. (Näheres im Kapitel »Zehn westfälische Politiker«.)

Noch tiefer in der Geschichte gräbt Rittershaus, wenn er Teut erwähnt, ja, von Geschichte im wissenschaftlichen Sinn kann man überhaupt nicht mehr sprechen. Um Teut zu treffen, müssen wir vielmehr das Reich der Mythologie betreten. Er galt den Kelten als Stammesgott, hatte ähnliche Funktionen wie sein römischer Kollege Mars, war also für Kriege zuständig. Nichts Genaues weiß man nicht, ein paar Details aber sind überliefert. Teut oder Teutates soll scharf auf Menschenopfer gewesen sein und verlangt haben, dass gelegentlich ein Mensch seinen Kopf bis zum Ersticken in einen Kessel hielt, notfalls »with a little help from his friends«. Da man Teut aber kaum als typischen Westfalen bezeichnen kann, sondern höchstens als allgemeine nordische Gottheit, können wir Westfalen uns beruhigt zurücklehnen. Und uns dann gefahrlos über einen Kessel oder die Suppenschüssel beugen.

Wer in Heimatkunde geschlafen hat, wird auch den Ausdruck »Land der Mark« nicht verstehen. Das soll keine D-Mark-Nostalgie sein, »Land der Mark« bedeutete in früheren Zeiten die Grafschaft Mark. Ihr Zentrum, die Burg Mark, stand einst vor den Toren von Hamm und war ein echter Hammer: Die Grafen von der Mark zählten lange zu den mächtigsten Fürsten im Heiligen Römischen Reich. Ihre Stammlande umfassten große Teile Westfalens, wenngleich durchaus nicht alle, sodass die Wahl dieses Begriffs etwas unscharf ist. Doch wir wollen nicht mäkeln, auf »Mark« reimt sich eben »stark« so schön, womit wir bei der Eiche wären, unter der Rittershaus sein Westfalenlied verfasst hat. Niedergeschrieben haben soll er es dann am nahen Wohnort seines Geschäftsfreundes, in Iserlohn, im *Gasthof zur Post*. Der Gasthof steht nicht mehr, eine Erinnerungstafel aber hält das literarische Ereignis fest. Schöner noch ist die lebensgroße Bronzestatue für Rittershaus am vermuteten Entstehungsort des Westfalenliedes in Menden-Bertingloh.

Am selben Abend noch soll Emil Rittershaus sein Lied besagtem Geschäftsfreund vorgetragen haben, auch dessen Gattin, die sich in gehobener Stimmung befunden haben dürfte, hatte man ihr doch gerade erst die Ehre der Iserlohner Schützenkönigin angetragen. Das Lied muss eine unerhörte Wirkung entfaltet haben. Schon bald wurde es von dem Komponisten Johann Peters vertont und verbreitete sich rasch übers ganze Westfalenland. Befördert wurde es durch die in jenen Jahren wie Pilze im Teutoburger Wald sprießenden Gesangsvereine; mit tiefer Inbrunst und noch tieferer Heimatliebe wurde es gesungen. Sein Verfasser war ja auch nicht irgendwer.

Viele kannten Emil Rittershaus, der für zahlreiche populäre Zeitschriften schrieb, für *Die Gartenlaube* und für *Über Land und Meer*. Man schätzte den eifrigen Dichter auch als Wohltäter, mit unermüdlichem Fleiß machte sich Rittershaus für die allgemeine Volksbildung stark. Von seinen Dichtungen überdauerte nur sein »Westfalenlied« – wenngleich auch dieses unter gelegentlichen Ermüdungserscheinungen litt, wohl weil Inhalt und Sprache sehr zeitgebunden waren.

Kluge Köpfe taten sich zusammen, eine neue, modernere Westfalenhymne zu dichten, alle diese Versuche aber blieben ohne den Nachklang, den ein Lied braucht, um sich als Hymne etablieren zu können. Auch den Bemühungen des WDR, dem Land NRW eine Nationalhymne zu schenken, war kein Erfolg gegönnt. Vielleicht, weil der Sender zwar auf anerkannte, aber ausschließlich rheinische

Künstler gesetzt hatte? Im Jahr 2006, zum 60. Geburtstag von NRW, erklang das »Lied für NRW«; der Text stammt von dem Kölner Hans Knipp und den Bläck Fööss, die zudem die Musik mitkomponierten. Kennen Sie das Lied? Eben! Ist es schon schwer, ein Lied allein auf Westfalen zu dichten, so wird es besonders kompliziert, wenn man Westfalen und Rheinländer in dieselben Strophen zwängen will. Im Bemühen, Einheit zu schaffen, wird doch nur ein Aufzählen der Unterschiede daraus: »Kölsch, Alt und Pils, wir steh'n hier Hand in Hand!« Au Backe, da muss jemand aber über sehr, sehr lange Arme verfügen! Hat man jemals eine Kneipe gesehen, wo diese drei Biere gleichzeitig ausgeschenkt werden? Auch die Zeile »Alaaf, Helau, Glückauf für unser Land!« beweist doch bloß, dass nur schwer zusammenwächst, was nicht zusammengehört. Im Refrain versuchten die »nackten Füße«, die auch in Westfalen viele Fans haben, durch die Aufzählung der einzelnen Landesteile Verbundenheit zu schaffen:

Hier an Rhein und Ruhr und in Westfalen,
an Sieg und Ems,
im Lipperland,
hier an Rhein und Ruhr und in Westfalen,
schlägt unser Herz, lebt unser Land.

Suche den Fehler! Mal abgesehen davon, dass den Bläck Fööss glücklicherweise stärkere Texte eingefallen sind, die Formulierung »an Ruhr und in Westfalen« verursacht jedem Westfalen Bauchkrämpfe. So wie der Rhein rheinisch ist, ist die Ruhr nun mal westfälisch. (Abgesehen von den letzten Kilometern, welche die Westfalen in ihrer großzügigen Art dem Rheinland geschenkt haben.)

Die letzten Zeilen von Rittershausens Westfalenlied hingegen rühren jedes fühlende Herz. Die Vorstellung, beim Dahinscheiden noch ein »Grüß dich Gott, Westfalenland!« zu hauchen, ist einfach zu ergreifend. Doch auch diese Verse zeigen, dass sich die Zeiten geändert haben. Man braucht kein Sterbeforscher zu sein, um festzustellen, dass kaum ein siecher Westfale in seiner Sterbestunde mit blassen Lippen noch sein Heimatland segnen wird. Seine Frau, seine Kinder und Enkelkinder, das ja. Mancher vielleicht noch seinen Fußballverein. Aber sein westfälisches Heimatland? Muss ja auch nicht. Besser ist es ohnehin, sich an seiner Heimat in des Lebens Blütezeit zu erfreuen. Und sich vom Leben zu verabschieden, wie es die westfälische Eiche tut: vom Blitz gefällt, ohne langes Leiden. Und ohne große Worte.

Tipp: Wer das Westfalenlied in seiner ganzen Schönheit hören will, der besorge sich eine Aufnahme des Arnsberger Kammersängers Günter Wewel.

Das westfälische Wappen

Ausgerechnet ihren Besatzern haben die Westfalen ihr Wappen zu verdanken. Am 28. Februar 1881 erließ das preußische Staatsministerium huldvoll den Erlass, dass die preußische Provinz Westfalen endlich ihr eigenes Wappen führen darf. Seitdem reißt es seine Vorderhufe wieder keck empor: das Westfalenross mit seiner lockigen Mähne. Zunächst ritt es auf den grünen Wiesen Westfalens, also im grünen Feld, seit Anfang des 20. Jahrhunderts bevorzugt es den leuchtend roten Hintergrund, vielleicht, weil man unter den Westfalen das Volk der roten Erde versteht.

Dass es ein Schimmel geworden ist, damit hat es seine besondere Bewandtnis. Die Sage erzählt, Wittekind, der westfälische Edeling, habe in seinen Kämpfen gegen Karl den Großen und seine Franken stets einen Rappen geritten und auf seinem Schild einen solchen als Feldzeichen getragen. Zum Christentum bekehrt, habe er dann zum

Farbtopf gegriffen und aus dem Rappen einen Schimmel gemacht. Schwarz-Weiß-Malerei mit symbolischer Bedeutung. Eine andere Version berichtet, Karl der Große habe Wittekind einen Schimmel zum Taufgeschenk gemacht.

Wie auch immer, fest steht, dass die Westfalen als alte Sachsen stets ein intensives Verhältnis zum Pferd hatten. Das Pferd war ihnen heilig, was sie allerdings nicht davon abhielt, es zu opfern und zu verspeisen. Nur die Köpfe wurden nicht angerührt, sondern auf Stangen gesteckt oder an Wände genagelt, das Märchen von Fallada erzählt noch heute davon. Die neuen christlichen Missionare mochten diese Bräuche nicht, das Pferdeopfer wurde verboten und die Westfalen stiegen auf Schweinefleisch um. In manchen Details aber verrät sich der alte Glaube noch, so an den geschnitzten Pferdeköpfen, die kreuz- und paarweise weiter manchen Bauernhofgiebel zieren.

Das westfälische Wappen ist natürlich älter als die königlich-preußische Genehmigung aus dem Jahre 1881. Altsachsen, zu dem Westfalen zählt, führte bereits lange ein springendes Pferd im Wappen. Als das Erbe Heinrichs des Löwen zerfiel, wurde der westfälische Teil des Sachsenlandes dem Erzbischof von Köln zugesprochen. Um den Herrschaftsanspruch auf Westfalen deutlich zu machen, züchtete der Kölner Bischof aus dem Sachsenross kurzerhand das Westfalenross. Das war nicht weiter schwer. Statt zu springen, musste der Wappenschimmel nur lernen zu steigen, das heißt, seine Hufe mächtig nach oben zu reißen. Die zunehmende Vertikalisierung seiner Körperhaltung aber war damit noch nicht abgeschlossen. Als nach dem Zweiten Weltkrieg das Bundesland NRW geschaffen wurde, musste sich das Westfalenross noch höher recken, denn die linke Wappenhälfte wurde für den Rhein gebraucht. Böse Zungen behaupten, das Westfalenross würde angesichts des Rheins zu scheuen beginnen. Dem muss entschieden widersprochen werden! Das Westfalenross scheut weder Tod noch Teufel.

Überall wo die Fahne mit dem stolzen Westfalenross weht, geht dem Westfalen das Herz auf. Doch Achtung! Verwechslungsgefahr! Auch das westfälische Brudervolk im Norden, das Volk der Niedersachsen, führt das Sachsenross im Wappen, ebenfalls auf knallrotem Grund. Woher weiß man, ob man vor der westfälischen oder der niedersächsischen Fahne steht? Ganz einfach. Die Sache entscheidet sich am Schluss, also am Schwanz. In Niedersachsen hängt er durch, in Westfalen aber zeigt er stolz nach oben. Wohin sonst?

Rote Erde?

»Ungehärmt und unter sicherm Geleit aber werden wir dann weiter ziehen können, so weit die rothe Erde sich erstreckt ...« Wie weit erstreckt sie sich, die rote Erde? Seit dem Mittelalter wird das Land zwischen Rhein und Weser, also das historische Westfalen als Land der roten Erde bezeichnet. Viele Legenden ranken sich um die Herkunft dieser poetischen Bezeichnung.

> »Zweihunderttausend Sachsen,
> Die starben blut'gen Tod: −
> Davon ist in Westfalen
> Die Erde worden rot.«

Diese bluttriefende Erklärung stammt von dem Dichter Felix Dahn (1834−1912). Karl der Große und seine Franken, die den Westfalen das Christentum mit dem Schwert eintrichtern wollten, hätten die westfälische Erde rot getränkt. Eine weitere Blut-und-Boden-Theorie behauptet, der oft praktizierte Blutbann sei für den Ausdruck verantwortlich. Wieder andere erzählen, der Reichtum an Erz in vielen Gegenden des gebirgigen Westfalens hätte die Bewohner von »roter Erde« sprechen lassen. Eisenerz färbt den Boden tatsächlich rot. Auch der im Sauerland häufige Rotlehm, der Lösungsrückstand des Kalks, lässt Westfalen erröten.

Mit gleichem Recht aber hätte man Westfalen auch das Land der »schwarzen Erde« nennen können. Wo gibt es schon so viel Kohle? Und so schönen schwarz glänzenden Tonschiefer wie im westlichen Sauerland und Siegerland? Auch »weiße Erde« würde passen, die westfälischen Salzvorkommen sind legendär (siehe Kapitel »Salz«). »Weiße Erde« könnte auch für die reichen Kalkvorkommen im Tal der Hönne stehen, auch bei Brilon und Marsberg schimmert es weiß. Sein blaues Wunder kann man bei Anröchte in der Soester Börde erleben, bläuliche Sedimente haben den kalkigen Sandstein, der eher ein sandiger Kalkstein ist, verfärbt. Auch wunderbar »grüne Erde« findet man in Anröchte, den dortigen Grünsandstein hat man in zahlreichen Kirchenfassaden umliegender Städte verbaut.

Selbst »bunte Erde« gibt es in Westfalen. Auf das Schönste durchziehen rote, grünliche und blaue Tönungen die Kalksteine des Attendorner Ortsteils Mecklinghausen, geschliffen ergibt sich eine glänzende Marmormusterung. »Bunte Erde« findet man auch im Münsterland, wo der Buntsandstein eine Mächtigkeit von 400 bis 700 Metern erreichen kann.

Als »graue Erde« könnte man manche Gebiete im Siegerland bezeichnen, wo die vulkanische Grauwacke viele Basaltkuppen formt. Kaum zu glauben, aber wahr: Auch »silberne Erde« findet man in Westfalen, bei Letmathe förderte man jährlich bis zu 5 000 Tonnen Zink, und selbst richtiges Silber hat man in Westfalen abgebaut, nämlich im Siegerland, das reich ist an verschiedensten Erzen – dazu gehören auch Blei und Kupfer und sogar etwas Gold. »Goldene Erde«, Heimatland!

Wer von »löchriger Erde« sprechen würde, könnte ebenfalls triftige Argumente vorbringen. Wie viele Tropfsteinhöhlen es im Sauerland geben mag, ist noch nicht abschließend geklärt, künstliche Hohlräume gigantischen Ausmaßes schuf der Mensch aber zweifellos genug: im Ruhrgebiet und angrenzenden Münsterland beim Steinkohleabbau sowie besonders bei Werl und Soest beim Abbau der Salzlager. Rot, blau, grün, schwarz, weiß, silbern …, es scheint, als habe der liebe Gott eine ganze Farbpalette über dem schönen Westfalenland ausgegossen.

Westfälische Hobbygärtner allerdings wissen, dass Westfalens Erde meist ein sattes Braun zu tragen pflegt. Warum aber ist Westfalen als Land der roten Erde bekannt geworden? Manche meinen, der Begriff stamme gar nicht von der Farbe Rot. »Rote Erde« sei sprachlich von »gerodeter Erde« abgeleitet. Um auf den fruchtbaren westfälischen Böden Landwirtschaft betreiben zu können, mussten die Wälder weichen, die große Rodungsaktion hätte Westfalen seinen Spitznamen gegeben. Wie auch immer, fest steht auf alle Fälle eines: Westfalen ist wunderbar vielfältig!

Eine Reise mit Kindern

Sie haben ein verlängertes Wochenende zur Verfügung? Und wollen Ihren Kindern etwas Besonderes bieten? Dann verzichten Sie auf so Allerweltsziele wie den Europa-Park in Rust oder das Deutsche Museum in München. Unternehmen Sie etwas Außergewöhnliches, etwas, das in dieser Form kein Reisebüro im Angebot hat. Machen Sie eine Rundreise durch Westfalen!

Erster Tag
Beginnen Sie Ihre Abenteuertour, indem Sie in das Westfalenland einschweben. Fahren Sie nach Wuppertal-Elberfeld und besteigen Sie die Schwebebahn wupperaufwärts. Und während Sie mit diesem einzigartigen Verkehrsmittel über den Fluss schweben, der sich satte 20 Kilometer durch die Bandwurmstadt schlängelt, erzählen Sie Ihren Kindern die spannende Geschichte, wie einst ein Elefant beim

Ausstieg in die Wupper gefallen ist. Lassen Sie Ihre Kleinen schätzen, wie hoch wohl das Wasser gespritzt hat; die Antworten werden Sie amüsieren. Mit der Haltestelle Barmen erreichen Sie Westfalen. Wuppertal ist NRW im Kleinen, halb Rheinland, halb Westfalen, was sich noch an den unterschiedlichen Dialekten erkennen lässt. Mit leuchtenden Augen werden Ihre Kinder die Schwebebahn verlassen. Welches andere Land lässt sich schon per Schwebebahn erreichen?

Das nächste Ziel liegt ein Autostündchen entfernt im Sauerland: die Atta-Höhle bei Attendorn. Als Steinbrucharbeiter am 19. Juli 1907 eine Sprengladung zündeten, trauten sie ihren Augen nicht. Ein riesiges Loch hatte sich im Berg aufgetan, ein Höhlensystem, das seinesgleichen sucht. Wunderbare, uralte Tropfsteingebilde, mächtige Stalagmiten und Stalaktiten, erhabene Säulen und geschwungene Felsgardinen.

40 Minuten dauert die Führung, auch für die Kleinsten leicht machbar. Nur immer hübsch am Händchen halten! Junge Höhlenforscher zieht es gelegentlich in die nicht allgemein zugänglichen Teile der Höhle, wo weitere elf Kilometer auf Abenteurer warten. Und bitte warm anziehen! Selbst im gefürchteten Sauerländer Hochsommer steigt die Temperatur in der Atta-Höhle nicht über acht Grad. Sie dürfen ruhig etwas angeben, indem Sie den Unterschied zwischen Stalagmiten und Stalaktiten erklären. (Sie wissen schon, Stalaktiten hängen herunter.)

Nach so viel Natur haben Sie sich alle eine Stärkung verdient. Und etwas Kultur im Sitzen. Dafür brauchen Sie nicht weit zu fahren. Gleich um die Ecke liegt die Freilichtbühne Elspe, die ebenfalls für die Namensgebung »rote Erde« verantwortlich sein könnte, denn jährlich wird hier hektoliterweise Blut vergossen. Glücklicherweise stammt es überwiegend von Ganoven, weißen und roten, und nur selten von Winnetou, der in festgelegtem Turnus mit Hatatitla über die herrliche Naturbühne sprengt. Oder ist es Iltschi? Von 1976 bis 1986 kreischten die Mädchen bei seinem Erscheinen, als wären die Beatles wiedererstanden. Niemand winnetoutete edler durch die Prärie als weiland Pierre Brice. Doch auch seine Nachfolger sind absolut sehenswert und lassen kein Unrecht ungesühnt.

Ihre Kinder werden seine Heldentaten unbedingt nachspielen wollen. Dafür eignet sich nichts besser als das grandiose Felsenmeer von Hemer (eine weitere Stunde Fahrtzeit), eine wildromantische Landschaft mit bizarren Felsformationen. Während Ihre Bande fröhlich auf Kriegspfad geht, breiten Sie das Picknick aus, mit Ehrfurcht, denn an gleicher Stelle befindet sich der älteste nachweisbare Abbau von Eisenstein in Westfalen. Hören Sie plötzlich lautes Geheul, wehren Sie sich bitte nicht, sondern lassen sich widerstandslos an den Marterpfahl binden. Kommen Sie, seien Sie kein Frosch! Es tut auch nur ein kleines bisschen weh. Hat man Sie wieder losgebunden und versinkt die Sonne romantisch im Felsenmeer, erzählen Sie Ihrer Rasselbande folgende alte Sage:

Einst lebten Zwerge in diesem Wald, fleißige kleine Leute, die unter den Felsen nach Gold und Edelsteinen schürften. Ihre Schätze trugen sie zu ihrer unterirdischen Felsenburg, da glitzerte und funkelte es nur so vor Pracht. Eines Tages hörte der Stamm der Riesen von der Felsenburg. Gierig, wie Riesen sind, zogen sie los, um sich den Schatz zu holen. Sie fanden den Eingang und brachen die Schlösser auf. Ho, ho, war das ein Gejohle! Zitternd verbargen sich die Zwerge in den Spalten des Felsens, als die Riesen in den hohen Felsensaal stampften und sich lachend die Taschen vollstopften. Alberich aber, der Zwergenkönig, murmelte einen Zauberspruch, es gab einen riesigen Knall, und die Felsendecke stürzte ein. Alle Riesen wurden erschlagen, die Zwerge kamen erleichtert aus ihren Verstecken und liefen mit den Schätzen davon. An der Stelle aber, wo die Felsenburg gestanden hat, befindet sich heute das Felsenmeer. Und – wer weiß? – vielleicht haben die Zwerge ja ein paar Edelsteine vergessen?

Bevor Sie aufbrechen, können Sie Ihren müden Kriegern noch den Grabstein eines der Riesen zeigen, der im »Paradies« aufgestellt ist. Doch nun ab in die Falle! Wenn Sie historisch und zugleich günstig übernachten wollen, schlagen Sie Ihr Quartier in der Burg Altena auf. In dem stattlichen Gemäuer befindet sich die älteste Jugendherberge der Welt.

Während Ihre Kinder schon ihre Äuglein schließen, erzählen wir Ihnen noch die Geschichte von Richard Schirrmann. 1895 bestand der gebürtige Ostpreuße sein Examen und wurde 1901 Volksschullehrer in Gelsenkirchen. Weil ihm das industrielle Wohnumfeld seiner Schüler missfiel, ging er mit ihnen oft auf Wanderschaft. Einer der Schüler aber muss Plattfüße besessen haben und beschwerte sich stöhnend bei seinen Eltern, denn die Wandertage wurden immer häufiger. Richard Schirrmann bekam Ärger mit der Schulaufsicht, er würde seine Pflichten vernachlässigen und den Kindern nichts beibringen. Die Narren! Wussten sie denn nicht, dass man bei Ausflügen viel mehr lernt als im langweiligen Klassenzimmer? Schon Nietzsche hatte festgestellt, dass noch kein vernünftiger Gedanke im Sitzen entstanden ist. Mit perfider Süffisanz teilte man dem wanderfreudigen Lehrer mit, dass er ins Sauerland versetzt werde, nach Altena. Dort ließe es sich doch viel schöner wandern als in Gelsenkirchen! Richard Schirrmann gab später an, freiwillig ins Sauerland gegangen zu sein. Wie auch immer, er machte das Beste daraus. Richtig wandern aber lässt es sich nur, wenn man auch passende Übernachtungsmöglichkeiten findet. Probeweise richtete Schirrmann die erste Jugendherberge der Welt gleich in seiner Schule ein. So kam die Idee in die Welt. Auf Schirrmanns Initiative entstanden bald an vielen Orten preisgünstige Herbergen, nicht nur in Deutschland, sondern überall auf dem Globus. Schirrmann wurde der erste Vertreter einer berüchtigten Zunft, er wurde der erste aller Herbergsväter, hier in Altena, auf der Burg, wohin die Altenaer Jugendherberge 1912 umzog.

Zweiter Tag
Ausgeschlafen? Wenn Ihre Kleinen über den schlichten Komfort nörgeln (»Mensch, noch nicht mal eine Glotze!«), besuchen Sie nach

dem Frühstück das angeschlossene »Museum Weltjugendherberge«. Dort findet sich die original erhaltene Einrichtung der ersten Jugendherberge. Ihre Kinder werden sich nie wieder beschweren.

Aber nun hinein ins Auto und ab zum Möhnesee. Was wäre eine Westfalentour ohne eine Bootspartie? Mit dem Tretboot über Westfalens größte Wasserfläche, ein erfrischendes Vergnügen. Die Möhnetalsperre legte man an, um die Ruhr ausreichend zu wässern. Das wurde im Zweiten Weltkrieg vielen Menschen zum Verhängnis, als die Engländer mit speziell entwickelten Rollbomben die Staumauer zerstörten und sich eine gigantische Wasserflut durchs Möhne- und Ruhrtal wälzte. Davon brauchen Sie Ihren Kleinen natürlich nichts zu erzählen. Solch selig-friedliche Zeiten wie heute hat es in Westfalen leider nicht immer gegeben.

Wenn Sie ungern treten und lieber auf dem Wasser chillen, kein Problem, am Südufer können Sie sich alternativ einen schwimmenden Donut ausleihen. Die Dinger heißen so, weil sie so aussehen, außen dick und rund, innen ziemlich hohl. Ein kleiner Elektromotor bringt Sie hinaus aufs Wasser, wo Sie sich unter einem Sonnenschirm als Grillmeister betätigen können. In der Mitte des Donuts befindet sich nämlich eine Feuerstelle, mit deren Hilfe sich die guten Neheimer Würstchen brutzeln lassen. Bis es so weit ist, können sich Ihre Blagen im Wasser balgen. Keine Sorge, das Möhnewasser hat annähernd Trinkwasserqualität.

Wenn Sie wieder zurück am Ufer sind und zu gerne den neuen Möhneaussichtsturm besteigen wollen, müssen wir Sie leider aus Zeitgründen zurückhalten. Sie bekommen heute noch eine wunderbare Fernsicht präsentiert, versprochen. Nun sagen wir Tschüss zum Sauerland und fahren nach Ostwestfalen. Dabei passieren Sie die fruchtbare Soester Börde entlang der B1, die einst als Reichsstraße 1 die längste deutsche Straße aller Zeiten gewesen ist. Man startete in Aachen und gelangte über Königsberg bis nach Litauen. So weit müssen Sie zum Glück nicht. Auf einer Bergkuppe des Teutoburger

Waldes stehen die bekannten Externsteine, ein Naturschauspiel und Kletterparadies für Kinder. Während diese ihre Freiheit genießen, können Sie in Ruhe das uralte Felsrelief bewundern, die Kreuzabnahme Christi (und das entsprechende Kapitel in diesem Buch studieren: »Elf große Kunstwerke und ihre Geschichte«).

Nun bekommen Sie Ihren versprochenen Aufstieg. Unweit der Externsteine steht die höchste Statue Deutschlands. Bis zu dem Moment, in dem die New Yorker Freiheitsstatue ihre Fackel in den Himmel über Manhattan hob, war es gar die größte Statue der westlichen Welt: unser Hermann, der Cherusker, der längste Westfale aller Zeiten. Die westfälische Freiheitsfackel ist das Schwert. Entschlossen stößt es Hermann in den Himmel, scharfe sieben Meter. Ballonfahrer aufgepasst! Vom Scheitel bis zur Sohle misst der stolze Cherusker über 26 Meter, hinzu kommt sein hoher Unterbau, den man besteigen kann. Ungehindert geht von hier der Blick in alle vier Himmelsrichtungen über die bewaldeten Höhen des Teutoburger Waldes. Bis zum Habichtswald bei Kassel kann man schauen, wo Hermanns hohler Kollege, der gigantische Herkules, seine Keule schwingt. Leider ist es nur in Ausnahmefällen möglich, noch weiter hinaufzuklettern und Hermann durch die Gedärme zu steigen, um von seinem Kopf einen noch weiteren Blick zu genießen.

Warum man ihm nicht mehr auf den Kopf steigen darf, dazu gibt es eine schöne Geschichte, die Sie Ihren Kindern nicht vorenthalten sollten. Es heißt, jemand sei durch eines der großen Nasenlöcher hinausgerutscht. Was hatte der Mensch auch in einem Nasenloch verloren? In Nasenlöchern kann es rutschig zugehen, das weiß doch jedes Kind. Vielleicht hat Hermann auch niesen müssen, wer will es ihm verargen? Wenn uns jemand im Nasenloch herumkrabbelte, würde es uns nicht anders gehen. Hatschi!

Nun erzählen Sie den Kindern von den Heldentaten des Blechhelden. Ach was, erzählen Sie sie nicht, singen Sie die Geschichte Ihren Kindern vor:

»Als die Römer frech geworden,
simserim simsim simsim,
zogen sie nach Deutschlands Norden,
simserim simsim simsim ...«

Kann man Geschichte schöner ans Kind bringen? Doch der Tag war lang, die Mägen beginnen zu knurren, ein neues Quartier muss bezogen werden. Gastliche Häuser gibt es in der Umgebung genug. Und wenn sich Ihre Kinder in ihre Betten kuscheln, erzählen Sie ihnen noch ein Märchen, das aus diesen Gegenden stammt, auch wenn der Titel nicht danach klingt: die Bremer Stadtmusikanten. »Es hatte ein Mann einen Esel, der schon lange Jahre die Säcke unverdrossen zur Mühle getragen hatte, dessen Kräfte aber nun zu Ende gingen ...«

Wie so viele ihrer Märchen haben die Brüder Grimm auch dieses aus westfälischen Quellen. Annette von Droste-Hülshoff und ihre Verwandten haben den berühmten Märchensammlern kräftig beim Suchen geholfen und vieles aufgezeichnet. Die Westfalen müssen große Märchenerzähler gewesen sein. Selbst der Rheinländer Heinrich Heine schwärmte von seiner Amme aus dem Münsterland, die so schöne Märchen zu erzählen wusste. Die vier Bremer Stadtmusikanten sind Westfalen durch und durch. Keine Fischköpfe. Nach Bremen sind die vier Spielleute ja nie gekommen. Warum auch? In den westfälischen Wäldern fanden sie einen so reichlich gedeckten Tisch, dass es sie nicht weitergezogen hat. Man sollte alle Bremer Stadtmusikantendenkmäler abmontieren und vor westfälische Räuberhäuser stellen: »Iah! Wauwau! Miau! Kikeriki!«

Wenn Ihre Kleinen nun selig zu träumen beginnen – sehen sie nicht süß aus, wenn sie so friedlich schlafen? – dürfen Sie sich zu Recht noch ein gutes ostwestfälisches Pilsken schmecken lassen. Prost! Gut, dass Hermann die Römer verscheucht hat. Sonst hätten sie ganz Westfalen mit Wein bepflanzen lassen.

Nach einem guten westfälischen Frühstück freuen Sie sich auf den nächsten und leider schon letzten westfälischen Erlebnistag. Heute steht eine Safari auf dem Programm. Sie haben richtig gehört, auch in Westfalen kann man auf Safari gehen. Es sei denn, Sie fahren ein Cabrio mit Stoffdach. Dann wird nichts draus, auch nicht im geschlossenen Zustand. Es geht schließlich um Ihre Sicherheit. Man kann den Tigern und Löwen schließlich nicht dauernd die Nägel schneiden.

Tiger und Löwen? Willkommen im Safaripark Stukenbrock! Keine halbe Stunde vom stolzen Hermann entfernt, noch in dessen Blickweite, können Sie mit dem eigenen Auto durch die westfälische Savanne fahren. Den frühen Morgen haben Sie mit Bedacht gewählt: Jetzt sind die Tiere noch munter! Schön vorsichtig Schritttempo fahren, Löwen haben überall Vorfahrt, nicht nur auf dem Zebrastreifen. Und was für Löwen es hier zu bestaunen gibt! Sogar weiße Exemplare sind darunter, äußerst seltene Tiere, denen man in Westfalen Asyl gewährt hat. Nachdem sie ihr Herrchen, den Magier Roy, für Fressi-Fressi gehalten haben, sind sie nach Stukenbrock umgezogen. Lassen Sie die Türen verschlossen, auch wenn es Ihre Kinder nach draußen drängt. Denken Sie an Roy! Ein Safaripark ist kein Streichelzoo. Einmal hat ein Tiger die Stoßstange eines Besuchers für einen leckeren Knochen gehalten. Der Stoßstange ist das nicht gut bekommen. Schadensersatz gab's keinen. Safaririsiko.

Manche Tiere musste man sanft von den Autofahrern trennen. Die Elefanten zum Beispiel. Liebe macht blind. In der Brunftzeit könnte so ein Bulle einen dieser SUVs, die jetzt überall rumfahren, für ein hübsches Weibchen halten. Wie schnell ist ein Auspuffrohr verstopft! Früher trieben Wärter die Elefanten von der Straße, heute schafft eine Absperrung Sicherheitsabstand. Auch die Affen sorgten für Ärger und mussten separiert werden. Gerne popelten sie die Dichtungen der Autofenster ab oder nahmen die Scheibenwischer auseinander, selbst wenn der Fahrer verzweifelt auf Starkregen schaltete. Ansonsten aber läuft in Stukenbrock weiter alles frei durch die Prärie. Genießen Sie die Fahrt!

Auf der Weiterreise durchs Münsterland werden Ihre Kleinen viel zu erzählen haben. Was lieben Kinder mehr als Tiere? Höchstens das Wasser. Zu einem besonderen Bad lädt Werne an der Lippe ein. Als man dort nach Kohle bohrte, stieß man stattdessen auf heißes Salzwasser. Spontan machte man das Beste draus: Herrlich kann man sich von der Sole tragen lassen, ideal auch für Schwimmanfänger! (Das Becken muss allerdings renoviert werden und lässt sich erst 2017 wieder beschwimmen, solange kann man sich im übrigen Bad verlustieren.) Echtes Meereswasser in Westfalen! Alles hat es in Westfalen schon gegeben, riesige Gletscher, Tropenlandschaften, wilde Meere. Könnte man auf Zeitreise gehen, man bekäme alles geboten, was die Welt an Klimazonen zu bieten hat.

Eine Fahrt durch Westfalen wäre nicht komplett, wenn man sich nicht die geheimnisvollen dunklen Schätze angesehen hätte, die unter Tage schlummern. Ab nach Bochum ins Deutsche Bergbau-Museum! Mit dem Aufzug geht's in die Tiefe, in einen Stollen von 2,5 Kilometer Länge. In dem Besucherbergwerk wird Ihren Kindern realistisch demonstriert, wie hart die Arbeit der Kumpel gewesen ist. Eindrucksvoll. Zeigen Sie Ihrem Nachwuchs auch das Grubenpferd Tobias, tröstend werden sie es streicheln. Der arme Klepper hat den Großteil seines Lebens im Dunkeln verbringen müssen, nur damit die Menschen genügend Kohle haben. Ein wahrer Held.

Oben wartet dann noch das Museum, in dem Sie unter anderem die Reste eines Schuppenbaums aus der Karbonzeit bewundern können. Fünf Meter Stammesumfang hat der Oschi, ein echter Tropenstängel. Westfalen lag ja mal am Äquator, ist schon ein Weilchen her. Langsam ist es in den kalten Norden gedriftet, weshalb die Westfalen nicht mehr nackt herumlaufen und die einst so stolze westfälische Textilindustrie ihren Anfang nahm.

Mit dem Besuch des Bergbau-Museums ist die Westfalentour leider zu Ende. Sagen Sie selbst, hätten Sie geglaubt, dass Westfalen so vielfältig ist und so viel für Kinder zu bieten hat? Ihre Kleinen jedenfalls werden das verlängerte Wochenende nicht so schnell vergessen. Was haben sie alles erleben dürfen! Ist doch viel schöner, als vor den Fahrgeschäften eines öden Freizeitparks Schlange zu stehen oder vor den Toren von Neuschwanstein. Und viel entspannter. Ist Ihnen etwas aufgefallen? Bei den westfälischen Attraktionen mussten Sie hinter keiner einzigen japanischen Reisegruppe anstehen! (Wenn dieses Buch auf Japanisch erscheinen wird, kann sich das natürlich schnell ändern.)

Haben die Westfalen Sprachprobleme?

Immer wieder ist zu hören, die Westfalen hätten Schwierigkeiten, sich auszudrücken, seien verbal unbeholfen, man dürfe ihnen kein Mikrofon hinhalten, ja, nirgendwo hätten die Logopäden so viel zu tun wie in Westfalen. Als Beweis für diese krude These wird oft der westfälische Bundespräsident Heinrich Lübke genannt. Bei einem Staatsbesuch in Afrika habe er eine Rede mit den Worten begonnen: »Sehr geehrte Damen und Herren, liebe Neger!« Haha, zum Schenkelklopfen! Hat nur den kleinen Fehler, dass Lübke nichts dergleichen gesagt hat.

Sorgfältige Recherchen haben ergeben: Man hat ihm das Zitat einfach untergeschoben, es war eine Erfindung der *Spiegel*-Redaktion, die den Sauerländer nicht mochte. Tatsächlich war Lübke ein großer Freund der Afrikaner und setzte sich für deren Unabhängigkeitsbestrebungen ein, als andere Europäer noch um ihre letzten Kolonien kämpften. Einen afrikanischen Abgeordneten hat Lübke nachweislich mit den herzlichen Worten verabschiedet: »Ich wünsche Ihnen eine gute Entwicklung da unten.«

Der arme Lübke muss auch für ein weiteres Vorurteil herhalten. Nicht nur mit der eigenen Sprache hätten die Westfalen Mühe, erst recht peinlich würde es, wenn sie sich fremder Sprachen bedienen müssten. Einmal, als die englische Königin zu einem Staatsbesuch gekommen war, hatte man ihr zu Ehren einen festlichen Empfang auf Schloss Augustusburg vorbereitet, mit einem klassischen Konzert als Krönung. Man wartete darauf, dass der Dirigent den Taktstock hob, was sich aus unerfindlichen Gründen hinzog. Um die entstandene Stille zu füllen und keine Unruhe aufkommen zu lassen, wandte sich Heinrich Lübke – ganz Mann von Welt – an die neben ihm sitzende Queen: »Equal goes it loose!«

Gleich geht's los? Gleich schlägt's 13! Auch diese immer wieder kolportierte Peinlichkeit ist reine Erfindung. Wieder war es die Redaktion des *Spiegel*, die den Westfalen Lübke so gemein behandelte, indem sie ihm etwas in den Mund legte, was er nie gesagt hatte. Man sieht, die angebliche sprachliche Unbeholfenheit des Westfalen ist eine reine Fiktion außerwestfälischer Medien. Man sollte nur noch westfälische Blätter lesen, also ehrlich.

Linda, die Wunderkuh

Ein Markenzeichen Westfalens sind seine Kühe. Sie sind von einer Vitalität und Gesundheit, wie man sie nur selten findet. Besonders die schwarz-weiß gefleckten. Ob es an der guten westfälischen Luft liegt oder an dem nährstoffreichen Heu der saftigen Wiesen, die westfälischen Kühe liefern außergewöhnlich viel Milch. Eine Kuh aber ist darunter, die alle Rekorde schlägt. Linda. Sie besitzt ein wahres Wundereuter, weit über ihre Warendorfer Heimat hinaus ist es in aller Munde.

Anfangs deutete nichts auf Lindas besondere Fähigkeiten hin. Wie jede Münsterländer Durchschnittskuh gab sie, nachdem sie das erste

Mal Mutterglück verspüren durfte, 20 Liter am Tag. Ordentlich, aber nicht rekordverdächtig. Nach jeder neuen Geburt aber wuchs Lindas Euter weiter, und mit dem Euter schwoll ihre Milchmenge an. Nach dem vierten Kalb brachte sie es auf unglaubliche 60 Liter am Tag, im Jahr 2013 wurde sie die Meisterin von NRW. Deutschlandweit errang sie die Silbermedaille, und zwar ohne Abstriche an der Qualität. Platz zwei unter vier Millionen! (Den Namen der Gewinnerin dürfen wir aus Datenschutzgründen nicht mitteilen.)

Bauer Hermann Josef Z. kann sich die enorme Milchleistung seiner Linda nicht recht erklären. Linda sei nicht in einem speziellen Züchtungsprogramm entstanden. Leider weiß man nicht genau, wer ihr Vater ist. Sie wurde, das darf bei aller gebotenen Diskretion verraten werden, durch künstliche Befruchtung gezeugt, im Rahmen eines Testprogramms, bei dem der Samen verschiedener Bullen zufällig auf verschiedene Kühe verteilt wird, was beim westfälischen Menschen streng verboten und nicht üblich ist, erst recht im katholischen Münsterland.

Künstliche Befruchtung aber ist bei westfälischen Kühen heute die Regel. War in früheren Zeiten eine Kuh bullig, was sie durch lautes Gebrüll deutlich zum Ausdruck brachte, musste der Sohn des Bauern den Stier vom Nachbarn holen. Zwar war hierdurch gesichert, dass der Dorflehrer keinen überflüssigen Aufklärungsunterricht halten musste, das ganze Verfahren war aber wegen der enormen Muskelmassen und der aufwallenden Emotionen für alle Beteiligten nicht ganz ungefährlich.

Bauer Hermann Josef Z. vermutet bescheiden, die enorme Leistungsfähigkeit seiner Linda sei auf ihr fleißiges Wiederkäuen zurückzuführen. Würgt eine Kuh aus ihrem Magen angedautes Heu hinauf, sollte sie 50 bis 60 weitere Male auf diesem Bissen herumkauen. Ist sie aber geduldig und kaut gar 70-mal, bevor sie den Leckerbissen ein zweites Mal hinunterschluckt, wird dank dieses Speisebreis die beste Milch entstehen.

Besonders wichtig: Die Kuh muss sich wohlfühlen. Und das wiederum ist Bauer Hermann Josef Z.s Verdienst. Er hat Linda und ihren Freundinnen einen neuen, geräumigen Freiluftstall spendiert. Wann immer sie will, kann sie sich auf die Weide begeben und die gute Münsterländer Luft tief inhalieren. Ist es regnerisch, was im Münsterland gelegentlich vorkommen kann, oder – seltener – brennt die Sonne unbarmherzig herab, macht es sich Linda im Stall gemütlich. Ihr gerader Rücken, ihr aufmerksamer Blick, alles an Linda ist wohlgelungen. Leider nur ist sie bislang eine reine Jungenkuh, sechs kleine Bullen hat sie bereits geworfen, aber noch kein weibliches Kalb. Schade, so ein Turboeuter muss doch vererbt werden. Ganz Westfalen ist stolz auf Linda. Sollte das Westfalenross aus dem Westfalenwappen herausspringen, wir würden Linda als neues Wappentier vorschlagen. (Auch wenn man hierfür ihr Atomeuter aus Platzgründen deutlich verkleinern müsste.)

Westfälischer Totleger

Westfälischer Totleger? Hört sich etwas unheimlich an, ist es aber nicht. Beim westfälischen Totleger handelt es sich nicht etwa um einen Mitarbeiter eines Plettenberger Beerdigungsinstitutes oder den Iserlohner Wiedergänger von Jack the Ripper. Der westfälische Totleger ist nichts weiter als eine alte Hühnerrasse. Das Attribut »westfälisch« trägt das Federvieh zu Recht, handelt es sich doch um eine äußerst widerstandsfähige Hühnerrasse, die schon seit mehr als 400 Jahren brav ihre Eier legt. Die Legeleistung des westfälischen Totlegers ist legendär. Ein Huhn bringt es auf bis zu 220 Eier pro Jahr, in Schaltjahren sollen sogar 221 gezählt worden sein. Warum es dennoch beinah ausgestorben wäre? Nun, als echte Westfalen sind Totleger äußerst freiheitsliebend. Stallhaltung goutieren sie nicht, erst recht keine Legebatterien. Sie halten sich am liebsten im Freien auf, sind westfälisch robust und wetterhart. Der Name führt in die Irre. Das Huhn legt sich nicht tot; es stirbt auch nicht an einem Dekubitus. Wegen seiner Legefreudigkeit wurde es als Dauerleger, plattdeutsch »Doutleijer« bezeichnet, woraus der hochdeutsche Hühnerfreund »Totleger« herauszuhören glaubte.

Tipp: Wenn Sie sich für Ihren Stutenkerl ein paar echte westfälische Totlegereier besorgen wollen, besuchen Sie das Museumsdorf Cloppenburg oder das Freilichtmuseum Detmold und sprechen mit dem Tierwärter. Er kennt die Verstecke der Hühner am besten.

Über die Fruchtbarkeitsriten der Westfalen

Die Westfalen sind bekannt für ihre Fruchtbarkeit. Sie vermehren sich ganzjährig. In den letzten 50 Jahren ist die Einwohnerschaft Westfalens von 6,5 Millionen auf 8,48 Millionen gewachsen. Damit gibt es mehr Westfalen als Iren, Finnen oder Norweger. Selbst die Österreicher müssen sich hinten anstellen. Fruchtbar sind die Westfalen bis heute, ihre Vermehrungsgewohnheiten allerdings haben sich verändert.

Im Münsterland und im Sauerland war der typische Vermehrungstermin lange Zeit der frühe Sonntagnachmittag. Der Sonntag gehorchte einem strengen Ritual. Man ging zur Kirche und nahm danach im Wirtshaus ein kräftigendes Mahl ein, wozu reichlich Bier und einige Verdauer gehörten. Nach dem letzten Korn nahm der Mann seine Frau beim Arm, man ging nach Hause und hatte sich beim anschließenden Mittagsschläfchen herzlich lieb.

Tempora mutantur. Sonntägliche Kirch- und Wirtshausbesuche haben auch in Westfalen abgenommen und damit das anschließende Bettritual wohl ebenfalls. Aktuelle Statistiken waren beim Landschaftsverband Westfalen-Lippe nicht zu erhalten, der doch sonst alles über das Leben der Westfalen weiß. Was jedoch feststeht: Die meisten Kinder kommen traditionell im Kreis Borken zur Welt.

Nicht nur in Westfalen, auch deutschlandweit liegt Borken an der Spitze! Lag die durchschnittliche deutsche Geburtenziffer 2011 bei 1,36 Kindern pro Frau, so im Kreis Borken bei 1,55 Kindern. Im ländlichen Kreis Borken kommen mehr Kinder zur Welt als im gesamten Stadtgebiet von Bochum. Experten des Bundesinstituts für Bevölkerungsforschung sind regelmäßig in Borken zu Gast, um dieses Phänomen zu ergründen, leidet Deutschland doch an einer ungünstigen Alterspyramide, die leider in den letzten Jahren auch in Westfalen zu beobachten ist, besonders in Teilen des Ruhrgebiets und des Sauerlands.

Wie ist der Borkener Babyboom zu erklären? Was kann man von den Borkenern lernen? Politische Gründe scheinen auszuscheiden. Zwar übernimmt der Bundespräsident im Kreis Borken häufiger die Ehrenpatenschaft als anderswo, jedoch kann das mit der Geburt des siebten Kindes verbundene Taufgeschenk in Höhe von 500 Euro die Fruchtbarkeit kaum erklären. Die Borkener selbst erklären das Phänomen ganz einfach mit ihrer Kinderliebe, eine Erkenntnis, welche die Experten des Bundesinstituts für Bevölkerungsforschung weiterbringen könnte. Kinderfreundliche Lebensbedingungen zu schaffen kann doch nicht so schwer sein.

Persönliche Anmerkung: Von meinem Urgroßvater, Kreisbewohner von Borken, stammt ein im Familienkreis gerne zitiertes Wort: »Man muss die Welt mit Wilkes verpesten.«

Bitte einen Satz mit Wammama und Hattata. »Wammama in Wuppertal, hattata geregnet!« Mal abgesehen von der kniffligen Streitfrage, ob Wuppertal noch zu Westfalen zu zählen ist, festgestellt werden muss doch zunächst eines: Westfalen ist ein wunderbar grünes Land. Grün aber gedeiht nur dort, wo es auch mal regnet. Also ist es höchst kleingeistig, den Westfalen ihren Regen vorzuhalten und von schlechtem Wetter zu sprechen. Je Regen, desto grün. So muss man das sehen.

Ja, es stimmt, Westfalen gehört zu den regenreichsten Gebieten Deutschlands, wobei man hier ebenfalls differenzieren muss. Allgemein kann man sagen, je höher ein Ort gelegen ist, desto höher sind auch die Niederschlagsmengen. »Sauerland = Ruhestand ohne Sonnenbrand«, dichtet der Volksmund. Für den Sauerländer aber bedeutete der Regen Segen. So bekam er das ganze Jahr über genug Wasser auf seine Mühle und damit ausreichend Energie für sein Kleinunternehmen. Was sagt der Sauerländer, wenn er auf die Welt kommt? »Wo ist mein Fabriksken?« Ohne Wasser kein Fabriksken, alle Räder hätten stillgestanden.

Westfälischer Niederschlagsspitzenreiter ist die Umgebung um den Kahlen Asten mit Winterberg, dem Rothaargebirge, dem Ebbegebirge und den Quellgebieten von Lahn, Sieg, Eder, Volme, Wupper und Agger. Die Wassersäule steigt hier durchschnittlich bis zur Rückenhöhe einer ausgewachsenen westfälischen Kuh: ein Meter dreißig. Im sonstigen Sauerland regnet es jährlich 80 bis 90 Zentimeter, zu den regenärmsten Gebieten Westfalens zählt – die Münsterländer werden es nicht glauben – das Münsterland. Die subjektive Fehleinschätzung rührt daher, dass es im Münsterland zwar genauso häufig regnet, der Münsterländer Regen aber viel feiner daherkommt. Sehr gut übrigens für den Teint, dieser erfrischende Sprühregen. Probleme treten in Münster höchstens auf, wenn mal die Sonne scheint. So musste der Produktionsleiter des kultigen Münster-Tatorts in seiner Verzweiflung schon die Münsteraner Feuerwehr um Hilfe bitten, weil es einen Tag partout nicht regnen wollte.

Trockener als im Münsterland ist es in Westfalen in und um Soest und in Teilen des Lippetals, insbesondere zwischen Lipperode, Lippstadt und Lippborg. Hier muss kaum jemand eine feuchte Lippe riskieren. Besonders regenscheue Gesellen aber sollten sich östlich des Teutoburger Walds begeben. Schlüsselburg an der Weser gilt als der knochentrockenste Ort Westfalens. Schade, dass die Züge nur mehr ohne Halt durchrauschen.

Bezüglich der Temperaturen kann auf das Temperament des Westfalen verwiesen werden. Wie der Mensch, so sein Wetter. Der Westfale neigt nicht zu Extremen, sein Wetter ebenfalls nicht. Ausgeglichen wie der Westfale kommen auch die Jahreszeiten daher. Die Winter sind milder als anderswo, im Sommer kommt man dafür nicht so leicht ins Schwitzen. Das vereinfacht zudem die Kleidungsfragen. Bikini und Pelzmantel kann man bei einem Westfalenurlaub getrost im Kleiderschrank hängen lassen.

Die westfälische Windskala

Auch in Westfalen kann der Wind pfeifen. Um sich über die Stärke des Windes verständigen zu können, ist es gut, die westfälische Windskala zu kennen. Wie die verwandte Beaufortskala besteht auch sie aus zwölf unterschiedlichen Stärken.

Windstärke 0: Windstille, Flaute. Aus den Kühltürmen des Kohlekraftwerks Westfalen in Hamm-Uentrop steigt der Dampf senkrecht in den westfälischen Himmel.

Windstärke 1: leiser Zug. Bei der Lichterprozession in Werl beginnen die Kerzen leicht zu flackern.

Windstärke 2: leichte Brise. Die westfälische Eiche beginnt behutsam mit ihrem Blattwerk zu rascheln.

Windstärke 3: schwache Brise. In einem Bochumer Schrebergarten erhebt sich die letzte Fahne des VfL und beginnt melancholisch zu wehen.

Windstärke 4: mäßige Brise. Beim Versuch, ihren Abfall ordnungsgemäß zu entsorgen, weht es einer Bielefelder Hausfrau das Backpulvertütchen von Dr. Oetker davon.

Windstärke 5: frische Brise. Im Zoo von Stukenbrock fangen die Ohren der Elefanten an zu flattern, und Tante Dörte muss sich ihren Kapotthut unterm Doppelkinn festbinden.

Windstärke 6: starker Wind. In Münster beginnen abgestellte Fahrräder mit dem beliebten Dominospiel.

Windstärke 7: steifer Wind. Auf einem Acker bei Arnsberg fängt ein Kind fürchterlich zu weinen an, während sein Vater fluchend die Reste des abgestürzten Drachens einsammeln geht.

Windstärke 8: stürmischer Wind. Am Grillstand in der Bottroper Fußgängerzone muss der Senfspender geschlossen werden, weil nichts mehr auf der Wurst landen will.

Windstärke 9: Sturm. Oma Schüpphaus aus Aplerbeck wird mit ihrem Rollator in sensationellen 9,9 Sekunden zum Konsum geblasen.

Windstärke 10: schwerer Sturm. Opa Drüpplingsen beobachtet, wie die Bäume in seiner Straße gefährlich zu brechen beginnen, schreckt jedoch im letzten Moment davor zurück, seine Frau Gassi zu schicken, weil er um seinen Hund fürchtet.

Windstärke 11: orkanartiger Sturm. Überall in Deutschland fallen die Bäume, die westfälische Eiche aber bleibt aufrecht stehen.

Windstärke 12: Orkan. Die Westfalen eilen vor die Tür, um vorbeifliegende Rheinländer einzufangen.

Die ursprüngliche Tierwelt Westfalens

Schon in prähistorischer Zeit ging es auf dem Gebiet des heutigen Westfalens munter zu. Nicht ohne Grund findet sich hier die älteste Fährte eines Ursauriers in ganz Mitteleuropa. Bei einer Wanderung durch das Ruhrtal, die Sonne stand gerade günstig, entdeckte der Dortmunder Hobbygeologe Sven Hoffmann in der Felswand eines aufgelassenen Steinbruchs eine seltsame Fährte. Untersuchungen ergaben: Es handelt sich um die versteinerten Fußabdrücke eines krötenartigen Sauriers von Schweinegröße. Der Krötenschweinesaurier muss vor ungefähr 316 Millionen Jahren aus dem Dortmunder Tiergarten ausgebrochen sein.

Viel jünger und kaum zu übersehen waren die zahlreichen Mammuts, die in Westfalen eine unglaubliche Größe erreichen konnten. Solch ein Mammut wäre der optimale Torwart gewesen und der perfekte Elfmeterkiller: Mit den Hinterbeinen auf der Torlinie konnte es seinen Schädel locker gegen den Ball auf dem Elfmeterpunkt drücken. Selbst ein sicherer Schütze wie Lothar »Emma« Emmerich hätte seine liebe Mühe gehabt, den Ball im Netz zu versenken. Noch verzweifelter wäre jeder Gegner, hätte sich das Mammut quer vor das Tor gestellt. Mit fünf Metern Körperhöhe hätte es selbst noch die Bälle gehalten, die sonst in die zweite Etage fliegen. Auf westfälischer Erde scheinen Torhüter gut zu gedeihen. Kein Zufall, dass auch unser Weltmeister Manuel Neuer aus Westfalen stammt.

Auch sonst hätte das Mammut unseren Vorfahren beim Fußball nützlich werden können: Ein Stoßzahn, gefunden in der Balver Höhle im Tal der Hönne, hat einen Umfang von 52 Zentimetern. Was hätte man daraus für Tore schnitzen können! Bei Lüdinghausen wies ein Zahn gar 58 Zentimeter auf. Wehe, so ein Mammut suchte eine westfälische Zahnarztpraxis auf! Da musste die Helferin erst einmal zum Schreiner laufen, die Hilti holen.

Dickhäuter schienen sich in Westfalen pudelwohl gefühlt zu haben. Gewaltige Nashörner rannten durch die Wälder, und in den Wassern von Lippe, Ruhr und Ems suhlten sich lustig die Flusspferde, beobachtet von Auerochs und Riesenhirsch und von stolzen Elchen. Berühmt war Westfalen jedoch für ein anderes Tier, für den gewaltigsten Höhlenbären. Es scheint, als wäre Westfalen schon immer für besondere Schädel wie gemacht. Während der Schädel eines heutigen Braunbären einen Umfang von vielleicht 36 Zentimetern aufweist, kam der westfälische Höhlenbär auf sensationelle 62 Zentimeter. Restaurierte Exemplare findet man noch in einigen westfälischen Museen. In der Natur konnte man ihm noch bis ins späte Mittelalter über den Weg laufen, 1446 wurde ein Höhlenbär eine Stunde von Münster in Albersloh gesichtet, ein anderer 1445 bei Soest. Dickschädel und Dickhäuter, bis heute sind sie in Westfalen zu finden.

Doch selbst Löwen und Hyänen hat es mal in Westfalen gegeben, das reinste Afrika! Weil das Klima ungünstig wurde und der BUND Naturschutz noch nicht erfunden war, starben viele Tierarten wieder aus. Westfälische Rotkäppchen konnten ab dem Jahr 1835 unbesorgt Waldblümchen für ihre Großmutter pflücken, bei Herbern nahe Werne an der Lippe hatte man den letzten Wolf erschossen. Etwa zur gleichen Zeit war auch Schluss mit ungebetenem Dammbau: Der letzte westfälische Biber wurde in der Möhne erschossen, ausgerechnet dort, wo der Mensch kurze Zeit später einen der größten Staudämme Westfalens errichten sollte. Den letzten Luchs erwischten Jäger schon vor Goethes Geburt: Er wurde 1745 im Rothaargebirge erlegt. (Rothaargebirge? Verdächtig, der Name. Wie warnen die Kinder noch das liebe Lüchslein? »Seine große lange Flinte schießt auf dich den Schrot, dass dich färbt die rote Tinte und dann bist du tot!«)

Doch die Zeiten haben sich geändert. Zum Glück. Der Biber ist zurück. Als Erstes wurde er an der Lippe gesehen, besser seine Spuren, abgenagte und gefällte Bäume. Zwischen Dolberg und Uentrop hat er sich häuslich niedergelassen. Auch der scheue Luchs wurde schon wieder gesichtet: Er tappte in eine Fotofalle im Teutoburger Wald. Selbst Meister Isegrim streift wieder durch unsere Wälder. Im November 2009 wurde bei Borgentreich (Kreis Höxter) ein Schaf gerissen, Fellreste am Weidezaun ergaben eindeutige DNA-Spuren, es war ein Wolf.

Wer besucht als Nächstes seine alte westfälische Heimat? Der Löwe, die Hyäne? Ein Elch wurde schon an der Kasseler Autobahn entdeckt, er lief Richtung Sauerland ...

Wenn Sie eine Sauerländerin heiraten wollen

Sie haben sich verliebt? In eine süße Sauerländerin? Und wollen heiraten? Herzlichen Glückwunsch! Das Sauerland ist bekannt für die Qualität seiner Frauen, und eine Hochzeitsfeier im Sauerland ist ein unvergleichliches Erlebnis. Wenn Sie selbst nicht aus dem Sauerland stammen sollten, hier ein paar Hinweise, damit Sie sich zurechtfinden.

Sind Sie zum ersten Mal bei Ihrer Angebeteten zu Gast und wollen sie liebevoll in den Arm nehmen, kann es sein, dass Ihre zärtliche Umarmung plötzlich durch ohrenbetäubenden Lärm gestört wird. Trillerpfeifen werden wie verrückt geblasen, Topfdeckel gegeneinandergeknallt, auf Milchkannen eingeprügelt. Erschrocken sehen Sie zum Fenster hinaus. Alle Junggesellen des Dorfes sind erschienen, eine wilde Horde, mit grimmigen und entschlossenen Mienen. Stürzen Sie jetzt nicht durch das hinterste Fenster aus dem Haus! Es gibt keinen Grund zu flüchten. Keine Angst, man will Ihnen nicht an den Kragen, es handelt sich lediglich um einen alten Brauch namens »Deckeln«. Der ganze Spuk wird nur gemacht, weil Sie noch nicht im Besitz eines Jagdscheins sind.

Wenn man eine Sauerländerin küssen will, muss man in manchen Dörfern eine Jagdprüfung bestehen. Schielen Sie nicht erneut nach dem rettenden Fenster und sagen, Sie hätten eine Prüfungsphobie. Die bevorstehende Prüfung ist zwar nicht ohne Tücken, große theoretische Kenntnisse aber wird man Ihnen nicht abverlangen. Lassen Sie die Jungs nur endlich herein, der Lärm wird einfach unerträglich! Wenn alle Platz genommen haben, erhebt sich der Älteste der Prüfungskommission, mancherorts auch Oberrappelmeister genannt, holt den vorbereiteten Jagdschein aus der Tasche und liest ihn vor. Zugleich ziehen seine Gehilfen fröhlich die erste Flasche Korn aus dem gut gefüllten Jagdbeutel und schenken sich und Ihnen ein Gläschen ein. Aufgepasst! Wir hoffen, Sie hatten in Interpunktion die Note 1! Getrunken wird nämlich immer nur dann, wenn ein Satzzeichen auftaucht. Doch hören wir den Oberrappelmeister:

»Jagdschein. Der Inhaber dieser Urkunde, – Prost! – Herr (nun müssen Sie Ihren Namen nennen!), – Prost! – ist berechtigt, – Prost! – sich innerhalb des Jagdreviers unserer Gemeindegemarkung frei zu bewegen und auf ein edles Mägdlein zu pirschen. – Prost! – Derselbe ist verpflichtet: – Prost! – weidmännisch zu jagen, – Prost! – die Beute zu schützen und zu hegen, – Prost! – ehrbar zu handeln und das kostbare Gut in wahrer Liebe heimzuführen. – Prost! – Ausgefertigt: – Prost! – Kirchhundem, – Prost! – den 13. – Prost! – Juni – 2016. – Prost! – Das hohe Jagdkomitee: – Prost! ...«

Und nun folgen die Namen Ihrer neuen Saufkumpane, die man natürlich, um keine Verwirrung zu stiften, ebenfalls säuberlich mit Kommata trennen muss. – Ist ja einfacher als gedacht, denken Sie erleichtert. Wenn Sie denn noch in der Lage sind, denken zu können.

Ein ganz besonderes Satzzeichen aber folgt noch, ein Doppelpunkt, und vor diesem steht das Wort »Einlösungsgebühr«. Klar, kein Zertifikat ohne Gebühr, so ist das nun mal. Wie hoch die Summe ausfällt, die man Ihnen abknöpfen wird, entscheidet sich aber erst jetzt. Aus seinem Rucksack zieht der Oberrappelmeister eine alte Personenwaage hervor, die er feierlich schwankend ins Zimmer stellt. Auf diese Waage hat nun Ihr edles Mägdelein zu steigen, ihr Gewicht haben Sie in Euro auszuzahlen. Sie werden bleich? Sie schielen abwechselnd auf die Waden Ihrer Holden und zum Fenster hinüber? Sie Geizhals! Sauerländerinnen haben nun mal ihren Preis. Wollen Sie lieber eine Hippe aus Düsseldorf zur Frau? Na also!

Wenn der Oberrappelmeister beim Einstreichen Ihres Portemonnaie-Inhalts nun die Worte lallt: »Ich bin dicke wie 'nen Pump!«, will er damit andeuten, dass genug getrunken wurde und er sich zurückziehen möchte, auch, wie der Oberrappelmeister anfügt, weil Sie nun sicherlich »spitz wie Nachbars Lumpi« seien. Diese Bemerkung dürfen Sie getrost überhören, sie stellt lediglich eine Blickdiagnose Ihrer aktuellen Hormonsituation dar.

Um Ihnen den Mut für Ihr weiteres Vorhaben nicht zu nehmen, überspringen wir die Schilderung des Polterabends und kommen sogleich zur Hochzeitsfeier. Wenn Sie heimlich, still und leise heiraten wollen, dürfen Sie sich keine Sauerländerin aussuchen. Im Sauerland ist ein Fest noch ein Fest. Ein Nachbar geht von Haus zu Haus und lädt alle Gäste persönlich ein, damit niemand vergessen wird. Ist alles bereitet und die kleine Dorfkirche festlich geschmückt, passen Sie höllisch auf, dass Sie mit dem rechten Fuß zuerst durch die Kirchentür treten. Die Scheidungsraten steigen auch im Sauerland.

Sollte sich Ihre Braut auf dem Weg zum Traualtar umdrehen, leuchtet Alarmstufe Rot auf. Noch ist es nicht zu spät, »Nein« zu sagen! Denn wenn sich die Braut umdreht, bedeutet dies nichts anderes, als dass sie sich schon jetzt – bewusst oder unbewusst – nach einem neuen Partner umsieht. Und das ist doch wirklich etwas früh. Antworten Sie jedoch keinesfalls mit »Nein«, falls der Sauerländer Pastor Sie fragt, ob Sie »ette zur Frau nehmen wollen.« Unter »ette« ist nicht seine alte Haushälterin gemeint, »ette« ist ein persönliches Fürwort, das in diesem Fall für Ihre Braut steht. Auch die Formulierung, ob Sie ette lieben, achten und ehren wollen, »bis einer von euch über die Wupper geht«, soll Sie nicht verwirren. Die Wupper ist nichts anderes als die westfälische Variante des Styx, des alten griechischen Flusses, der uns vom Totenreich trennt. Diese schöne Metapher verwendet der Westfale gerne, um nicht vom Tod reden zu müssen. (Hinter der Wupper beginnt das Rheinland!)

Geht alles gut und Sie haben »Ja!« gestammelt, dürfen wir Ihnen gratulieren. Jetzt sind Sie ein Buiterling, worunter man im Sauerland eine eingeheiratete Person versteht. Ist Ihre Frau aus Freienohl, kommt wieder der vom »Deckeln« bekannte Schnaps ins Spiel, sobald Sie aus der Kirche treten. Und nicht nur einer. Fürsorglich wird man Ihnen anschließend einen toten Hering reichen, den Sie mit Todesverachtung hinunterwürgen müssen. Beschweren Sie sich nicht über diese Behandlung! Was soll erst Ihre junge Frau sagen? Sie muss Sie schließlich auch noch küssen!

Aber zuvor müssen Sie beide noch die Ärmel hochkrempeln, denn vor der Kirche sind zwei Sägeblöcke aufgebaut, über denen ein dicker Baumstamm liegt – den haben Sie nun gemeinsam mit Ihrer Braut durchzusägen. Gemeinerweise ist die Säge meist ziemlich stumpf, sodass man ins Schwitzen kommt. Dennoch: bitte unbedingt weitersägen! Es wird nicht die schwierigste Prüfung werden, die Sie in Ihrer Ehe zu bestehen haben, versprochen.

Doch fort mit allen trüben Gedanken! Genießen Sie die traute Zweisamkeit! Mit einer Sauerländerin hat schon mancher sein Glück gefunden.

Meine kleine Schnecke

Bei der Wahl von Kosenamen ist der Westfale nicht erfindungsreicher als andere. Meistens umschmeichelt er sein Feinsliebchen mit Namen von Tieren, oft sehr kleinen, niedlichen, die jedoch im Laufe der Beziehung immer größer zu werden pflegen. Bei Jungverliebten ist das Mäusken beliebt, auch der Spatz oder das Hasilein. Besonders in gewissen Gegenden des östlichen Sauerlandes flüstern verliebte Jungs ihrem Mädchen gerne auch »Schnecke« ins Ohr. Vorsicht! In den meisten Fällen wird der junge Mann zwar tatsächlich ein zartes, kleines Tierchen im Sinn haben, es könnte sich aber auch anders verhalten.

Vielleicht ist der Charmebolzen erst vor Kurzem in Münster gewesen und hat jetzt ein ganz anderes Tier vor Augen. Am 22. Februar 1895 hatte Heinrich Ettmann in einem Steinbruch den bis heute größten Ammoniten der Welt gefunden, das Alter des Kopffüßlers schätzt man auf 80 Millionen Jahre. »Parapuzosia seppenradensis« nennt die Fachwelt bewundernd die Monsterschnecke. 2008 wählte man sie zum ersten »Fossil des Jahres«. Um es von seinem Fundort in Seppenrade, einem Stadtteil von Lüdinghausen im Kreis Coesfeld, ins Westfälische Naturkundemuseum nach Münster zu bekommen, sind sechs Pferde notwendig gewesen. Man hatte mit dem Transport warten müssen, bis die Wege hart gefroren waren. Die Schnecke hat einen Durchmesser von 1,80 Metern und wiegt 3,5 Tonnen.

Wenn also ein Westfale seinem Mädchen »Schnecke« zuflüstert, kann sich durchaus eine Nachfrage empfehlen, vor allem, wenn der Westfale aus Seppenrade stammt.

Kennen Sie die waldreichste Stadt Deutschlands?

Wälder gibt es in Westfalen viele. Wussten Sie aber, dass sich die waldreichste Kommune ganz Deutschlands im Herzen des Sauerlandes befindet? Brilon. Wie viele Bäume hier in den westfälischen Himmel wachsen, weiß keiner so genau. Wohin man in Brilon auch blickt: Wälder über Wälder. Oft sieht man vor lauter Briloner Bäumen Brilon nicht mehr. Selbst im Winter, denn die meisten Bäume schmücken sich mit Nadeln.

Die Fichte ist der Brot- und Butterbaum der Briloner, die zahlreichen Sägewerke kommen kaum hinterher, die Stämme in Bretter zu schneiden, und spülen bis zu einer Million Euro jährlich in die Stadtkasse. Aber auch Buchen und Eichen wachsen in Brilon, und das ist gut so. Denn nur ein gesunder Mischwald kann den Widrigkeiten der Natur trotzen. Als im Januar 2007 ein gewaltiger Sturm tobte, Kyrill, der Schreckliche, knickten Wälder, die nur aus Fichten bestanden, wie Streichhölzer um. In Brilon war besonders ein Berggebiet betroffen, dessen Namensnennung bei vielen männlichen Wandergruppen stets ein unpassendes Grinsen erzeugt: der Poppenberg.

Der Poppenberg wurde von Kyrill völlig kahl rasiert, insgesamt wurde ein Siebtel des stolzen Briloner Walds zu Bruchholz. Die Briloner aber verfielen nicht in Agonie, sondern begannen das große Aufräumen und Wiederaufforsten, eine in der Geschichte Brilons beispiellose Bürgerinitiative entstand. Auf dem Poppenberg wurde eine große Fläche zum Bürgerwald erklärt, Jung und Alt griffen zum Spaten, 4 000 Briloner pflanzten 45 000 Setzlinge: Neben Fichten auch Buchen, Douglasien, Eiben, Eichen und viele weitere Arten, der herrlichste Mischwald wächst dort heran. So bleibt der Status der waldreichsten deutschen Gemeinde auch in Zukunft ungefährdet.

Typisch für den Sauerländer ist sein Erfindungsreichtum. Selbst aus einer Katastrophe weiß er noch gewinnbringende Lehren zu ziehen. Wenn der Wind schon so kräftig über die Sauerländer Höhen pfeifen muss, dann sollte man ihn sich doch zunutze machen! Gleich nach Kyrill fingen die Briloner an zu planen und stellten Windräder auf die Höhen, die sich auf das Lukrativste drehen. Doch keine Angst! Die Schönheit der Briloner Wälder wird davon nicht berührt. Wollen Sie sich selbst ein Bild machen? Fahren Sie hin! Man kann auf lauschigen Wegen durch die Briloner Wälder wandern. Schmieren Sie sich genügend Kniften und lösen Sie eine Fahrkarte, indem Sie zum Schalterbeamten sagen: »Bitte einmal Brilon Wald!« Keine Angst, wir wollen Sie nicht auf den Arm nehmen. So einen Bahnhof gibt es tatsächlich. Wo auch anders?

Heinrich Heine über die sentimentalen Eichen

Deutschland. Ein Wintermärchen nannte Heinrich Heine die Beschreibung einer Reise, die ihn 1843 von seinem Exil in Frankreich in die deutsche Heimat führte. Caput X ist dem westfälischen Reiseabschnitt gewidmet, wir geben das Kapitel im Original wieder, versehen mit einigen Anmerkungen.

> Dicht hinter Hagen ward es Nacht,
> Und ich fühlte in den Gedärmen
> Ein seltsames Frösteln, ich konnte mich erst
> Zu Unna im Wirtshaus erwärmen.

Wo genau fröstelte es den Dichter? Ein Blick auf die Karte, und wir kommen nicht umhin anzunehmen, dass es bei der Fahrt durch das schöne Schwerte gewesen ist. Ja, lieber Heinrich Heine, wenn es dich so fröstelte, warum hast du denn nicht wenigstens ein kurzes Päusken im Schatten von Sankt Viktor gemacht? Auch in den Schwerter Wirtshäusern kann man sich auf das Angenehmste aufwärmen, in der *Waage* zum Beispiel oder bei *Pferdekämper*. Zumindest hättest du dir gegenüber dem Gymnasium bei Emma Kuchheuser ein Nugatbröt-chen schmieren lassen können. Wie hätte dir das die Weiterfahrt ver-süßt! Doch nun also Unna.

> Ein hübsches Mädchen fand ich dort,
> Die schenkte mir freundlich den Punsch ein;
> Wie gelbe Seide das Lockenhaar,
> Die Augen sanft wie Mondschein.

Ja, das sind sie, die Mädchen aus Westfalenland! Sehr hübsch und aus-gesprochen freundlich. Sie haben vielleicht etwas zu große Füße, alles andere an ihnen aber ist wunderbar gelungen. Und nicht nur auf dem Lande. In einem bekannten Karnevalslied heißt es: »Denn da erschuf der liebe Gott die Mädchen aus dem Kohlenpott. Sogar der alte Petrus hat gelacht: Chef, das haste fein gemacht!« Kein Zufall, dass Westfalen schon oft die Miss Germany gestellt hat. 2015 erst ging ganz Deutsch-land vor der schönen Arzthelferin Olga Hoffmann aus Münster in die Knie. Und wer erinnert sich nicht an 2005 und Antonia Schmitz, Bau-erstochter aus Anröchte-Altengeseke? Schöne Westfälinnen, wohin man schaut. Und sehr zuvorkommend. Selbst wenn der Gast einen ausgefallenen Wunsch äußert. Punsch, lieber Heinrich Heine, ist nun wirklich kein typisch westfälisches Getränk. Du hättest dir lieber ein Gedeck bringen lassen. Einen Steinhäger kippen, dem warmen Bren-nen nachspüren und dieses dann mit einem guten Glas Unnaer Bier löschen. So eine Steinpils-Kur wirkt Wunder. Wärmt genauso gut wie Punsch und schmeckt auch noch. Heute könnten wir Heinrich Heine wieder das gute Hausbier im Kultur- und Kommunikationszentrum der traditionsreichen Lindenbrauerei empfehlen. Doch hören wir, was Heinrich Heine weiter über die hübsche Kellnerin schreibt.

> Den lispelnd westfälischen Akzent
> Vernahm ich mit Wollust wieder.

Nun, nun, werter Heinrich Heine, hier muss ein Irrtum vorliegen. Zwar freut es uns natürlich, dass du den westfälischen Akzent mit Wollust vernahmst, eine Reaktion, die nicht allgemein verbreitet ist, das Attribut »lispelnd« aber will uns so gar nicht passend erscheinen. Um es auf den Punkt zu bringen: Der Westfale lispelt nicht. Nicht freiwillig und nicht unfreiwillig. Er kann gar nicht lispeln, weil man zum Lispeln seine Zunge aus dem Mund strecken muss. Die Zunge des Westfalen aber pflegt beim Sprechen ruhig und breit am Mundboden liegen zu bleiben. Äußerst selten rafft sie sich auf, den Gaumen zu berühren, niemals aber würde sie sich zwischen die Zähne wagen.

> Viel süße Erinnerung dampfte der Punsch,
> Ich dachte der lieben Brüder,
>
> Der lieben Westfalen, womit ich so oft
> In Göttingen getrunken,
> Bis wir gerührt einander ans Herz
> Und unter die Tische gesunken!

Ja, die schöne Studentenzeit in Göttingen! Bei der westfälischen Landsmannschaft waren also auch Rheinländer aus Düsseldorf willkommen, was für die große Toleranz der Westfalen spricht. Die Trinkfestigkeit der Westfalen allerdings scheint uns nicht richtig beschrieben. Zugegeben, ein Westfale kann so manches Bierchen vertilgen, dass er jedoch anschließend unter die Tische sinkt, ist eine extreme Rarität. Wie die westfälische Eiche nicht fällt, so ist auch der Westfale nicht so leicht niederzustrecken. Ein leichtes Wanken und Schwanken, gewiss, das kommt vor, niemals aber wird der westfälische Zecher dabei vom Stuhl kippen. Selbst nahe am Delirium funktioniert die westfälische Haltemuskulatur noch zuverlässig.

Sehr schön und psychologisch absolut korrekt hingegen sind Heinrich Heines weitere Schilderungen, die Auswirkungen des Rausches auf die Seele des Westfalen. »Sich gerührt einander ans Herz fallen«, ja das trifft es. »In vino veritas«, sagt der Römer, was natürlich auch für Bier und Korn gilt (»In cervisia veritas«), und Sigmund Freud ergänzt. »Das Über-Ich ist alkohollöslich.« Im berauschten Zustand zeigt sich in besonders klarer Weise, wie es um die Persönlichkeit eines Menschen bestellt ist. Die einen werden fröhlich oder übermütig, andere gereizt und aggressiv. Der Westfale aber wird herzlich und könnte die ganze Welt umarmen. Das nämlich ist der Westfalen eigentliche Wesensart: Sie lieben das Leben und die Verbrüderung. Und die Liebe scheint für Heinrich Heine eine wechselseitige gewesen zu sein:

Ich habe sie immer so lieb gehabt,
Die lieben, guten Westfalen,
Ein Volk so fest, so sicher, so treu,
Ganz ohne Gleißen und Prahlen.

Dem ist nichts hinzuzufügen. Besser kann man die ehrliche, standhafte, verlässliche westfälische Wesensart nicht beschreiben. Aber Heinrich Heine fügt noch eine weitere wichtige Charaktereigenschaft an: den westfälischen Mut!

Wie standen sie prächtig auf der Mensur
Mit ihren Löwenherzen!
Es fielen so grade, so ehrlich gemeint,
Die Quarten und die Terzen.

Sie fechten gut, sie trinken gut,
Und wenn sie die Hand dir reichen
Zum Freundschaftsbündnis, dann weinen sie;
Sind sentimentale Eichen.

Sentimentale Eichen! Schöner kann man es nicht sagen! Allein für diese Formulierung lieben wir dich, Heinrich Heine. Natürlich, ganz ohne Spott kommst du nicht aus, über die Westfalen aber schüttest du ihn allenfalls in homöopathischen Dosen aus. Liest man *Deutschland. Ein Wintermärchen* aufmerksam, so fällt auf, dass dieses Kapitel, das Kapitel über die Westfalen, das einzige ist, das Rührung und Sympathie ausstrahlt. Ja, Caput X ist wie eine milde, liebliche Insel in einem Meer von beißendem Spott, Ironie und Sarkasmus. Man könnte vermuten, wäre ganz Deutschland, Preußen vor allem, ein einzig Westfalenland, Heinrich Heine wäre niemals nach Paris geflüchtet.

Der Himmel erhalte dich, wackres Volk,
Er segne deine Saaten,
Bewahre dich vor Krieg und Ruhm,
Vor Helden und Heldentaten.

Er schenke deinen Söhnen stets
Ein sehr gelindes Examen,
Und deine Töchter bringe er hübsch
Unter die Haube – Amen!

Diese letzte Strophe, lieber Heinrich Heine, trübt leider den positiven Gesamteindruck etwas. Nicht allein das antiquierte Frauenbild. Als könne eine Westfälin nicht selbst ihren Mann stehen. Und wenn sie sich verheiraten wollen, braucht es keine himmlische Partnervermittlungsagentur, die Vielzahl ihrer Reize zieht die Männer an wie eine Münsterländer Kuh die Fliegen. Und dann die Sache mit dem Examen. Misstrauisch fragen wir nach: Lieber Heinrich Heine, hältst du die Westfalen etwa für etwas flach unter der Mütze? Warum sonst sollte man den westfälischen Studenten ein sehr gelindes Examen schenken? Großes Herz, aber Hirne von Erbsengröße? Ist das das Fazit? Nun, dann empfehlen wir dir dringend die Lektüre des nächsten Kapitels!

Westfälische Superhirne

Intelligenz kann tatsächlich ungleich verteilt sein. Professor Siegfried Lehrl, führender Intelligenzforscher und Präsident der internationalen Gesellschaft für Gehirntraining (GfG), stellte fest, dass auf der deutschen IQ-Landkarte Südbayern und Chemnitz die Spitzenplätze belegen, besonders aber die Gegend um Stuttgart. Typisch, die Schwaben wieder, möchte man seufzen. Wir aber halten es mit Churchill und trauen nur der Statistik, die wir selber gefälscht haben. Denn natürlich regnet es auch über Westfalen IQ-Punkte. Aber hallo! Warum erreichen hier 64 Prozent eines Jahrgangs die Hochschulreife, während es deutschlandweit nur 54,9 Prozent sind? Und dann die Fülle an Nobelpreisträgern! Dürfen wir Ihnen einige Herren vorstellen?

Manfred Eigen, 1927 in Bochum geboren, ist einer der führenden Biochemiker. Seine Innovationen und Entdeckungen aufzuzählen würde den Rahmen dieses Buches sprengen. Für die Entwicklung einer Stoppuhr für blitzschnelle chemische Reaktionen wurde er 1967 mit dem Nobelpreis für Chemie ausgezeichnet.

Den Medizinnobelpreis 2008 erhielt Harald zur Hausen. Dem Gelsenkirchener, der 20 Jahre lang das Deutsche Krebsforschungszentrum leitete, gelang die bahnbrechende Entdeckung, dass bestimmte Viren Krebs erzeugen können. Harald zur Hausen nahm sich des Gebärmutterhalskrebses an, eines besonders heimtückischen Tumors. Bei seinen Gewebeuntersuchungen spürte er den humanen Papillomavirus auf und klärte die Schuldfrage. Die Aufklärung dieses Zusammenhangs hatte enorme Konsequenzen und führte zur Entwicklung von Impfstoffen gegen diese gemeine Krebsform, immerhin die dritthäufigste der Frauen. Heute kann man sich durch eine Impfung schützen.

Georg Bednorz stammt aus Neuenkirchen im Kreis Steinfurt. Der Physiker forschte an Keramiken aus Kupferoxiden und schickte unter

Hochtemperaturen Elektronen auf die Reise. Die Forschungsresultate an diesen Supraleitern waren so sensationell, dass man ihm 1987 den Nobelpreis für Physik verlieh.

Die Rheinländer mögen es uns verzeihen, dass wir noch einen weiteren Nobelpreisträger für Westfalen reklamieren, den vielleicht bekanntesten unter allen. Über Wilhelm Röntgens Entdeckung müssen wir keine großen Worte verlieren. Die Strahlen, die er entdeckte, revolutionierten nicht nur die Medizin. Unsichtbare Strahlen, die den menschlichen Körper durchdrangen! Eine echte Weltsensation, an der auch Röntgens Frau Anteil hatte, denn sie stellte bereitwillig ihre Hand zum Röntgenbeschuss zur Verfügung. Zu Recht wurde Röntgen der erste Nobelpreis für Physik zuerkannt. Und was machte der Forscher mit dem hohen Preisgeld? Er schenkte es seiner Würzburger Universität. Aus Dankbarkeit. Das Patent auf seine Erfindung wollten sich sogleich zahlreiche Unternehmen sichern. Röntgen aber schüttelte den Kopf: »Was für ein Patent?« Röntgen hatte bewusst keines beantragt, weil ein solches nur die weitere Fortentwicklung der segensreichen Entdeckung behindert hätte. Nicht nur ein großer Forscher war er, sondern auch ein echter Freund der Menschheit. Und ein echter Westfale. Sein Geburtsort Lennep gehört zwar politisch zur preußischen Rheinprovinz, aber natürlich ist es ein echtes Stück Westfalen.

Aber auch viele nicht genobelte Westfalen beweisen die ungeheure Innovationskraft dieses Volksstamms. Denken wir nur an Carl Miele (1869–1938). Im westfälischen Herzebrock begann man mit der Produktion von Milchzentrifugen und Buttermaschinen. Zeit, dass sich was dreht! Von der Buttermaschine war es nur ein kleiner Schritt zur ersten Waschmaschine. »›Miele, Miele‹, sprach die Tante, die alle Waschmaschinen kannte.« Was dreht sich noch? Fahrräder, Motorräder, Autos, Torpedos! Alles mal von Miele hergestellt. Später konzentrierte man sich auf Haushaltsgeräte. Welche westfälische Hausfrau braucht auch schon einen Torpedo?

Ebenso erfinderisch sind die westfälischen Möbelbauer. Und sehr ambitioniert. Interlübke produziert in Rheda-Wiedenbrück für den anspruchsvollen Kunden. Und Hülsta gilt gar als Erfinder der Schrankwand. Herr *Hüls* aus *Sta*-dtlohn gründete die Firma bereits 1940. Viele Patente haben wir Hülsta zu verdanken. Zum Beispiel die Schubladen für Choleriker. Will ein Münsterländer Bauer, den seine Frau geärgert hat, voller Wut die Küchenschublade zuschmeißen, also richtig mit Schmackes, so muss er zu seiner Verwunderung feststellen, dass das Ding seinem Wutanfall zum Trotz völlig lautlos und sanft zurückgleitet. Hülsta-SoftFlow heißt das Prinzip auf Neu-Westfälisch.

Weiter geht's! Kaum einer weiß, dass der Lüdenscheider Carl Berg entscheidend bei der Konstruktion des Zeppelins mitgewirkt hat. Bekannter ist da Heinz Nixdorf, der erfolgreiche Computerbauer aus Paderborn. Einem Dortmunder haben wir die Frühform von Wikipedia zu verdanken. Wer Friedrich Brockhaus (1772–1823) nicht kennt, sollte in ebendemselben nachschlagen. Ebenfalls aus Dortmund kommt der Ingenieur Robert Kolb (1867–1909), der mit ungeheurer Liebe und noch größerem Fleiß ein Wanderwegenetz im Sauerland erdachte und markierte. Der Name Otto Schott (1851–1935) ist vielen Freunden der Optik geläufig. Der aus Witten stammende Chemiker war einer der führenden Glastechniker seiner Zeit. Die Verdienste von Friedrich Raiffeisen (1818–1888) aus Hamm liegen auf anderem Gebiet. Die Armut vieler einfacher Bauern rührte den Hammer, erfolgreich entwickelte er Genossenschaftsmodelle, um sie zu unterstützen. Wenn sich sieben Bauern zusammentaten, konnten sie Saatgut und Dünger günstiger einkaufen und in örtlich verwalteten Spar- und Darlehenskassen ihre Finanzen regeln. Raiffeisens Modell ist weiter brandaktuell und wird überall in der Welt erfolgreich kopiert, wo mittellose Bauern Hilfe zur Selbsthilfe benötigen. Freunden des Anhängerwesens ist die Firma Westfalia ein Begriff. Von den Fahrzeugbauern in Rheda-Wiedenbrück wurde auch die berühmte Kugelkopfanhängerkupplung erfunden, mit der man sich beim Einparken so wunderbar Platz verschaffen kann.

Über weitere westfälische Erfindungen wird in anderen Kapiteln dieses Buches berichtet. Was die erfolgreichste aller westfälischen Erfindungen gewesen ist? Manche Gelsenkirchener werden sagen: »Klare Kiste: der Schalker Kreisel!« Der Schalker Kreisel war das ultraschnelle Kurzpassspiel, das die Mannschaft um Ernst Kuzorra und dessen Schwager Fritz Szepan in den 1930er-Jahren entwickelt hatte – und zwar so erfolgreich, dass es eine Zeit gab, in der die Schalker die Meisterschale tatsächlich einmal anfassen durften.

Über den Charakter der Westfalen – eine Literaturrecherche

Will man etwas über die Persönlichkeit eines Volksstammes erfahren, ist es nicht verkehrt, die Literatur zu befragen, wie wir am Beispiel von Heinrich Heine gelernt haben. Was steht in den Büchern über die Westfalen zu lesen? Wie ticken sie, was sind ihre Eigentümlichkeiten, ihre Stärken?

Der Kosmograf Sebastian Münster (1488–1552) bezeichnet das Volk der Westfalen als gesund und stark von Leib, mit einem kecken und unerschrockenen Gemüt. Ein Zeitgenosse ergänzt: »Es sind die Einwohner streitbar und sinnreich Leut, daher das Sprichwort kommt, die Westfalen gebären mehr schalkhaftig und hinterlistig Leut, den Toren und Narren.«

Na ja, ein etwas zweifelhaftes Kompliment. Da gefällt uns die Beschreibung von Jansson schon besser: »Das westfälische Volk ist beständig und ernst. Wie es anfangs nur schwer von dem Heidentum seiner Ureltern abgebracht und zur Anerkennung Christi bekehrt werden konnte, so hat es in der Folge den christlichen Glauben nicht nur standhaft bewahrt, sondern auch weithin verbreitet. Dafür, dass die Westfalen für die Bildung des Geistes und des Herzens, für Wissenschaft und Kunst große Neigung und Befähigung besitzen, dienen als Zeugen so viele tüchtige und gelehrte Männer, ausgezeichnete Kirchenfürsten und Staatslenker, welche aus diesem Lande hervorgingen.«

Der Mann weiß, wovon er spricht. Das Ernste und Beständige wird auch von anderen Autoren oft wiederholt und betont. »Die Denkweise ist einfach und mehr der Verinnerlichung zugewandt, als dass sie sich in überschäumender, blühender Phantasie oder geistiger Brillanz äußerte. Und gerade dies ist die wertvollste Eigenschaft im westfälischen Volkscharakter«, stellte Fritz Mielert 1925 in seinem Standardwerk über das Land Westfalen fest. »Schwer, einfach, gediegen; nicht leicht und nicht jedermann sich zuneigend, vielmehr zögernd, lange prüfend, namentlich Fremdländischem gegenüber, aber herzig und schlicht pflichttreue Freundschaft übend, wenn sie einmal geschlossen ist. Eine große Herzensgüte zeichnet namentlich den Westfalen der unteren und mittleren, von der Zivilisation noch nicht angekränkelten Schichten aus. Er gibt gerne, reichlich und wiederholt, wenn es sich um Linderung von Not handelt. Er macht nicht viele Worte, er gibt stattdessen hinreichend und schweigt über seine Guttat.«

Ob es heute noch Westfalen gibt, die nicht von der Zivilisation angekränkelt sind? Fast möchte man es sich wünschen. Die wohl ausführlichste und differenzierteste Charakteranalyse erhalten wir von der westfälischen Nationaldichterin, von Annette von Droste-Hülshoff, welche die Westfalen nicht über einen Kamm schert, sondern deutliche Unterschiede zu beschreiben weiß. Nicht leicht fände sich »ein Sauerländer ohne einen starken Zusatz von Schlauheit, Verschlossenheit und praktischer Verstandesschärfe, und selbst der sonst Beschränkteste unter ihnen wird gegen den gescheitesten Münsterländer fast immer praktisch im Vorteil stehen«. Nun, wir können nur schlecht widersprechen, immerhin ist Annette von Droste-Hülshoff selbst eine Münsterländerin.

Über den Münsterländer schreibt sie: »Gänzlich abgeneigt, sich ungesetzlichen Handlungen anzuschließen, kommt ihm doch an

Mut, ja Hartnäckigkeit des Duldens für das, was ihm recht scheint, keiner gleich, und ein geistreicher Mann verglich dieses Volk einmal mit den Hindus, die, als man ihnen ihre religiösen und bürgerlichen Rechte schmälern wollte, sich zu vielen Tausenden versammelten und auf den Grund gehockt mit verhüllten Häuptern standhaft den Hungertod erwarteten.«

Der Münsterländer, der deutsche Hindu! Wer hätte es gedacht? Annette von Droste-Hülshoff gibt uns noch weitere Beispiele für seine Standfestigkeit und seine Opferbereitschaft und berichtet von der Schreckenszeit unter Napoleon: »Unter der französischen Regierung, wo Eltern, und nachdem diese ausgeplündert waren, auch Geschwister mit ihren Habseligkeiten für diejenigen einstehen mussten, die sich der Militärpflicht entzogen hatten, haben sich zuweilen alle Zweige eines Stammes, ohne Rücksicht auf ihre unmündigen Kinder, zuerst bis zum letzten Heller exekutieren und dann bis aufs Hemde auspfänden lassen, ohne dass es einem eingefallen wäre, dem Versteckten nur mit einem Worte den Wunsch zu äußern, dass er aus seinem Bretterverschlage oder Heuschober hervortreten möge, so verhasst, ja entsetzlich jedem damals der Kriegsdienst war, dem manche sogar durch freiwillige Selbstverstümmelung z. B. Abhacken eines Fingers zu entgehen suchten, so häufig trat doch der Fall ein, dass ein Bruder sich für den andern stellte, wenn er dachte, dieser werde den Strapazen erliegen, er aber möge noch mit dem Leben davonkommen. Kurz, der Münsterländer besitzt den Mut der Liebe und einer unter dem Schein des Phlegmas versteckten schwärmerischen Religiosität, so wie er überhaupt durch Eigenschaften des Herzens ersetzt, was ihm an Geistesschärfe abgeht; und der Fremde verlässt mit Teilnahme ein Volk, das ihn zwar mitunter langweilte, dessen häusliche Tugenden ihm aber immer Achtung einflößen und zuweilen tief gerührt haben.«

Eine fast schwärmerische Neigung empfindet die große Dichterin und feine Psychodiagnostikerin für die Menschen vom Hochstift

Paderborn, die sie uns als sympathisch-leidenschaftliche Hitzköpfe schildert: »Nirgends gibt es so rauchige Dörfer, so dachlukige Hüttchen, als hier, wo ein ungestümes Temperament einen starken Teil der Bevölkerung übereilten Heiratens zuführt.« – »Übereilten Heiratens« ... eine heute nur noch wenig geläufige Formulierung für eine schon sichtbar schwangere Braut.

Ist schon die Gründung eines Hausstandes für einen Paderborner von finanziellen Schwierigkeiten begleitet, so auch der weitere Verlauf des Ehestandes, und auch dieses Debakel sieht Annette von Droste-Hülshoff in der Psychologie des Paderborners begründet: »Selbst der Roheste ist schlau und zu allen Dingen geschickt, weiß jedoch selten nachhaltigen Vorteil daraus zu ziehen, da er sein Talent gar oft in kleinen Pfiffigkeiten, deren Ertrag er sofort vergeudet, erschöpft und sich dem Einflusse von Winkeladvokaten hingibt, die ihm über jeden Baumpfahl einen Prozess einfädeln, der ihn völlig aussaugt, fast immer zur Auspfändung und häufig um Haus und Hof bringt.«

Ojemine! Die armen Paderborner! Gut, dass Annette von Droste-Hülshoffs Urteil schon etwas älter ist und man heute mit gnädigem Herzen und gutem Gewissen eine gewisse Verjährungstendenz desselben annehmen darf. Jedenfalls weist keine aktuelle Statistik mehr darauf hin, dass rings um Paderborn mehr Westfalen Privatinsolvenz anmelden müssen als in jenen romantischen Zeiten. Und auch für die geschilderte hormonelle Überproduktion der Paderborner fanden wir keine belastbaren Beweise mehr. (Falls es solche geben sollte, bitten wir die geschätzten Leser um einen vertraulichen Hinweis an den Verlag.)

So weit unsere Literaturrecherche. Was aber macht die Menschen im modernen Westfalen aus? Über die Bewohner der Industriegebiete an der Ruhr konnte Annette von Droste-Hülshoff ja noch keine Aussagen treffen. Wäre die Dichterin heute im Pott unterwegs, so würde sie erstaunt feststellen, wie witzig und weltoffen die Menschen an der Ruhr sind.

Eine aktuelle Persönlichkeitsdiagnostik der NRW-Völker lieferte Johannes Rau, der durchaus schalkhaft sein konnte. Die Stärke von NRW liege in der einmaligen Kombination der Eigenschaften seiner Menschen, »der Zuverlässigkeit des Rheinländers, der Leichtfüßigkeit der Westfalen und der Großzügigkeit des Lippers«.

Uns interessiert die Frage, ob es auch heute noch, in der Zeit zunehmender Globalisierung, typische Wesensmerkmale gibt, welche die Westfalen über alle Regionen hinweg auszeichnen? Nicht ohne jede Kenntnis psychologischer Methoden konstruierten wir zur Klärung dieser Frage einen speziellen Rorschach-Test. Sie kennen doch diese Klecksbilder, die man Probanden vorlegt und sie darum bittet, spontan zu sagen, was ihnen zu dem Bild einfällt. Wir schnitten für den Westfalentest einfach eine Landkarte von Westfalen aus und schwärzten sie ein. Dieses Bild legten wir, wann immer wir unterwegs waren, uns zufällig begegnenden Menschen vor, in der Bahn, im Hotel, bei Ausflügen und Wanderungen. Das Ergebnis ist verblüffend: Mehr als 90 Prozent aller Befragten gaben dieselbe Antwort: »Ein Herz!« – Das ist es! Das macht Westfalen aus. Die Herzlichkeit! Wir hätten doch gleich darauf kommen können.

Westfälische Helden

Selbst wenn sich die Schilderung des Charakters der Westfalen im Detail unterscheidet, in wesentlichen Punkten sind sich alle Autoren bis hinein in die Gegenwart einig: Den Westfalen zeichnen Herz und Tapferkeit aus. Um den westfälischen Heldenmut anschaulich zu machen, seien drei Beispiele aus der Geschichte herausgegriffen.

Das Grubenunglück von Courrières

Samstag, der 10. März 1906, Courrières im nordfranzösischen Département Pas-de-Calais. In den Schächten des großen Kohlebergwerks arbeiten fast 2 000 Arbeiter 400 Meter unter Tage, als gegen halb sieben Uhr in der Früh eine gewaltige Explosion die Grube erschüttert. Erschüttert werden nicht nur Schächte und Förderanlagen, erschüttert ist die ganze Welt, als bekannt wird, wie viele Bergleute verschüttet worden sind. Von überall kommen Beileidsbekundungen, kommen die besten Wünsche für ein Wunder. Was aus Westfalen kommt, ist etwas anderes.

25 Kumpel. 25 Männer der Grubenwehr von den Zechen Shamrock und Rheinelbe brechen auf, um ihren französischen Kumpeln zu helfen. Im Gepäck haben sie alles zur Rettung Notwendige, moderne Atemgeräte vor allem. In ihren Bergmannsuniformen erreichen sie die französische Grenze, wollen so schnell es geht weiter. Doch der französische Grenzposten scheint ihr Anliegen nicht zu verstehen, die Zeiten sind politisch heikel, Deutschland und Frankreich sind Erzfeinde, rüsten für einen neuen, einen gewaltigen Krieg. Da erscheint jeder deutsche Uniformträger verdächtig. Die westfälischen Kumpel verstehen die Welt nicht mehr, sie wissen, jetzt kommt es auf jede Minute an!

Später heißt es, ein Telefonat habe die Situation geklärt, andere sagen, die Rettungsleute seien im Hechtsprung über den Schlagbaum. Wie auch immer, Tatsache ist, dass die westfälischen Kumpel

Courrières im Eiltempo erreichten, wo sie die völlig überforderten französischen Rettungstrupps unterstützten. Zusammen machten sie sich daran, in die zerstörten Schächte vorzudringen, Franzosen und Deutsche Hand in Hand, trotz Atemschutzgerät ein waghalsiges, ein lebensgefährliches Unternehmen. Gemeinsam gelang es, 600 Eingeschlossene lebend zu befreien, darunter viele Verletzte mit schweren Verbrennungen und Gasvergiftungen. Als Helden wurden die Westfalen in Frankreich gefeiert, als Helden kehrten sie nach Deutschland zurück. Wenn die Politiker jener Jahre nur eine Spur dieser Herzensbildung gehabt hätten, der Wahnsinn des Ersten Weltkrieges wäre nicht passiert.

Der Löwe von Münster

1941, das dritte Kriegsjahr. Überall in Deutschland fahren dunkle Busse zu den Heil- und Pflegeanstalten, laden junge und alte Patienten ein. Man erzählt ihnen etwas von einem Ausflug, von einer Reise in die Natur. Am Ankunftsort müssen sich die Kranken und Behinderten ausziehen, dann werden sie in einen Duschraum geschickt. Aus den Duschen aber kommt kein Wasser, aus den Duschen kommt Gas. Elendig ersticken die Patienten, können sich nicht befreien, die Türen sind von außen versperrt worden. Andere werden mit Spritzen getötet oder müssen verhungern. Die Leichen werden in große Verbrennungskammern gesteckt, nichts soll mehr an sie erinnern.

Die Nazis haben sich das ausgedacht. Von Berlin, von der Tiergartenstraße 4, wird alles befehligt, Aktion T4 nennt es Hitler. Er hat die Menschen eingeteilt in lebenswerte und lebensunwerte. Lebensunwert ist jeder, der so krank oder behindert ist, dass er dem Volk nicht mehr nützen kann. Er gilt nur noch als Schmarotzer, als eine Zecke im Fell des gesunden Volkskörpers. Er hat kein Lebensrecht mehr, soll unverzüglich vernichtet werden. Als Angehörige Verdacht schöpfen und Fragen stellen, werden sie abgekanzelt. Wer wagt es, sich gegen das Reich zu stellen, gegen den mächtigen Führer?

3. August 1941, St. Lamberti in Münster. Heute predigt der Bischof persönlich, Clemens August Graf von Galen. Die Spannung in dem ehrwürdigen Kirchenschiff ist mit den Händen zu greifen. Schon die beiden letzten Predigten von Galens hatten für Wirbel gesorgt. Heimlich hat man sie nachgedruckt und in ganz Deutschland verbreiten lassen. Endlich ist einer da, der sich traut, der es wagt, die Wahrheit auszusprechen, der den Nazis die Stirn bietet. Am 13. Juli hatte der Bischof die Willkür der Gestapo angeprangert. »Der physischen Übermacht der Geheimen Staatspolizei steht jeder deutsche Staatsbürger völlig schutzlos und wehrlos gegenüber«, hatte er gesagt und: »Keiner von uns ist sich sicher und mag er sich bewusst sein, der treueste, gewissenhafteste Staatsbürger zu sein, mag er sich völliger Schuldlosigkeit bewusst sein, dass er nicht eines Tages aus seiner Wohnung geholt, seiner Freiheit beraubt, in den Kellern und Konzentrationslagern der Geheimen Staatspolizei eingesperrt wird.«

Eine Woche später, in der Überwasserkirche, hatte der Bischof sogar zum Widerstand aufgerufen, zur friedlichen Revolution. Den Nazis und ihren Schlägen kann man etwas entgegensetzen. »Wir sind Amboss und nicht Hammer«, hatte von Galen gepredigt, »der Amboss kann nicht und braucht nicht zurückzuschlagen; er muss nur fest, nur hart sein. Wenn er hinreichend zäh, fest, hart ist, dann hält meistens der Amboss länger als der Hammer.«

Die gläubigen Münsteraner in St. Lamberti lauschen gespannt. Was würde der Bischof heute predigen? Dieses Mal hat sich Clemens August Graf von Galen ein Thema ausgesucht, das ihm besonders unter den Nägeln brennt, die schreckliche Euthanasieaktion, die Tötung unproduktiven Lebens. Der Bischof von Münster ist entschlossen, dieses Verbrechen gegen die Menschlichkeit publik zu machen. Jeder soll es hören, jeder erfahren: »Seit einigen Monaten hören wir Berichte, dass aus den Heil- und Pflegeanstalten für Geisteskranke auf Anordnung von Berlin Pfleglinge, die schon länger krank sind und vielleicht unheilbar erscheinen, zwangsweise abgeführt werden. Regelmäßig erhalten dann die Angehörigen nach kurzer Zeit die Mitteilung, der Kranke sei verstorben, die Leiche sei verbrannt, die Asche könne abgeliefert werden.«

Mit heftigen Worten geißelt der Bischof diese Praxis, den Ungeist, der hinter diesen Taten steckt, spricht von einer furchtbaren Lehre, mit der man die Ermordung Unschuldiger rechtfertigen will. Klartext spricht von Galen, für jeden wird unmissverständlich klar, wie er zu den Aktionen der Nazis steht: »Arme Menschen, kranke Menschen, unproduktive Menschen meinetwegen! Aber haben sie damit das Recht auf das Leben verwirkt? Hast du, habe ich nur so lange das Recht zu leben, solange wir produktiv sind, solange wir von anderen als produktiv anerkannt werden?«

Auch diese Predigt wird stenografiert, wird heimlich vervielfältigt und verteilt, gelangt in alle Ecken des Reiches. Die Nazis kochen. Kein Kirchenmann hat sich bislang solche Freiheiten herausgenommen, hat sich so offensiv gegen die neue Lehre gestellt. Was glaubt dieser Galen, wer er ist? Glaubt er, als Bischof wäre er geschützt? Man wird ihn mundtot machen wie all die anderen, und zwar sofort.

Der Gauleiter dringt in Berlin darauf, von Galen festnehmen zu lassen, Martin Bormann, Stabsleiter bei Rudolf Heß, Hitlers Stellvertreter, will ihn gleich aufhängen. Joseph Goebbels aber zögert. Ein katholischer Märtyrer von solcher Prominenz und Beliebtheit? Das kann sich selbst das Dritte Reich nicht erlauben. Man kennt die Westfalen, weiß, was passieren kann, wenn man sie reizt, wenn sie sich auflehnen. Wichtiger als der Bischof ist der Krieg.

Und so geschieht, woran keiner geglaubt hat. Nicht nur, dass man sich nicht an von Galen heranwagt, die ganze Aktion T4 wird gestoppt, das Euthanasieprogramm der Nazis, zumindest offiziell. Wie viele Behinderte mag der Bischof mit seinem mutigen Einsatz gerettet haben? Er hat ein riskantes Spiel gespielt, und er hat gewonnen. Keines der systematischen Verbrechen der Nazis hat der Widerstand aufhalten können, nur dieses eine.

Rom 1946. Von Papst Pius XII. wird Clemens August Graf von Galen wenige Wochen vor seinem Tod zum Kardinal ernannt. Für seine Westfalen aber bleibt er vor allem eines: der Löwe von Münster.

Josef Wirmer

Eine Filmkamera. Heimlich nimmt sie auf, was sich im Gerichtssaal abspielt. Auf Hitlers Befehl. Nicht nur, dass er seine Gegner aburteilen und hinrichten lässt, er will das Ganze filmen, will dem Volke zeigen, wie die angeblichen Helden zu zittern beginnen, wie sie ihren Stolz, ihre Würde verlieren. Damit es niemandem der Angeklagten gelingt, im Schauprozess des Volksgerichtshofs standhaft zu bleiben, bedient sich Hitler seiner gefürchtetsten Waffe: Richter Roland Freisler.

Freisler ist ein Nazi durch und durch. Und er ist mehr als das: Er ist ein Demagoge, ist Richter und Henker zugleich. Wahrheitsfindung? Warum? Die Wahrheit steht schon vor dem Prozess fest: Jeder Feind des Führers ist ein Feind des Staates und gehört aufgehängt. Er soll sich aber nicht als Held vorkommen, vor der Tötung seines Leibes soll seine Seele vernichtet werden. Das ist Freislers Spezialität: den Angeklagten durch beißenden Spott und Geschrei niederzumachen, ihm Todesangst einzujagen, ihm den letzten Rest von Selbstachtung zu nehmen, ihn in den Dreck zu treten.

8. September 1944. Vor dem Volksgerichtshof in Berlin wird Josef Wirmer vorgeführt. Am 20. Juli hat es ein Attentat auf den Führer gegeben, Wirmer gehört zu diesem Widerstandskreis. Der gebürtige Paderborner, Sohn einer katholischen Lehrerfamilie, hat sich als Jurist einen Namen gemacht. Schon als Student bekannte er sich klar zur Demokratie, was ihm den Namen »der rote Wirmer« einbrachte. Als gläubiger Christ schloss er sich dem Zentrum an, warb für ein Zusammengehen mit der SPD, um die Nazis zu schwächen. Als diese dennoch an die Macht kamen, setzte sich Josef Wirmer für rassisch Verfolgte ein, vertrat sie so konsequent vor Gericht, dass er aus dem Berufsverband ausgeschlossen wurde. Mit großer Energie versuchte er, das Reichskonkordat zu verhindern, die unseligen Verträge zwischen Hitler und den Kirchen. Als überzeugter Republikaner kam er in Kontakt mit anderen Nazigegnern. Von der Widerstandsgruppe um Stauffenberg wurde er für das Amt des Justizministers im Nachkriegsdeutschland bestimmt. Nach dem Scheitern des Attentats wäre ihm Zeit zur Flucht geblieben, seine Frau hatte darauf gedrängt, Josef Wirmer aber hatte abgelehnt, aus Sorge um seine Familie. Wenn sie ihn nicht erwischten, würden sich die Nazis an ihr rächen. Flucht kam nicht infrage, und so hatte ihn die Gestapo festnehmen können.

Der Film zeigt, wie Josef Wirmer vor den Richterstuhl geführt wird. In seinem Gesicht kämpft es, aufrecht jedoch ist seine Haltung, auch als Freisler losgeifert. Freisler versucht alles, den standhaften Westfalen zu provozieren, seinen Lebenslauf lächerlich zu machen. Scheinbar unbewegt nimmt Josef Wirmer die Frechheiten zur Kenntnis. Als er etwas erwidern will, unterbricht ihn Freisler sogleich, brüllt: »Feines Früchtchen, ja, ja, feines Früchtchen!«

Darauf entgegnet ihm Josef Wirmer: »Wenn ich hänge, habe nicht ich Angst, sondern Sie!«

Freisler verschluckt sich fast: »Sie werden bald zur Hölle fahren!«

»Es wird mir ein Vergnügen sein, wenn Sie bald nachkommen, Herr Präsident!«

Ein Filmvorführraum. Wir stellen uns vor, wie Hitler die Aufnahmen missmutig betrachtet, wie er befiehlt, die Szenen herauszuschneiden. Die westfälische Eiche schwankte keinen Zentimeter. Freisler konnte Josef Wirmer zum Tode verurteilen und mit der Drahtschlinge töten lassen, seinen Stolz aber hatte er nicht zu brechen vermocht.

Noch viele andere tapfere Westfalen und Westfälinnen könnten dieses Kapitel füllen. Helden werden in düsteren Zeiten geboren, so ist es kein Zufall, dass gerade im Dritten Reich die Zahl der westfälischen Helden groß war. Wilhelm Freiherr von Ketteler wäre hier zu nennen, der Ostwestfale von Schloss Eringerfeld, der nach Planung eines Attentats auf Hitler ermordet wurde, auch Paulus van Husen aus dem Werner Stadtteil Horst, der dem Kreisauer Kreis angehörte, das Attentat vom 20. Juli 1944 mit vorbereitet hatte, von der Gestapo verhaftet wurde und nur mit viel Glück überlebte, und Nanda Herbermann, Autorin aus Münster, die ihren Mut mit KZ-Haft in Ravensbrück büßen musste. Zu nennen wären aber auch all die vielen Unbekannten, die Zivilcourage gezeigt haben in einer Zeit, wo Heldenmut tödlich war. Westfalen darf zu Recht stolz auf sie sein.

Auch bei dieser Frage ist es wieder Annette von Droste-Hülshoff, die uns Auskunft gibt. Dabei unterscheidet sie fein den Münsterländer, den Paderborner und den Sauerländer:

»Der Sauerländer ist ungemein groß und wohlgebaut, vielleicht der größte Menschenschlag in Deutschland, aber von wenig geschmeidigen Formen; kolossale Körperkraft ist bei ihm gewöhnlicher als Behändigkeit anzutreffen. Seine Physiognomie ist kühn und offen, sein Anstand ungezwungen, sodass man geneigt ist, ihn für ein argloses Naturkind zu halten als irgendeinen seiner Mitwestfalen ...«

Im Paderborner Umland beobachtet Annette von Droste-Hülshoff mit ersichtlicher Wonne einen völlig anderen Menschenschlag:

»Anders ist es im Hochstift Paderborn, wo der Mensch eine Art wilde Poesie in die sonst nüchterne Umgebung bringt und uns in die Abruzzen versetzen würde, wenn wir Phantasie genug hätten, jene Gewitterwolke für ein mächtiges Gebirge, jenen Steinbruch für eine Klippe zu halten. Nicht groß von Gestalt, hager und sehnig, mit scharfen, schlauen, tiefgebräunten und vor der Zeit von Mühsal und Leidenschaft durchfurchten Zügen, fehlt dem Paderborner nur das brandschwarze Haar zu einem entschieden südlichen Aussehen. Die Männer sind oft hübsch und immer malerisch, die Frauen haben das Schicksal der Südländerinnen, eine frühe üppige Blüte, und ein frühes zigeunerhaftes Alter.«

Kommen die Paderborner gut weg, so würden wir die Beschreibung der Münsterländer – zumindest deren männlichen Teil – am liebsten unter den Tisch fallen lassen, wenn uns nicht wissenschaftliche Redlichkeit dazu zwänge. Nun denn, hier der Münsterländer, wie ihn Annette von Droste-Hülshoff sieht:

»Der Münsterländer ist groß, fleischig. Selten von großer Muskelkraft; seine Züge sind weich, oft äußerst lieblich und immer durch einen Ausdruck von Güte gewinnend, aber nicht leicht interessant, da sie immer etwas Weibliches haben und selbst ein alter Mann oft frauenhafter aussieht, als eine Paderbornerin in den mittleren Jahren. Die helle Haarfarbe ist durchaus vorherrschend; man trifft alte Flachsköpfe, die vor Blondheit nicht ergrauen können. Dies und alles dazu Gehörige – die Hautfarbe – blendend weiß und rosig und den Sonnenstrahlen bis ins überreife Alter widerstehend, die licht blauen Augen, ohne kräftigen Ausdruck, das feine Gesicht mit fast lächerlich kleinem Munde, hierzu ein oft sehr anmutiges und immer wohlwollendes Lächeln und schnelles Erröten, stellen die Schönheit der beiden Geschlechter auf sehr ungleiche Waage, – es gibt nämlich fast keinen Mann, den man als solchen wirklich schön nennen könnte, während unter zwanzig Mädchen wenigstens fünfzehn als hübsch auffallen, und zwar in dem faden, aber doch lieblichen Geschmacke der englischen Kupferstiche.«

Zehn westfälische Politiker

Lange Zeit haben die Westfalen in der großen Politik keine führende Rolle gespielt. Kein einziger der zahlreichen deutschen Kaiser stammt aus Westfalen. Das hat seine Gründe. Der Westfale will sich nicht von anderen beherrschen lassen, ihm liegt es aber auch nicht, andere zu beherrschen. So blieben seine Adelsgeschlechter klein und meist nur von regionaler Bedeutung. Mit dem Aufkommen der Demokratie wurden die Westfalen wieder neugieriger auf die Politik, haben sie doch von alters her einen starken demokratischen Wesenszug und waren es gewohnt, ihre Angelegenheiten durch Gespräche und Abstimmungen selbst zu regeln. In diesem Kapitel sollen zehn westfälische Politiker vorgestellt werden, die überregionale Bedeutung erlangt oder sich mit besonderem Mut für ihre Ideale eingesetzt haben.

Wittekind

Bielefeld, Detmold, Dortmund, Schwerte, Bochum-Werne ... Kaum eine westfälische Stadt, die keine Wittekindstraße besitzt. Wittekind, auch Widukind genannt, ist der Star unter allen westfälischen Politikern und ihr Urvater zugleich. Er hatte das Glück, in einer Zeit zu leben, aus der wir nur wenig konkrete Informationen besitzen. So profitiert der frühe westfälische Landesvater bis heute von der Legendenbildung. Und die Legenden sind zahlreich. Was aber weiß man sicher von ihm?

Wittekind stammt aus westfälischem Geschlecht und führte das Volk der Sachsen an, zu dem die Westfalen gehörten. Zur Führerschaft auserkoren wurde er, weil der Feind vor der Tür stand. Im Westen rasselten die Franken mit den Schwertern, Karl der Große wollte sich das schöne Westfalen und all die anderen sächsischen Ländereien einverleiben, mit päpstlichem Segen, denn die Sachsen hielten weiter den germanischen Göttern die Treue. Über viele Jahre, von 777 bis 785, gelang es Wittekind und seinen Mannen, mit westfälischem Kampfesmut die militärisch überlegenen Franken in die Schranken zu weisen. Nahe der Porta Westfalica, bei einem Ritt über den Kamm des Wiehengebirges aber – so die Sage – kam Wittekind ins Grübeln. Sollte dieser Karl am Ende doch recht haben? Gab es tatsächlich nur einen Gott, diesen Jesus aus dem Morgenland, den die Römer ans Kreuz genagelt hatten? Während er solche Überlegungen anstellte, hielt plötzlich sein Ross und begann mit den Hufen zu scharren. Wittekind traute seinen Augen nicht: An derselben Stelle sprang plötzlich klares Quellwasser aus der Erde. Ein göttliches Zeichen! Und so ließ sich Wittekind taufen und mit ihm ganz Westfalen. Wo genau sich die Quelle befunden hat, ist umstritten. Mehrere Wittekindsquellen wetteifern heute um diese Ehre. Bergkirchen bei Bad Oeynhausen ist ein heißer Favorit, hier soll es bereits ein altes westfälisches Quellheiligtum gegeben haben.

Auch als weiser Bauminister machte sich Wittekind einen Namen. Um unnötige Verzögerungen beim Kirchenbau in seiner engsten Heimat, dem heutigen Kreis Herford, zu vermeiden, rief er einen Wettbewerb aus: »Wer seine Kirche zuerst fertigstellt, der darf meine Beerdigung ausrichten.« Das zog! Herford, Enger und Schildesche spuckten in die Hände und setzten eifrig Stein auf Stein. Die Leute aus Enger aber waren die Schlauesten: Sie verzichteten auf einen Kirchturm und gewannen. In Enger soll Wittekind deshalb begraben liegen.

Wie er ums Leben gekommen ist, auch dazu gibt es keine verlässlichen Informationen. Manche behaupten, Gerold von Schwaben, ein Schwager Karls des Großen, habe ihn erschlagen. – Ein Schwabe? Den großen westfälischen Recken? Kann das sein? Unmöglich ist es nicht. Schließlich behaupten die Schwaben von sich selbst, alles zu können. Außer Hochdeutsch natürlich.

»Der wechsel- und wundervolle Monat April trug mich ins Leben. Ob er als wüster Unhold oder als lächelnder Frühlingsbote sich angetan hatte oder gar im Tränenmantel erschien – ich weiß es nicht. So viel ist mir erzählt worden, dass es gerade Mittag zwölf Uhr geschlagen hatte und die Tafel meines Großvaters mit grünen Pfannkuchen, wie es in der Osterwoche und noch dazu am Gründonnerstage Sitte in meiner Heimat ist, besetzt war – als ich meiner sehr jungen, wunderschönen Mutter, meinem heiteren Vater und der Welt geschenkt wurde.«

Lyrisch beschreibt uns Mathilde Anneke ihre Geburt, weniger lyrisch aber, sondern handfest politisch, verlief ihr Leben. Das Haus, in dem sie 1817 zur Welt kam, war der Hof Oberleveringhausen an der Wittener Straße in Hiddinghausen, das heute zu Sprockhövel gehört. Mathilde war die älteste Tochter des Bergwerkbesitzers Karl Giesler; wie ihre elf Geschwister erhielt sie eine gute Ausbildung durch einen Hauslehrer. Als der Vater sich verspekulierte und die Familie verarmte, ging Mathilde die Ehe mit einem Adeligen ein. Dieser aber war ein gewalttätiger Mann, sodass sich Mathilde wieder von ihm trennte, es im Scheidungsprozess aber schaffte, das Sorgerecht für die gemeinsame Tochter zugesprochen zu bekommen. Sie zog nach Münster und wurde zur Freundin von Annette von Droste-Hülshoff, fing selbst an zu schreiben und zu dichten.

In dieser Zeit erwachte auch ihr Interesse an der Politik. Es waren die Jahre des Vormärz. Mutige junge Leute machten sich stark für die Republik, kämpften gegen die Zensur und für bürgerliche Freiheiten. Ungewöhnlich war, dass sich auch eine Frau engagierte. Die junge Mutter schrieb für wichtige deutsche Zeitungen, machte sich einen Namen als Journalistin. Bei den Zusammenkünften des demokratischen Vereins lernte sie Fritz Anneke kennen, einen jungen Mann, der mit den neuen sozialistischen Ideen liebäugelte. Die beiden verliebten sich, heirateten und zogen nach Köln. Dort kam Mathilde Anneke mit Karl Marx und Friedrich Engels in Kontakt, schrieb viel für deren Zeitung. Als man ihren Mann verhaftete, gründete die unerschrockene Mathilde die *Neue Kölnische Zeitung*, musste sich aber ebenfalls bald der Zensur beugen.

1848 kam das erste deutsche Parlament in der Frankfurter Pauls-kirche zusammen, und schon träumten viele vom Sieg der demo-kratischen Sache. Doch die Monarchie holte zum Gegenschlag aus. Mathilde Anneke und ihr Mann beschlossen furchtlos, weiter für die Republik zu kämpfen und auf die Barrikaden zu gehen. Fritz Anneke befehligte die Artillerie der Pfälzischen Volkswehr, seine Frau stand ihm bei den Kämpfen zur Seite. Doch gegen die vorrückenden Preu-ßen war kein Kraut gewachsen. Mit vielen Mitstreitern musste das Ehepaar fliehen, zunächst in die Schweiz, dann in die USA.

Im März 1850 ließen sich die Revolutionäre in Milwaukee nie-der. Wer in Deutschland geglaubt hatte, Mathilde Anneke durch die erzwungene Emigration mundtot gemacht zu haben, der hatte sich getäuscht. Nichts konnte die Kämpferin so motivieren wie erlittene Ungerechtigkeit. Immer stärker empfand die Westfälin die Benachteiligung der Frau, auch und gerade in Amerika, dem Land der unbegrenzten Möglichkeiten. Sie begann, eine deutschsprachige Zeitung herauszugeben, die *Frauen-Zeitung*, ein politisches Blatt mit sehr konkreten Forderungen zur Gleichberechtigung. Die energi-sche Westfälin schloss sich der amerikanischen Frauenbewegung an, hielt mutige Reden, kämpfte auch gegen den Nationalismus, den Klerikalismus und gegen die Sklaverei, gegen alles, was die Freihei-ten des Menschen beschnitt. Mathilde Anneke war die erste deut-sche Frau in Amerika, die öffentliche Vorträge zur Gleichberechti-gung der Frau hielt: »Auf denn, Ihr Schwestern! Werft den hohlen Flitter des Putzes und der Eitelkeit ab und schafft, dass Euch der Mann um dessentwillen liebt, was Ihr seid. Protestiert im Namen der Gerechtigkeit gegen das Almosen der glatten Konvenienz, mit welchem Euch der Mann um Eure geistigen und gesellschaftlichen Rechte betrügen will.«

Auch für die Rechte der geschundenen Indianer setzte sich Mathilde Anneke ein, schrieb eine ergreifende Novelle über das Leben der Häuptlingstochter Pocahontas. Besonders am Herzen lag ihr auch das Los der schwarzen Frauen, in zahlreichen Zeitungsartikeln prangerte sie deren besonders perfide Unterdrückung an. Um Mädchen aus benachteiligten Familien bessere Berufschancen zu verschaffen, gründete sie eine Schule, in der auch Mathematik und die Naturwissenschaften gelehrt wurden.

Mathilde Anneke starb im November 1884. Als die greise Susan B. Anthony, die Nestorin der Frauenrechtsbewegung, 20 Jahre später nach Berlin reiste, um an der Gründung des Wettbundes für das Frauenstimmrecht teilzunehmen, sprach sie von Mathilde Anneke als von der treuesten Gefährtin für die Gleichberechtigung und lobte sie als »tapfere westfälische Frau«.

Heinrich Brüning

Reichskanzler in schwieriger Zeit. Heinrich Brüning, 1885 in Münster geboren, trat im März 1930 sein Amt als Reichskanzler an. Die Weltwirtschaftskrise strebte ihrem Höhepunkt entgegen, Massenarbeitslosigkeit und leere Staatskassen führten zur Radikalisierung des politischen Klimas, die hohen Reparationsforderungen der Alliierten bedeuteten eine zusätzliche Last. Auseinandersetzungen wurden immer öfter auf der Straße ausgetragen, viele wünschten sich einen starken Mann an der Spitze, Hitler gewann rasant Anhänger. Der konservative Zentrumspolitiker Brüning konnte nur noch mithilfe von Notverordnungen regieren, die von der SPD geduldet wurden, um Deutschland nicht in die Hände der Nazis abgleiten zu lassen. Als der »Hungerkanzler« im Frühjahr 1932 eine neue Notverordnung beschließen wollte, weigerte sich Reichspräsident Hindenburg. Er würde keine Notverordnung mehr unterzeichnen. Brüning war am Ende und trat zurück, der letzte demokratisch gewählte Kanzler der Weimarer Republik. Hitler kam an die Macht, die Zentrumspartei löste sich auf, um einem Verbot zuvorzukommen, und Brüning verließ Deutschland im Mai 1934, von der Verhaftung durch die Nazis bedroht. Die meiste Zeit verbrachte er in den USA, wo er an der Harvard University als Professor tätig war. Heinrich Brüning starb 1970 in Norwich und wurde in seiner Geburtsstadt Münster beigesetzt.

Franz von Papen

Auf Heinrich Brüning folgte ein weiterer Westfale im Amt des Reichskanzlers. Allerdings war Franz von Papen nur mehr Kanzler von Hitlers Gnaden und auch nur von Juni bis Dezember 1932 in diesem Amt tätig. Franz von Papen stammte aus Werl, aus einer reichen Adelsfamilie, die das Privileg der Salzgewinnung innehatte. Als der Zentrumspolitiker merkte, dass Hitler nicht zu verhindern war, arrangierte er sich mit ihm und spielte so eine höchst zweifelhafte Rolle vor und während des Dritten Reiches, die er nach dem Krieg noch zu rechtfertigen suchte. Stets hatte er wichtige Ämter inne, bereitete den Anschluss Österreichs vor und wurde Botschafter in Ankara. Zurück in Deutschland, versuchte er in den letzten Kriegswochen vor den anrückenden Amerikanern zu fliehen und versteckte sich in einer Jagdhütte im Sauerland. Nachdem man ihn aufgegriffen und festgenommen hatte, musste er sich bei den Nürnberger Prozessen verantworten, wurde zunächst freigesprochen, dann aber in einem Spruchkammerverfahren zu acht Jahren Arbeitslager verurteilt, nach zwei Jahren jedoch bereits wieder entlassen. Er starb 1969 im saarländischen Obersasbach.

Walter Krämer

Artur Radvansky erzählt von seinem Freund: »Walter hat in der Nacht die Kranken und Verwundeten behandelt, so gut er nur konnte. Zu dieser Zeit hatte ich erfrorene Zehen. Als er sah, dass sie operiert werden mussten, hat er mich geheim ins große Lager zum Häftlingskrankenhaus als Leiche überführen lassen, in einer Kammer operiert und mich einige Tage versteckt. Auf diese Weise hat er mir das erste Mal das Leben gerettet. Ähnlich wie mir hat er auch vielen anderen geholfen. Später hat er mir zum zweiten Mal das Leben gerettet, nachdem ich bei einer Exekution 25 Schläge mit dem Ochsenziemer bekommen hatte. Die Wunden infizierten sich, waren voller Eiter und ich hatte hohes Fieber bekommen wegen beginnender Blutvergiftung. Wieder musste ich operiert werden. In letzter Minute hat Walter Krämer die Operation durchgeführt. Eine Narbe ist ein ewiges Andenken an ihn.«

KZ-Erlebnisse. In Buchenwald. Artur Radvansky hatte man inhaftiert, weil er Jude war. Walter Krämer wegen seiner kommunistischen Überzeugung. Als Soldat im Ersten Weltkrieg hatte sich der Siegerländer bei den Aufständen der revolutionären Kieler Matrosen beteiligt, die in diesem Krieg nur den Krieg der Herrschenden sahen. In seine Heimatstadt Siegen zurückgekehrt, engagierte er sich politisch für die Rechte der Arbeiter, schloss sich der USPD an und kämpfte als Abschnittskommandant auf der Seite der Roten Ruhrarmee. Von 1932 bis 1933 war er Mitglied des Preußischen Landtags. Dann brannte der Reichstag, und die Nazis hatten einen willkommenen Vorwand, viele ihrer Feinde festzunehmen.

Auch Walter Krämer wurde verhaftet und zu drei Jahren Zuchthaus verurteilt. Nach seiner Entlassung nahm ihn die Gestapo erneut fest und steckte ihn ins KZ, erst Lichtenburg, dann Buchenwald. Schlosser von Beruf, eignete sich Walter Krämer im Konzentrationslager medizinische Kenntnisse an, half vielen, die von den SS-Schergen misshandelt wurden. Er las jedes Medizinbuch, das er bekommen konnte, fragte auch bei den gefangenen jüdischen Ärzten nach, wenn er sich unsicher war. So gut es ging, organisierte Walter Krämer ein Krankenlager. Er fragte nicht, wer seine Hilfe brauchte. Auch sowjetische Kriegsgefangene rettete er, verschwieg die Diagnose Tuberkulose, was ihr Todesurteil bedeutet hätte. Unter dem Vorwand bestehender

Seuchengefahr erreichte er die Schließung eines Sonderlagers für staatenlose Juden, 500 zu Skeletten abgemagerten Häftlingen rettete er dadurch das Leben. Aus dem Schlosser wurde ein tüchtiger Arzt. Walter Krämers Behandlungserfolge sprachen sich herum.

Karl Otto Koch, der Lagerkommandant. Ein korrupter Mann ohne jeden Skrupel. Selbstherrlich befahl er, nahm sich, was er wollte. Auch die Lagerfrauen betrachtete er als sein Eigentum. Eines Tages stellte er beim Bad mit Schrecken fest, dass sich an empfindlicher Stelle ein Geschwür gebildet hatte. Der KZ-Mann wusste, was das zu bedeuten hatte: Syphilis. Zu einem Arzt zu gehen verbat sich. Zu groß war das Risiko, dass herauskam, auf welche Weise er sich angesteckt hatte. Mit allen Konsequenzen. Es gab nur eine Chance: Walter Krämer. Heimlich ließ sich der Lagerkommandant behandeln. Und tatsächlich gelang es Walter Krämer, ihn von der tückischen Geschlechtskrankheit zu heilen.

Wie revanchiert man sich dafür? Wie kann man seine Dankbarkeit ausdrücken, als Kommandant einem Gefangenen gegenüber?

Herbst 1941. Der KZ-Kommandant ließ Walter Krämer unter einem Vorwand in das Außenlager Goslar verlegen. Man führte den Lagermediziner zu einem nahen Steinbruch. Plötzlich fielen Schüsse. Tödlich getroffen sank Walter Krämer zu Boden. Der Kommandant war zufrieden. »Auf der Flucht erschossen«, ließ er in die Akten notieren. Jetzt gab es keinen Zeugen mehr.

1996. Artur Radvansky, der das Grauen überlebt hat, steht zum ersten Mal am Grab seines Freundes und Lebensretters. Tränen fließen, Tränen der Dankbarkeit. 2000 wird in Yad Vashem in Jerusalem, im »Garten der Gerechten«, ein Baum gepflanzt. Für Walter Krämer.

30. November 1901. Im Haus des Bergarbeiters August Wicke in Laer bei Bochum herrscht große Freude: Eine gesunde Tochter wird geboren, Martha soll sie heißen. Politik spielt in der Familie eine wichtige Rolle. Marthas Vater und ihre Brüder sind aktive Gewerkschaftsmitglieder. Auch Martha engagiert sich, tritt in die KPD ein. Als sie 20 ist, heiratet sie den Großhändler Richard Gillessen. Die beiden bekommen drei Kinder, ziehen nach Dortmund.

1933. Man will den Reichstagsbrand den Kommunisten in die Schuhe schieben. Martha und ihre Genossen wehren sich, verteilen Flugblätter, die der Version der Nazis widersprechen. Darauf wird sie verhaftet und vom Oberlandesgericht wegen Hochverrats zu eineinhalb Jahren Gefängnis verurteilt. Nach ihrer Freilassung 1935 hält sie den Kontakt zu den alten Freunden. Als der Krieg beginnt, schmieden sie Pläne für ein neues, ein besseres Deutschland.

1944. Vor den Bomben der Alliierten, die Dortmund in Schutt und Asche legen, ist Martha Gillessen ins Sauerland geflüchtet, nach Velmede bei Bestwig. Ihren Sohn Herbert hat sie an der Front verloren, wenigstens ihre Töchter sollen überleben. In ihrem Haus bietet Martha Gillessen Verfolgten des Naziregimes Unterschlupf. Hier sind sie sicher, bis das Grauen endlich vorbei sein wird.

8. Februar 1945. Das Haus in Velmede wird umstellt, dann gestürmt. Die Gestapo hatte einen Tipp bekommen. Martha Gillessen ist gerade nicht zu Hause, dafür wird ihre 16-jährige Tochter Martha als Geisel mitgenommen und in Hörde in den Gestapokeller gesteckt.

Martha Gillessen stellt sich. Man lässt die Tochter frei und nimmt die Mutter fest. Am 19. April 1945, fünf Tage nach Einmarsch der

Amerikaner, findet man im Rombergpark mehrere Ermordete. Darunter: Martha Gillessen.

Dortmund-Hombruch. Im Stadtwald Bittermark erinnert ein Mahnmal an die Verbrechen der Gestapo. Etwa 300 Menschen sind in den letzten Kriegstagen ermordet worden. Nur wenige von ihnen konnten identifiziert werden. Das Internationale Rombergparkkomitee bemüht sich darum, die Taten nicht in Vergessenheit geraten zu lassen.

Heinrich Lübke

Die Menschen sind oft ungerecht. Auch in der Beurteilung ihrer Politiker. Ist jemand kein so eloquenter Redner, macht man sich sogleich über ihn lustig. (Im Kapitel »Haben die Westfalen Sprachprobleme?« sind die gemeinsten Unterstellungen bereits aufgeführt worden.) Es stimmt schon: Heinrich Lübke war kein rhetorisches Genie. Eine solch berühmte Rede, wie sie Richard von Weizsäcker, einem seiner Nachfolger im Amt des Bundespräsidenten, gelungen ist, hat Heinrich Lübke nicht gehalten. Aber kommt es darauf an? Ist nicht die politische Haltung eines Politikers entscheidend, seine menschlichen Qualitäten?

Als gebürtigem Sauerländer war Lübke das Halten großer Reden nicht in die Wiege gelegt, dafür hat er in vielfacher Weise Charakter und Anstand bewiesen, Vorbildfunktionen, für die ein Bundespräsident vor allem stehen sollte. Heinrich Lübke, 1884 in Enkhausen geboren, war von 1959 bis 1969 im Amt, der zweite Präsident der jungen Bundesrepublik Deutschland. Wie kaum ein anderer Politiker jener Jahre hat er sich für die Rechte der unterdrückten Kolonialländer eingesetzt, es war sein politisches Hauptanliegen. Lübke war ein ausgewiesener Experte für Landwirtschaft. Er wusste genau, dass nur eine funktionierende Agrarwirtschaft, welche die Entwicklungsländer nicht ausbeutete, sondern partizipieren ließ, das Elend in Afrika und anderen Teilen der Welt lindern konnte. Seine damaligen Ideen sind heute weiter modern und wegweisend. Im Herbst 1962 initiierte er zudem die Gründung der Welthungerhilfe.

Ein zweiter politischer Schwerpunkt war das Leid der Menschen in der DDR. Lübke litt mit ihnen und ihrer Unfreiheit, nahm nie ein Blatt vor den Mund, die Ungerechtigkeit mit deutlichen Worten zu verurteilen. Die DDR-Funktionäre schnaubten vor Wut und versuchten, den integren Sauerländer mundtot zu machen, indem sie ihm etwas anhängten. Über ihre Verbindungsleute im Westen ließen sie Berichte lancieren, Lübke, dem eine Zeit lang als Bauleiter der Heeresversuchsanstalt Peenemünde der Einsatz von Zwangsarbeitern anvertraut war, sei im Dritten Reich KZ-Baumeister gewesen – gemeine Unterstellungen und Verdrehungen der historischen Wahrheit.

Heinrich Lübke war ein überzeugter Demokrat. 1933 für die Zentrumspartei erneut für den Preußischen Landtag gewählt, hatte er sein Mandat mit der Machtergreifung Hitlers verloren. Auf Druck der Nazis musste er auch seine Ämter bei der Deutschen Bauernschaft und bei der Siedlungsgesellschaft Bauernland aufgeben. Die Nazis versuchten den Gegner des Regimes kaltzustellen, indem sie einen Schauprozess wegen angeblicher Korruption anstrengten. Sie ließen Lübke verhaften und erst nach 20 Monaten Untersuchungshaft wieder frei.

Nach dem Krieg trat der Westfale in die CDU ein und setzte sich 1959 im zweiten Wahlgang zum Bundespräsidenten gegen Carlo Schmid durch. Anerkennung erfuhr er von vielen Seiten. Selbst Herbert Wehner, sein parteipolitischer Gegner, bezeichnete Heinrich Lübke als Ehrenmann und soliden Präsidenten. Eine fortschreitende Zerebralsklerose hatte den Sauerländer bereits in den letzten Amtsjahren beeinträchtigt, Sprech- und Wortfindungsstörungen gingen damit einher. 1972 starb er nach langem Leiden. Heinrich Lübke wurde in einem Familiengrab auf dem Dorffriedhof von Enkhausen beigesetzt.

Atatürk – Vater der Türken. Ein hoher Ehrentitel, verliehen dem Gründer der modernen Türkei. Es gibt aber nicht nur einen Vater der Türken, es gibt auch eine Mutter der Türken. Diese Ehre wurde einer Westfälin zugesprochen.

Der Erste Weltkrieg ist gerade vorüber, als dem Hagener Fabrikbesitzer Oscar Funcke das vierte Kind geboren wird: Liselotte. Mit 19 Jahren macht sie am Hagener Realgymnasium das Abitur, studiert in Berlin Betriebswirtschaftslehre. Zahlen und Bilanzen werden ihr Spezialgebiet. Während des Zweiten Weltkriegs arbeitet sie bei einem Wirtschaftsprüfer, nach dem Krieg tritt sie wie ihr Vater in eine neue Partei ein: die FDP. Bereits ein Jahr später wird sie Mitglied des Landesvorstands, später des Bundesvorstands, den sie von 1977 bis 1983 als stellvertretende Vorsitzende leitet. Neben der Politik arbeitet sie im Familienbetrieb, einer Schrauben- und Gesenkschmiede, als Prokuristin. Zunächst Abgeordnete des nordrhein-westfälischen Landtags, gehört sie ab 1961 dem Bundestag an, ist ab 1969 zehn Jahre dessen Vizepräsidentin. Ihr Spezialgebiet sind die Staatsfinanzen. Lange leitet sie den Finanzausschuss. 1979 erweist sich als besonderes Jahr: Als erste Frau wird sie Ministerin in der von Johannes Rau geführten Landesregierung von NRW.

Noch viele andere politische Ämter und Funktionen bekleidete Liselotte Funcke. Sie erreichte das selige Alter von 94 Jahren, starb im August 2012 in ihrer Heimatstadt Hagen, für die sie viel Segensreiches getan hat. Viele erinnern sich noch an die selbstbewusste Politikerin, viele türkische Mitbürger sind darunter. Zehn Jahre wirkte sie als Ausländerbeauftragte der Bundesregierung, von 1981 bis 1991. Besonders am Herzen lagen ihr die in Deutschland lebenden Türken. Viele kannte sie persönlich, sie waren in der elterlichen Fabrik tätig. Deutschland hatte sie ins Land gerufen, als es dringend Arbeiter benötigte, nun stand Deutschland in der Pflicht, sich um das Wohl der neuen Mitbürger zu kümmern. Unermüdlich warb Liselotte Funcke um Verständnis, setzte sich für eine bessere Integration der Türken ein. Dabei scheute die resolute Westfälin keine Auseinandersetzung mit dem politischen Gegner, machte sich zur Dolmetscherin, wenn keine gemeinsame Sprache gefunden wurde. Mit ihrem feinen weiblichen Instinkt für Ungerechtigkeit und Unmenschlichkeit, wie Walter Scheel es beschrieb, gelang es Liselotte Funcke, selbst in verfahrenen Situationen Lösungen zu finden, pragmatisch, zupackend, westfälisch.

»Sie war da und setzte sich für uns ein, um Deutschland für Menschen aus anderen Kulturen etwas lebenswerter zu gestalten«, schrieb der türkische Publizist Hidir Eren Celik in einem Nachruf, »Ruhe in Frieden, du liebe Mutter der Türken.«

Gerhard Schröder

Kennen Sie Mossenberg? Der Freistaat Lippe existierte noch, als Gerhard Schröder am 7. April 1944 in diesem kleinen Dorf das Licht der Welt erblickte. Seinen Vater hat er nie kennengelernt, er war im Krieg gefallen. Aus einfachsten Verhältnissen stammend, musste sich Gerhard Schröder nach oben kämpfen. Seine Kampfbereitschaft trug ihm als Schüler den Spitznamen »Acker« ein, als Mittelstürmer des TuS Talle muss er so manchen Sportplatz umgepflügt haben. Auch in der Politik ackerte sich Gerhard Schröder nach oben. Seit 1963 Mitglied der SPD, wurde er bei den Jusos aktiv und rüttelte angeblich früh an den Gitterstäben des Bonner Kanzleramtes: »Ich will hier rein!« Nachdem er von 1990 bis 1998 niedersächsischer Ministerpräsident war, wurde ihm im Oktober 1998 tatsächlich der Schlüssel zum Kanzleramt überreicht. Vier Jahre später sah es schlecht für seine Wiederwahl aus, aber dann kamen ein großer Regen und eine große Flut und Gerhard Schröder wurde im Amt bestätigt. Zusammen mit seinem grünen Bündnispartner und gegen weite Teile seiner eigenen Partei setzte er die Agenda 2010 durch, die seine Popularität beeinträchtigte, Deutschlands Wirtschaft aber beflügelte. 2005 stellte er die

Vertrauensfrage, um dabei zu unterliegen. Neuwahlen wurden notwendig. Angela Merkel gewann denkbar knapp, und Gerhard Schröder begann, Rohre nach Russland zu verlegen.

Frank-Walter Steinmeier

Brakelsiek, du bist keineswegs das unbedeutendste unter den westfälischen Dörfern. Stand das nicht schon in der *Edda*? Aus Brakelsiek stammt Frank-Walter Steinmeier. Stehen Frank und Walter schon für westfälische Solidität, so erst die Kombination beider Vornamen. Das Jahr 1956 war gerade fünf Tage alt, da kam Frank-Walter Steinmeier auf die Welt. Gerne erinnert er sich an die Zeit seiner Kindheit im hügeligen Lipperland im nordöstlichen Zipfel Westfalens. Die Helden von Karl May waren die Helden seiner Jugend. Am liebsten stromerte er mit seinen Freunden durch die Prärie. Ein Steinbruch am Waldrand war die Bühne für ihre Abenteuer. Ob Steinmeier damals schon am liebsten die Rothaut spielte? Sicher ist, dass er bereits in der Brakelsieker Dorfschule Erfahrungen mit einer großen Koalition sammelte: Zwei Klassen mussten sich einen Raum teilen. Das prägt. Auch der Fußball formte ihn zu einem guten Mannschaftsspieler. Beim legendären TuS 08 Brakelsiek nannten ihn alle nur »Prickel«.

Einfache, fleißige Arbeiter waren seine Eltern, aber immerhin besaß man drei Schweine und eine kleine Hühnerschar. Ernst und etwas verschlossen sei Frank-Walter schon als Kind gewesen, erinnern sich seine Freunde. Als die Grundschulzeit zu Ende war, musste er den Bus besteigen und nach Blomberg fahren. Auf dem dortigen Gymnasium fiel er nicht weiter auf, war auch im Unterricht still und zurückhaltend, kein Freund markiger Worte. An einen Unterrichtstag erinnert er sich noch gut. Es war im April 1972, als der Lehrer einen alten Fernseher in das Klassenzimmer rollte, vor dem sich alle versammeln. Große Aufregung in Bonn, die CDU/CSU will Willy Brandt stürzen, hat ein Misstrauensvotum beantragt. Die Stimmauszählung zieht sich hin, dann das Ergebnis: Willy Brandt kann Kanzler bleiben. Aufatmen bei vielen Schülern, Aufatmen auch bei den meisten Lehrern.

Frank-Walter Steinmeier hatte Willy Brandt ebenfalls die Daumen gedrückt. Und machte selbst die Erfahrung, wie es ist, wenn man sich für eine Sache einsetzt: Die Jugendlichen in seiner Gemeinde kämpfen für einen Treffpunkt, ein Zentrum, wo man unter sich ist, gemeinsam feiern, gemeinsam etwas unternehmen kann. Der Widerstand ist heftig. Besonders den älteren Gemeindemitgliedern ist die Sache unheimlich, sie fürchten Randale und Unruhe. Doch Frank-Walter und seine Mitstreiter geben nicht auf, überzeugen schließlich mit ihren Argumenten. Das Jugendzentrum wird errichtet. Keine große Sache, sicherlich, aber ein tolles Gefühl für einen jungen Mann: Wenn man sich einsetzt, kann man etwas erreichen.

Erreicht hat Frank-Walter Steinmeier im Leben eine Menge. Auch wenn er als Kanzlerkandidat gescheitert ist, als Minister und Vizekanzler prägte und prägt er über Jahre die deutsche Politik. Am meisten Respekt aber hat er sich mit einer sehr persönlichen Tat verschafft: Als seine Frau schwer erkrankte, rettete er ihr das Leben, indem er ihr eine Niere spendete. Westfalen kann stolz auf ihn sein.

Ergänzung: Natürlich könnte man auch Johannes Rau, den langjährigen Landesvater von NRW und deutschen Bundespräsidenten, zu den westfälischen Politikern zählen, wir wollen aber die Geduld rheinisch gesinnter Wuppertaler nicht über Gebühr strapazieren.

Was ist die Hauptstadt Westfalens?

Eigentlich darf man sie gar nicht stellen, die Hauptstadtfrage. Nicht in Westfalen. Im Grunde ist der Westfale ein Anarchist. Im besten Sinne. Er ist ein freier Mensch unter freiem Himmel und lässt sich nicht reinreden oder gar regieren. Höchstens von seiner Frau und auch das nur ungern. Schon die Altsachsen, die Urwestfalen, waren in vielen freien, gleichberechtigten Stämmen organisiert. Wenn der Westfale überhaupt eine Herrschaftsform goutiert, dann den Föderalismus. Der Begriff der Hauptstadt aber hat eine eindeutig zentralistische Tendenz. Wenn man schon meint, nach einer westfälischen Hauptstadt suchen zu müssen, dann kann allenfalls von mehreren heimlichen Hauptstädten gesprochen werden.

Fangen wir mit der Hauptstadt im politischen Sinn an. Die Preußen hatten vor 200 Jahren Münster zur Kapitale der neuen Provinz Westfalen erklärt, die Tradition setzt der Landschaftsverband Westfalen-Lippe fort, der in Münster residiert. Nur weil es den Preußen eingefallen ist, ihren Statthalter nach Münster zu setzen, akzeptiert das übrige Westfalen diese Entscheidung noch lange nicht. Jeder liebt Münster, kein Zweifel. Nicht umsonst wurde Münster schon zur lebenswertesten Stadt der Welt gekürt. Aber von *der* westfälischen Hauptstadt zu reden? Fragen Sie mal jemand aus Detmold! Er wird Ihnen eine völlig andere Antwort geben. Sie kennen doch das schöne alte Lied? »Lippe-Detmold eine wunderschöne Stadt ...« Detmold ist heute die Hauptstadt des gleichnamigen Regierungsbezirkes.

Würde man die größte Stadt zur Hauptstadt erklären, so fiele diese Ehre Dortmund zu; über eine halbe Million Menschen ist hier zu Hause. Auch Dortmund ist eine heimliche Hauptstadt, nämlich die der Sozialdemokratie. Als frühes Zentrum der Industrialisierung war Dortmund lange fest in den Händen der Arbeiterschaft. Alle großen Wahlkämpfe begann die SPD in der Dortmunder Westfalenhalle. Als Franz-Josef Strauß Kanzler werden wollte und zu den Klängen des bayerischen Defiliermarsches in die Westfalenhalle einzog, war der Skandal perfekt. Ein Schwarzer in der Hauptstadt der Roten! Ein Sakrileg! Über viele Jahrzehnte führte der typische Dortmunder stets drei Dokumente in seiner Brieftasche spazieren: das rote SPD-Parteibuch, den Gewerkschaftsausweis und die Jahreskarte für den BVB. Die Zeiten ändern sich. Heute hat der typische Dortmunder allenfalls die Kärtchen für sein Fitnessstudio und für den DVD-Verleih dabei. Nur die Jahreskarte für den BVB ist geblieben, wenngleich zum Plastikkärtchen geschrumpft.

Kommen wir zum Sauerland. Hat auch das Sauerland eine heimliche Hauptstadt? Wozu gibt es Google! »Sauerland« und »Hauptstadt« hineingehämmert, so ..., ah, da ist sie schon. Auf welt-atlas.de sauber verzeichnet: Winterberg! – Winterberg? Hm, hm ... heimliche Hauptstadt der Rodelschlitten vielleicht und der westfälischen Skilifte, aber des ganzen Sauerlandes?

Wir müssen weiterrecherchieren. Lange wurde das Sauerland fremdregiert, von den Grafen von Werl oder vom Kölner Erzbischof. Oder vom Oberhof Mark bei Hamm. Einzig die Grafschaft Arnsberg hatte ihren Regierungssitz im Sauerland. Als klar war, dass Gottfried IV. von Arnsberg kinderlos sterben würde, war es auch damit aus und vorbei. Gottfried verkaufte sein Land den Kölnern und bekam dafür als einziger weltlicher Fürst ein Grab im Dom. Arnsberg aber durfte seine Wiederauferstehung feiern: Als Sitz des gleichnamigen Regierungsbezirkes ist es heute die heimliche Hauptstadt des Sauerlandes. Und nicht nur das: Von Arnsberg werden weite Teile des Ruhrgebiets und der Hellwegbörden regiert.

Die leichteste Frage scheint uns die, was wohl die heimliche Hauptstadt des Siegerlandes ist. Das Obere Schloss auf dem Siegberg in Siegen an der Sieg wurde 1259 erstmals urkundlich erwähnt und war im Mittelalter die Stammburg des Hauses Nassau; später entstand daraus das Haus Nassau-Siegen, das evangelisch war und sich sein eigenes, das Untere Schloss, baute.

Auch die Hauptstadtfrage des nahen Wittgensteiner Landes ist rasch beantwortet. Schloss Wittgenstein, eine stolze Dreiflügelanlage im Stil der Renaissance und des Barock, liegt oberhalb von Bad Laasphe auf einem hohen Berg. Von hier ließ sich die Grafschaft Wittgenstein gut überblicken. Die Wittgensteiner sind stolz auf ihre Geschichte. Schwer war es für die hessisch geprägten Wittgensteiner daher, als Preußen sie 1815 der Provinz Westfalen zuschlugen, schwerer noch, 1975 vom Kreis Siegen geschluckt zu werden. Die Wittgensteiner protestierten mit Erfolg. 1984 wurde der Kreis Siegen in Siegen-Wittgenstein umbenannt, seit 1999 das Wappen des Kreises um das Wittgensteiner Wappen ergänzt.

Damit sei die Reihe der heimlichen westfälischen Hauptstädte abgeschlossen. Nur im Flüsterton erwähnen wir noch die heimliche Hauptstadt der Einbrecher. Recklinghausen kam 2011 auf 591 Einbrüche je 100 000 Einwohner. Da kann keiner mithalten.

Was schwebt da im westfälischen Himmel?

Den westfälischen Himmel sucht man heutzutage leider meist vergebens. Früher war er in jedem Bauernhaus zu finden. Man musste nur in die Küche treten, zum offenen Kamin, und den Kopf in den Nacken legen. Dort oben baumelten sie im »Wiemen«: die herrlichsten Wurstspezialitäten, ordentlich in Reih und Glied. Über dem Herdfeuer, aber nicht direkt im Rauch, reiften sie über viele Monate heran, manche gar anderthalb Jahre, wie der köstliche Schinken.

Egal ob der Metzger aus dem Münsterland oder dem Sauerland stammt, sein Schinken ist weltberühmt. Das besondere Aroma verdankt der westfälische Schinken zwei Faktoren: seinem Röhrenknochen, dem er bis zuletzt die Treue hält, und dem einzigartigen Herstellungsprozess. Hat man das Schwein von seinen Keulen befreit, werden diese so gründlich massiert, wie es der Sau zu Lebzeiten nie widerfahren ist. Das Pökelsalz macht den Schinken nicht nur haltbar, indem es ihm die Flüssigkeit entzieht, es gibt ihm auch eine spezielle Würze. Welche Gewürze dem Salz zugesetzt werden, das allerdings verrät niemand aus der blutigen Zunft. Betriebsgeheimnis. Oftmals wird die Pökelsalzmassage wiederholt, dann hängt man den Schinken zum Vortrocknen auf, bevor es in die Räucherkammer geht. Manche mögen's heiß, manche warm und wieder andere kalt. Je nach Temperatur des Rauches entstehen unterschiedliche Geschmacksrichtungen. Wichtig ist auch das Brennholz. Keine Tanne oder Lärche nehmen, denn sonst schmeckt's nach Schwarzwald! Der westfälische Schinken liebt die Buche und die Eiche, Hölzer, hart wie der Kopf des Westfalen.

Die Eiche, immer wieder die Eiche. Der westfälische Nationalbaum ist auch für die westfälische Leibspeise von entscheidender Wichtigkeit. Das beginnt beim Heranreifen des Schinkens am Schwein und endet – losgelöst von der Sau – beim Heranreifen im westfälischen Himmel. Beide Reifephasen sind untrennbar mit der westfälischen Eiche verbunden. Oder waren es zumindest über viele Jahrhunderte.

Früher trieb man das westfälische Schwein im Herbst hinaus in die Wälder, wo es sich den Wanst mit den leckersten Eicheln vollschlug. Diese Wälder nannte man Hutewälder. Geht man mit offenen Augen durch Westfalen, kann man den einen oder anderen Hutewald noch erkennen, nicht mehr an den weidenden Schweinen, denn leider gibt es keine Waldweide mehr, wohl aber an dem parkartigen, lichten Baumbestand. Die Haustiere – nicht nur Schweine wurden in den Hutewald getrieben – fraßen das Unterholz kahl, sodass sich eine grüne Wiese bilden konnte, die heute an englische Landschaftsgärten erinnert. Im Warendorfer Ortsteil Freckenhorst findet sich noch so ein alter Hutewald mit uralten Roteichen, heute dient er als Friedwald, man kann sich dort bestatten lassen.

Ein Schwein, das sich nach Herzenslust an Eicheln satt essen und im Freien herumsuhlen durfte, zeigt sich gegenüber seinem Herrchen außerordentlich dankbar und entwickelt einen Schinken, der seinesgleichen sucht: kernig und urwürzig. In Spanien und Portugal kann man solche Schinkenspezialitäten noch verkosten, in Deutschland hat man die Waldweide nur an einem einzigen Ort wiederbelebt. In Franken nahe dem hübschen Weinort Iphofen gibt es wieder Eichelschweine. Man sollte ein paar Schinken nach Westfalen entführen und in den westfälischen Himmel hängen. Was gäbe das für einen Schinken!

Doch die Westfalen sind erfinderisch und haben eine passable Ersatzlösung gefunden, um die Melange aus Eiche und Schinken wiederherzustellen. Auch den Stallschweinen werden oft Eicheln vorgesetzt und von diesen gierig verspeist. Eichelfleisch in Eichenrauch, so kann man sich auch heute noch an der speziellen Würze des westfälischen Schinkens erfreuen. Streiten tun sich die Geister, wie dick man den Schinken schneiden soll. Früher musste es eine dicke Scheibe sein, moderne Feinschmecker verlangen ihn so dünn geschnitten, dass man seine westfälische Tageszeitung auch dann noch lesen kann, wenn man sich den Schinken vor die Brille pappt. Kaufen Sie den Schinken am Stück, um selbst das Messer zu wetzen, streichen Sie hinterher die Schnittfläche mit Schmalz ein, dann trocknet sie nicht aus. Und Schinkenscheiben niemals in Aluminiumfolie aufbewahren, Alu hinterlässt hässliche Flecken. Nehmen Sie Pergamentpapier.

Eine spezielle Variante des westfälischen Himmels kann man in Soest bewundern. Selbst unser deutscher Dichterfürst, der Geheime Rat Johann Wolfgang von Goethe, staunte nicht schlecht, als er in der traumhaft schönen Kirche St. Maria zur Wiese das Glasgemälde über dem Nordportal betrachtete. Auf dem über 500 Jahre alten Kunstwerk findet sich das Letzte Abendmahl abgebildet, kein Zweifel. Mit welchen Speisen aber ist der Tisch gedeckt? Statt des Paschabrotes: Pumpernickel! Statt des Weines: Bier und Korn! Und statt des Osterlamms: ein westfälischer Schinken! Tut dies zu meinem Gedächtnis?

Na, prost Mahlzeit! Ob dieses Glasfenster den päpstlichen Segen gefunden hat?

Gebe der Himmel, dass uns der westfälische Schinken auf alle Zeiten weiter erfreuen möge. Dieses Aroma, diese appetitlich dunkelrote Farbe, die goldgelbe Schwarte ... Ausgerechnet Wilhelm Busch aber, der aufgrund seiner Herkunft als Halbwestfale gelten kann, malte ein Schreckensszenario an die westfälischen Wände! In *Schein und Sein* finden sich folgende bedrohliche Zeilen:

Bis auf weiters

Das Messer blitzt, die Schweine schrein,
Man muss sie halt benutzen,
Denn jeder denkt: »Wozu das Schwein,
Wenn wir es nicht verputzen?«

Und jeder schmunzelt, jeder nagt
Nach Art der Kannibalen,
Bis man dereinst »Pfui Teufel!« sagt
Zum Schinken aus Westfalen.

Wie das fetzt, wie das swingt, wenn der Sauerländer singt – Westfalen und der Gesang

»Der Gesang der Westfalen, namentlich in den katholischen Kirchen, ist kein solcher, der Musikästheten befriedigen könnte.« Dieses betrübliche Urteil trifft Fritz Mielert in seinem Standardwerk *Westfalen* und ergänzt. »Der Westfale singt bei anderen Gelegenheiten nicht leicht, weder bei der Arbeit noch beim Feierabend.« Wenn der Westfale aber zu singen beginnt, dann mit Inbrunst und aus voller Seele! Mielert: »In der Kirche dagegen fühlt er sich in seinem ureigensten, das heißt ernsten Element. Hier singt Alt und Jung seine geliebten Kirchenlieder, so recht aus ›Hiatensgrunn‹ (Herzensgrund) und mit einer reichen Wohlbehaglichkeit, die voll ausgekostet wird, d. h. die Töne werden gezogen und mit erdenklicher Kraft gesungen. Da röten sich die Wangen und leuchten die Augen, und gar manchem schlägt vor Begeisterung die Stimme über, und er sinkt zuletzt erschöpft, aber selig auf seinen Sitz nieder.«

Singe, wem Gesang gegeben. Uns scheint, Mielerts Urteil ist der Zeit geschuldet. Seine Beobachtungen datieren aus den späten 1920er-Jahren. Heute, knapp 100 Jahre später, können es die Westfalen auch in puncto Sangeskunst mit jedem anderen Volksstamm aufnehmen. Denken wir nur an Herbert Grönemeyer. Wer durchtränkt seine Lieder schon mit so vielen Emotionen? »Männer haben's schwer, nehmen's leicht, außen hart und innen ganz weich, werden als Kind schon auf Mann geeicht« oder »Alkohol ist dein Fallschirm und dein Rettungs-boot« oder auch die schönste aller Eifersuchtshymnen: »Womit hab ich das verdient, dass der mich so blöde angrient?« In Westfalen liebt man den Bochumer besonders für seine inoffizielle Ruhrpotthymne: »Bochum, ich komm aus dir, Bochum, ich häng an dir!« Wenn sich Herbert auf der Bühne rockend verausgabt, tobt die Halle.

Eine Musikergeneration älter ist Udo Lindenberg. Trotz der wunderbar verrauchten Stimme klingt sein heimatlicher Dialekt noch deutlich durch: »Sie spielte Cello ...« Udo Lindenberg stammt aus Gronau, wo man ihm ein eindrucksvoll dynamisches Denkmal gesetzt hat. Aus Ostwestfalen kommt Hannes Wader, der alte Barde, der sowohl das traditionelle Lied als auch das politische Lied beherrscht und der mit »Heute hier, morgen dort« ein neues Volkslied geschaf-fen hat: »Manchmal träume ich schwer und dann denk ich, es wär ...«

Etwas ganz anderes hat Sasha ausprobiert, Sasha aus Soest. Der einzigartige Klang seiner Stimme verführte ihn zu Ausflügen in den Rockabilly, der Soester singt Englisch ebenso gut wie Deutsch: »If you believe in love tonight ...«

Eine der ersten, die Popsongs auf Deutsch trällerten, war Nena. Die 99 roten Luftballons der gebürtigen Hagenerin ziehen heute noch über den Pophimmel.

Und was wäre die Hitparade ohne Jürgen Marcus gewesen? »Eine neue Liebe ist wie ein neues Leben!«, verkündete uns der Herner und hatte recht damit.

Ernster ist das Fach von Günter Wewel. Der Kammersänger erfreute mit seiner Sendung »Kein schöner Land« unzählige Zuschauer mit seiner warmen Stimme. Günter Wewel stammt aus dem Herzen des Sauerlandes, aus Arnsberg.

»Kein Schwein ruft mich an, keine Sau interessiert sich für mich«, klagt Max Raabe aus Lünen, völlig zu Unrecht natürlich, denn die sehenswerten Shows des Unterhaltungsgenies sind im Nu ausverkauft. Kein Zweiter versteht es, die Salonatmosphäre der 1920er-Jahre so gekonnt zu reanimieren.

Eng mit Unna verbunden war Philipp Nicolai (1556–1608), der in den Zeiten der Pest die dortige Pfarrstelle innehatte. Täglich Trauernde auf den Friedhof begleitend, hat er uns allem Elend zum Trotze zwei der ergreifendsten und tröstendsten Kirchenlieder deutscher Sprache geschenkt: »Wachet auf, ruft uns die Stimme« und »Wie schön leuchtet der Morgenstern«.

Der Gesang der Westfalen ist kein solcher, der Musikästheten befriedigen könnte? – Wir glauben, die Reihe an Beispielen mag genügen, ein solches Urteil endgültig über die Wupper gehen zu lassen.

Voltaire probiert Pumpernickel

Was bringt man Freunden mit, wenn man aus Westfalen stammt? Pumpernickel natürlich! Ob dieses Gastgeschenk jedoch allseits große Freude auslöst? Manche Köstlichkeiten offenbaren sich nicht beim ersten Genuss. So verhält es sich auch beim Pumpernickel. Speziell an weiße Brotsorten gewöhnte Gaumen können beim Pumpernickel fremdeln. Als der durchreisende Philosoph Voltaire Brot verlangte und man ihm Pumpernickel reichte, verzog dieser säuerlich den Mund. »Ein gewisser trockener, schwarzer und klebriger Stein, bestehend, wie man sagt, aus einer Art Roggen«, lästerte er.

Klar, ein Baguette ist Pumpernickel nicht. Dafür aber viel, viel gesünder. Denn Pumpernickel hat sich als Vollkornbrot die gesündesten Bestandteile bewahrt. Und die Ballaststoffe! Was gerade einem Reisenden, lieber Herr Voltaire, die notwendige Entlastung verschafft. Das aber hätten Sie wissen können, denn bereits in einer Enzyklopädie des 18. Jahrhunderts wird diese segensreiche Wirkung erwähnt: »Wenn man erwägt, dass der an Pumpernickel gewöhnte Westphälinger, sobald er sächsisches Brot genießt, mit anhaltender Verstopfung zu kämpfen hat, und dass seine Exkremente alsdann zäh und dem Ziegenkote ähnlich werden: so wird man die Zuverlässigkeit jener wohltätigen Wirkung nicht in Zweifel ziehen ...«

Baguette ist verglichen mit Pumpernickel doch nur ein blasses, einfallsloses Gebäck. Um gutes Pumpernickel herzustellen, bedarf es im Gegensatz zum Baguette eines enormen Aufwandes. Das Originalpumpernickel besteht aus Roggenschrot und Roggenkörnern. Roggenkörner aber lassen sich nicht einfach so verbacken. Ein Roggenkorn will liebevoll behandelt werden, erst muss es über Nacht in lauwarmem Wasser quellen oder für einige Stunden in heißem Wasser baden. Mit dem Schrot vermischt wird es sodann in einen geschlossenen Kasten gegeben und in eine Dampfbackkammer geschoben. Wasserdampf aber entwickelt nur circa 100 Grad Hitze, weshalb das

Brot mindestens 16 Stunden gebacken, besser gegart werden muss. 16 Stunden! Mindestens! Das stellt den Bäcker vor Probleme. Ist der Ofen blockiert, wohin mit den anderen Backwaren?

Viel ist heute von Slow Food die Rede, der gesunden Antwort auf das ganze Fast-Food-Unwesen. In Westfalen hat man Slow Food schon immer betrieben. Nicht nur bei der Herstellung. Auch beim anschließenden Genuss sollte man sich Zeit nehmen. Während der Franzose sein Frühstücksbaguette rasch verdrückt, zwingt einen das bissfeste Pumpernickel zu ausgiebiger Kautätigkeit. Wie die westfälische Kuh 60-mal auf dem heraufgewürgten Brocken kaut, so der westfälische Bauer auf dem Pumpernickel. Und das Kauen lohnt sich! Langsam nämlich verwandelt sich das Brot in Kuchen. Das ist das Geheimnis des Pumpernickels. Die Enzyme des westfälischen Speichels verwandeln das volle Korn allmählich in den süßesten Zucker. Uns scheint, lieber Herr Voltaire, Sie haben einfach nicht lange genug auf dem Pumpernickel herumgekaut. Man darf es nicht wie beim Baguette machen, sonst schmeckt es tatsächlich trocken, klebrig und fad. Zeit nehmen und feste kauen! Ein unglaubliches Aroma wird sich entfalten.

In Soest befindet sich die älteste noch existierende Pumpernickelbäckerei Westfalens. Die Bäckerei Haverland wurde 1570 von Jörgen Haverlanth gegründet, der gleichzeitig das Amt des Richters ausübte. Das reiche Soest war ein begehrtes Objekt für viele Fürsten, und so kam es regelmäßig zu Belagerungen der Stadt. Da war es gut, ein Brot zu haben, das lagerfähig war; Pumpernickel eignet sich zu diesem Zwecke hervorragend. Werfen Sie ungern Brot weg, so greifen Sie zum Pumpernickel. Hält sich ewig.

Woher der Name Pumpernickel stammt, darüber gibt es so viele Theorien, wie das Pumpernickel Körner hat. In Soest hält sich die Legende, der Name komme von einem geborgten Geldstück, dem gepumpten Soester Nickel. Aus dem Lateinischen verballhornt sei der Name, behaupten die Osnabrücker, wo man das »bonum paniculum«

genannte Brot bei einer Hungersnot auf Kosten der Stadt backen ließ. Nein, nein, französisch sei die Herkunft, rufen andere. Als man einem Leidensgenossen von Voltaire Pumpernickel reichte, habe dieser das Brot angewidert zurückgegeben. »C'est bon pour Nickel!«, habe er gerufen und den Rest seinem Pferd gleichen Namens hingeworfen. Bon pour Nickel – Pumpernickel.

Über diese Theorien lacht der Sauerländer. »Pumpern« heißt dort, seine Winde fahren zu lassen, so wie es dem Nickel, dem kleinen Nikolaus, geht, wenn er vom schwarzen Brote gegessen hat. Furzender Nickel? Da protestieren die Historiker. In mittelalterlichen Prozessakten über das Hexenwesen wird das Wort »Pompernickel« für den Teufel gebraucht, was bei uns nur Kopfschütteln hervorruft. Teufelsbrot? Zu dieser himmlischen Gabe? Dieser Erklärung können und wollen wir uns nicht anschließen, auch die Worte des niederländischen Humanisten Lipsius, der die Westfalen mit den Worten verhöhnte: »Welch armes Volk, das seine Erde essen muss ...«, zeugen nur von Unverstand. Er sollte einmal den »Münsterländer Bettelmann« probieren, die köstlichste Nachspeise auf der Basis von Pumpernickel (Rezept im Kapitel: »Ein westfälisches Dreigängemenü«). Hätte man Voltaire davon gereicht, er wäre in Westfalen geblieben, statt sich die Flötentöne des Alten Fritz in Sanssouci anzuhören.

Auch gibt es eine geläufige und sehr schmackhafte Variante, Frankreich und Westfalen zu vereinen. Es ist nämlich keinesfalls so, dass die Westfalen nicht verstünden, ein schmackhaftes Weißbrot zu backen. Ganz im Gegenteil! Seit Urzeiten backt man in Westfalen ein sehr gutes, schneeweißes Brot aus Weizenmehl, den Stuten. Diese Köstlichkeit braucht sich nicht hinter dem Baguette zu verstecken. Besonders – und jetzt kommt's! – wenn man eine Scheibe Stuten nimmt, sie dick mit Butter bestreicht, Schinken oder Plockwurst darauflegt und das Ganze sodann mit einer Scheibe Pumpernickel krönt. Unzähligen westfälischen Kindern diente dieser westfälische Hamburger als Pausennahrung oder Wegzehrung auf Ausflügen.

Oben erdiges Westfalen, unten himmlisches Frankreich: die perfekte Kombi!

Man muss halt wissen, wie man Pumpernickel zu essen hat. Auch Voltaire scheint später auf den Geschmack gekommen zu sein. Stammt von ihm nicht der Satz »Gäbe es kein Pumpernickel, so müsste man es erfinden«? Mon dieu!

Salz

Mit einem Westfalen muss man einen Sack Salz essen, um seine Freundschaft zu gewinnen. Heißt es. Keine leichte Aufgabe, zumal in diesen Zeiten, in denen Mediziner mit Nachdruck vor zu viel Salz warnen. Leichter wird es gewesen sein, sich den Sack Salz zu beschaffen. In Westfalens Boden wächst nämlich nicht nur das schwarze Gold heran, auch weißes Gold gibt es im Überfluss.

Historiker vermuten, die Salzgewinnung sei der älteste Industriezweig Westfalens. In der Tiefe des Münsterländer Beckens zirkuliert ein stark versalztes Grundwasser, Erbe jener alten Zeiten, als sich statt Kühen und Pferden Seekühe und Seepferde in Westfalen tummelten. Der westfälische Ozean versackte, sein Wasser aber und seine enormen Salzablagerungen blieben. Weil die Münsterländer Bucht von grundwasserdichten Schichten umgeben ist, konnte sich ein artesisches Becken bilden. Durch natürlichen Druck tritt das Salzwasser, die Sole, an dessen Rändern aus, besonders intensiv im Süden.

Soest, Werl und Unna freuten sich über die Salzquellen und begannen früh, das Salz zu gewinnen. Hierfür musste man es kochen. Über große Feuer wurden Kessel gehängt und das Salzwasser gesiedet, bis das reine Salz übrigblieb. Schon in der Steinzeit waren die westfälischen Salzstreuer immer gut gefüllt. Das Salz konnte man zudem hervorragend zum Pökeln gebrauchen, wichtig für den westfälischen Schinken. In Werl betrieb man die Salinen noch, als die

Salzquellen in Soest längst versiegt waren. Das Siederecht konnte vererbt werden, eine Lizenz zum Gelddrucken, auch wenn man den Zehnten an den Kurfürsten von Köln zu zahlen hatte. Moderne Gradierwerke verbesserten die Produktion, der Salinenmeister war ein hochgeachteter Mann.

Noch im Jahr 1904 verkaufte man in Werl 8 700 Tonnen Salz. Aber auch mit der gesundheitsfördernden Wirkung der Sole machte man gute Geschäfte. In Werl betrieb man das Solebad, bis die alliierten Soldaten anrückten. Von weither reisten die Badegäste zu einem Wellnessurlaub, ebenfalls beliebt war das bekannte Kurbad Königsborn bei Unna, herrlich ließ es sich im heißen Salzwasser relaxen. 1941 war auch in Königsborn Schluss. Wer heute gerne in Münsterländer Sole schwappend in Rückenlage seine Zeitung lesen möchte, der kann das in Werne an der Lippe tun. Allerdings muss er sich gedulden, bis die Renovierung des Bades abgeschlossen ist. Weitere Orte mit großer Salztradition umrahmen das Münsterland wie ein Rosenkranz: Bad Sassendorf, Bad Westernkotten, Salzkotten, Bad Salzuflen, Bad Oeynhausen, Halle, Ravensberg, Bevergern, Rheine, Wettringen ...

Salz wird in Westfalen heute nur noch in Epe bei Gronau gefördert. Aus bis zu 1 500 Metern Tiefe wird es ans Tageslicht gepumpt und weiter durch Pipelines zu den Chemiewerken nach Marl und in die Niederlande transportiert. Die entstehenden Hohlräume, die Salzkavernen, nutzt man seit 2005 zur Speicherung von Erdgas. Falls die Russen uns den Hahn abdrehen sollten.

Wer heute ins schöne Westfalen zieht, kann, wenn er Lust hat, den notwendigen Sack Salz, den man mit seinen neuen Nachbarn essen soll, immer noch mit westfälischem Herkunftssiegel bekommen. Wir aber empfehlen eine andere Freundschaftsmethode. Ein Fässchen Bier ist wesentlich schneller geleert und erfüllt die gleichen Dienste. Mindestens.

Tipp: Das Fässchen Bier leert sich noch schneller, wenn man ein besonders in Ruhrgebietskneipen beliebtes Salzprodukt konsumiert: das Solei. Das Solei ist ein hart gekochtes Ei, samt Schale in einer Salzlake gereift, zusammen mit Gewürzen und Zwiebelschalen. Soleier schwammen früher im Glas hinter jedem Tresen. Neben den Essiggurken und dem Teller mit den Frikadellen.

Der Landschaftsverband Westfalen-Lippe – Westfalens heimliche Regierung

Ja, ja, es stimmt schon. Natürlich wird Westfalen von Düsseldorf aus regiert, natürlich werden die wegweisenden Entscheidungen für das schöne Westfalenland am Rhein getroffen. Eine Institution aber gibt es noch, die Westfalens politischen Stolz bedeutet, die sich um ureigene westfälische Anliegen kümmert und um die Geschichte und Kultur ganz Westfalens: der Landschaftsverband Westfalen-Lippe.

Im Jahr 1886 hatten die Preußen seinen Vorläufer gegründet, den Provinzialverband der Provinz Westfalen. 1933 wurde er von den Nazis gleichgeschaltet, 1946 ging die Provinz Westfalen im neuen Bundesland NRW auf und damit auch der Provinzialverband der Provinz Westfalen. Wohl weil sich dieser Name etwas provinziell anhörte, überlegte man sich 1953 etwas Neues und kam auf den Namen Landschaftsverband.

So segensreich auch dessen Tätigkeit ist, richtig geglückt erscheint uns die Namenswahl nicht. Er kann den Unerfahrenen in die Irre leiten, mancher wird eher eine Naturschutzorganisation dahinter vermuten. Der Begriff Landschaft ist mit idyllischem Grün verknüpft, der Landschaftsverband Westfalen-Lippe hat aber handfeste sozialpolitische Aufgaben. Weil Kreise und Kommunen mit der Erfüllung vieler Aufgaben überfordert wären, delegieren sie diese an den LWL. Der Landschaftsverband Westfalen-Lippe stellt sicher, dass auch

Kinder, die sich mit dem Lernen schwertun, eine Schulausbildung bekommen, er kümmert sich um die Behandlung von Menschen in seelischen Notlagen und um solche mit Behinderungen, Alte und Junge. Außerdem betreibt er eine Vielzahl von Museen, beforscht intensiv die westfälische Heimat, unterstützt Theater und Orchester, verleiht Preise ...

Alle Tätigkeiten des LWL aufzuzählen ist unmöglich. Mit 16 000 Beschäftigten ist er einer der größten Arbeitgeber Westfalens, wenn nicht sogar der größte. Sein wichtigstes Gremium ist die Landschaftsversammlung, inoffiziell Westfalenparlament genannt. Alle Kreise und kreisfreien Städte Westfalens schicken gewählte Vertreter nach Münster, dem Sitz des LWL. Man verabschiedet den Haushalt, wählt sich einen Chef, den Landesdirektor, wählt auch die Landesräte und den Landschaftsausschuss und diskutiert grundsätzliche Fragen. Was das Westfalenparlament, das in der Regel zweimal jährlich tagt, von Länderparlamenten unterscheidet: Es darf keine Gesetze beschließen. Das darf nur der NRW-Landtag in Düsseldorf. Das Westfalenparlament muss sich auf die Exekutive beschränken.

SPD und CDU lieferten sich in der Geschichte des LWL oft ein Kopf-an-Kopf-Rennen, wobei der schwarze Ruhrpott die meisten Roten und auch Dunkelroten entsandte und das grüne Münsterland und Sauerland die meisten Schwarzen. Westfälische Farbenspiele. 2014 enterten sogar zwei Piraten das Westfalenparlament, bislang jedoch in gänzlich friedlicher Absicht.

Wenn es den Landschaftsverband Westfalen-Lippe nicht gäbe, man müsste ihn erfinden. Auch wenn uns der Name nicht gefällt. Vielleicht schreibt man ja mal einen Wettbewerb aus. Bestimmt fällt jemandem etwas Besseres ein.

Wie finde ich heraus, ob mein Name typisch westfälisch ist?

Was für eine segensreiche und überaus hilfreiche Institution der Landschaftsverband Westfalen-Lippe ist, davon hat uns das letzte Kapitel überzeugt. Ein besonderer Service des LWL ist die westfälische Familiennamengeografie. Ein paar Klicks im Internet, und man weiß, ob der eigene Familienname typisch westfälisch ist. Wir machen die Probe aufs Exempel und geben »Wilkes« ein. In Sekundenbruchteilen flammt die Verteilungskarte auf. Blass bleibt das westfälische Herz, wo es keine Wilkes gibt. Wo sich aber die Wilkes fröhlich tummeln, färbt sich Westfalen auf das Schönste. Die Landschaftsverbandsfamiliennamengeografen der Kommission für Mundart- und Namensforschung bedienen sich zur Anfertigung der Karten einer denkbar einfachen, aber pfiffigen Methode: Sie zählen die Einträge im Telefonbuch. Deutschlandweit können sich noch 438 Wilkes einen Festnetzanschluss leisten, 181 von ihnen in Westfalen. Bei einer Zufallsverteilung wäre ein 10-prozentiger Westfalenanteil zu erwarten, 41,3 Prozent sprechen also für einen klar westfälischen Trend. Leider nur legt der westfälisch-lippische Landschaftsverband die Latte noch höher. Mindestens 50 Prozent müssen erreicht werden, um sich das Westfalenechtheitszertifikat an die Wand nageln zu können. Hätten die Wilkes sicher auch geschafft, wären nicht so viele Namensvettern ausgewandert, um als Exil-Westfalen das restliche Deutschland zu missionieren.

Welcher Familienname aber kann noch typischer westfälisch sein? Wir beschließen, ureigene Köstlichkeiten des Landes einzugeben, typisch westfälische Spezialitäten. Irgendwie müssen diese doch – so unsere laienhafte Vorstellung – Eingang in die westfälische Namensvielfalt gefunden haben. Als Erstes versuchen wir es mit »Pannekauken«. Doch, oh Schreck, das Herz bleibt leer! Kein einziger Pannekauken in Westfalen! Zumindest nicht im Telefonbuch. Nun, da gehört er ja auch nicht hin, könnte man argumentieren. Weiter: »Möpkenbrot« – wieder nichts! Wir versuchen es mit »Pils«. Treffer!

18 Pils in Westfalen, fast ein ganzer Kasten also. Macht aber nur 4,6 Prozent. Das ist für ein anständiges Pils zu wenig, erst recht für einen typisch westfälischen Namen. Was kommt nach dem Pils? Richtig, »Korn«! Die Karte färbt sich intensiver. Immerhin 327 Einträge, bevorzugt im Ruhrpott, mit 7,2 Prozent aber noch weit unter dem Bundesdurchschnitt. Vielleicht muss man es spezifischer versuchen: »Steinhäger«. Null. Kein einziger Steinhäger in Westfalen, nicht mal in Steinhagen. Nächster Versuch: Schinken. Ein einziger Schinken in ganz Westfalen (5,6 Prozent)!

Mit Kulinarik kommen wir nicht weiter. Eine andere Strategie muss her. Westfalens berühmtester Komiker war und ist ja der Rheinländer Jürgen von Manger, alias Tegtmeier. Mein lieber Scholli, immerhin 140 Tegtmeier treiben in Westfalen weiter ihr fröhliches Unwesen. (16,2 Prozent) Aber auch das müsste zu steigern sein! Was wohl war in grauer Vorzeit, als die Urwestfalen anfingen, sich Namen zu geben, ihr bevorzugter Aufenthaltsort? »Lehmkuhl«: 24,5 Prozent. Besser, aber noch weit von der 50-Prozent-Marke entfernt. Wir versuchen es mit der westfälischen Nationaldichterin: »Droste«. Ziemlich genau wilkesche Dimensionen: 47,2 Prozent. Im Geiste gehen wir alte Schulfreunde durch. »Dahlhaus« 51,7 Prozent, Bingo! »Schüpphaus«, unser alter Dortmunder Mathelehrer: 60,9 Prozent! Der Schwerter Bürgermeister Böckelühr: ebenfalls 60 Prozent. »Vickermann«, sein alter Parteifreund, der zur allgemeinen Erheiterung vom Schriftführer stets gefragt wurde, wie man diesen Namen schreibt: 72,5 Prozent! Na, da geben wir doch gleich den Namen »Schwerte« ein. Sensation! 76,5 Prozent! Nun aber ist unser Ehrgeiz angestachelt. Auch dieser Wert muss doch noch zu toppen sein. Wir zermartern uns das Hirn, geben immer neue Namen ein, alle urwestfälischen Namen, die uns einfallen: Göckmann, Hellweg, Kötterbach, Drüppelsiepen ... Alles vergebens, wir können sie einfach nicht knacken, die 100-Prozent-Marke. Es ist schon weit nach Mitternacht, als uns ein Geistesblitz kommt. Natürlich! Das ist es!

Westfälischer geht's nicht! Mit letzter Kraft tippen wir ihn ein, den ururururwestfälischsten Namen, der uns einfällt, uralter Ruhrpottadel: Matrowski. – Blink! Volltreffer! 100 Prozent westfälisch!

Wie religiös ist der Westfale?

Der westfälische Bauer glaubt vor allem daran, dass ein Pfund Rindfleisch eine gute Suppe macht. So lautet ein beliebtes Spottwort. Damit aber wird man dem Westfalen nicht gerecht. Es gibt viele Indizien dafür, dass der Westfale zu den selten gewordenen Menschen zählt, die noch eine intensive Gottesbeziehung pflegen. Das war schon in grauer Vorzeit so. Mit welcher Hartnäckigkeit hingen die Westfalen an ihrem alten Glauben, den nordischen Göttern! Das Christentum musste den Westfalen regelrecht eingeprügelt werden, bis sie es widerwillig, von Generation zu Generation dann überzeugter und schließlich mit Haut und Haar, angenommen haben. »Was Münsterländern und Sauerländern gemeinsam ist, das ist der Ernst ihrer Lebensauffassung, der tiefreligiöse Sinn, der nicht nur die Frauen sondern auch die Männer, und zwar diese in ganz auffallender Weise, beherrscht. Nirgendwo im deutschen Lande sieht man die Gotteshäuser, namentlich die katholischen, zahlreicher von Männern besucht als in Westfalen, ganz gleich, ob es im Norden, Süden, Osten oder Westen des Landes ist. Ein in sich festgegründeter, stark verwurzelter Gottesglaube und große Ehrfurcht vor allem, was mit der Kirche zusammenhängt, zeichnet den Westfalen aus«, schrieb Fritz Mielert im Jahr 1925. Man muss den Westfalen eben Zeit lassen. Veränderungen jeder Art werden von ihnen misstrauisch beäugt. Erst recht auf religiösem Gebiet. Das mag auch daran liegen, dass man die Vorväter in Westfalen in besonderer Weise ehrt. Wenn Opa Dorsten den großen Wodan erfolgreich darum gebeten hat, für Frühlingsregen zu sorgen, warum sollte man davon abweichen?

Allerdings: Nachdem die Westfalen den alten Götterhimmel gründlich aufgeräumt und nur noch einen Thron für den einen christlichen Gott übrig gelassen hatten, begannen sie durch die Hintertür, die verwaiste himmlische Immobilie wieder zu vermieten und mit Heiligen aufzufüllen. Für jeden Zweck, für jede Not gab es bald wieder jemanden, den man anrufen konnte. Das hatte nichts damit zu tun, dass man dem christlichen Gott nicht traute, man wollte ihn bloß nicht wegen jeder Kleinigkeit stören.

Spitzenreiter wurde dabei die Gottesmutter. An Maria hängen die Westfalen bis heute mit zärtlicher Innigkeit. Zahllos die Mariendarstellungen in westfälischen Kirchen und Kapellen, wunderschöne Frauen übrigens, die beweisen, dass die Westfälinnen schon immer außergewöhnlich hübsch gewesen sein müssen. Wo sonst hätten die Künstler ihre Modelle finden sollen? Auch wenn man sich die vielen westfälischen Wallfahrtsorte ansieht, so dominiert Maria eindrucksvoll. (In anderen katholischen Gegenden ist das ebenfalls so, im Rheinland und vor allem in Bayern. Die Westfalen sind ohnehin die Bayern Norddeutschlands oder die Bayern die Westfalen Süddeutschlands, ganz wie man möchte: genauso dickschädelig, konservativ, bodenständig, feierlustig und trinkfest, um nur die gängigsten Stereotypen aufzuzählen. Nur Fußball können die Westfalen natürlich viel besser. Also im Prinzip.)

Die besondere Heiligenverehrung der katholischen Westfalen zeigt sich auch in einem weiteren Detail. Heute noch ist es in vielen Familien üblich, die Namenstage mit besonderer Festlichkeit zu begehen. Aktuell sind weiterhin drei Viertel aller Westfalen Mitglieder einer christlichen Kirche. (Zum Vergleich: In Berlin ist es nicht mal mehr ein Drittel.) »Trinkfest und arbeitsscheu, aber im Glauben treu«, singt die Kolpingjugend. Die regionale Verteilung evangelischer und katholischer Gebiete folgt in groben Zügen dem postreformatorischen Zeitalter, als der Grundsatz galt »Cuius regio, eius religio«. Die Fürstbistümer Münster, Paderborn sowie das kurkölnisch regierte Sauerland blieben katholisch, die kleineren Grafschaften und die von Preußen geerbten Gebiete entschieden sich mehrheitlich für die Lehre Luthers. Etwa 40 Prozent aller Westfalen sind Mitglieder der katholischen Kirche, ein Drittel evangelisch, präziser: Mitglieder einer evangelischen Landeskirche, denn in Westfalen finden sich darüber hinaus stolze 73 kleinere christliche Gemeinschaften.

Welcher Landkreis, glauben Sie, ist der katholischste? Ein Kopf-an-Kopf-Rennen liefern sich der Hochsauerlandkreis und der Kreis Borken mit gut 70 Prozent Katholiken, die katholischste Gemeinde ist Heek mit deutlich über 80 Prozent. Und welches ist der Spitzenreiter der evangelischen Christen? Der Kreis Minden-Lübbecke mit 63,6 Prozent Protestanten. Manche der dortigen Gemeinden (Hille und Stemwede) schaffen deutlich über 70 Prozent, aber auch Bad Laasphe im Wittgensteiner Land kann da noch mithalten.

Mit dem Wirtschaftswunder kamen die türkischen Arbeiter und mit den türkischen Arbeitern der Islam nach Westfalen, besonders ins Ruhrgebiet. Einen führenden Platz belegt Gelsenkirchen, wo bereits mehr muslimische I-Dötzchen die Schulbank drücken als katholische oder evangelische. Ob der Islam zu Westfalen gehört oder nicht, ist keine Frage, die sich die Westfalen ernsthaft stellen. Kaum eine zweite europäische Region ist integrationsfähiger.

Kein Zufall, dass auch eines der größten hinduistischen Heiligtümer Europas in Westfalen errichtet wurde. In Hamm ist seit 2012 der Sri-Kamadchi-Ampal-Tempel zu bestaunen, ein Bauwerk, wie man es schöner und prächtiger nicht in Indien findet. Es ist der zauberhaften Kamadchi geweiht, einer Göttin, die ausgesprochen gut zu Westfalen passt, denn Kamadchis Attribute sind Schönheit, Ruhe und Frieden. Zum zweiwöchigen Tempelfest der vierarmigen Schönen, die im Lotussitz auf einer ebensolchen Blüte ruht, kommen bis zu 20 000 Gläubige. Dann wird Kamadchi feierlich um den Tempel getragen, und jeder Pilger versucht, ihren Blick zu erwidern, denn das bedeutet Glück und Wunscherfüllung. Der westfälische Ganges

ist der nahe Dattel-Hamm-Kanal. Dort wird die Göttin rituell gerei-
nigt, und Tausende von Hindus tun es ihr gleich, eine der größten
Badeaktionen Westfalens.

Manch christlicher Würdenträger aber soll mit Argwohn beobachten, dass immer mehr Westfalen der hinduistischen Zeremonie
beiwohnen und zugleich immer mehr Schäfchen die Kirche verlassen
(allein 2013 über 10 000 Katholiken des Bistums Münster). Wacht der
alte westfälische Polytheismus wieder auf? Schon Heinrich Heine
hatte festgestellt: »Wie man behauptet, gibt es greise Menschen in
Westfalen, die noch immer wissen, wo die alten Götterbilder verbor-
gen liegen; auf ihrem Sterbebette sagen sie es dem jüngsten Enkel,
und der trägt dann das teure Geheimnis in dem verschwiegenen
Sachsenherz.«

Das Täuferreich von Münster

Die Westfalen neigen nicht zum Fanatismus. Außer wenn's um Fußball geht. Deshalb ist es erstaunlich, wie es zu den Vorgängen in
Münster kommen konnte. In der Bischofsstadt hatte, wie in so vielen anderen Städten Deutschlands auch, die Reformation zahlreiche
Freunde. Einer ihrer führenden Köpfe in den 1530er-Jahren war Bernd
Rothmann. Das Domkapitel hatte ihm verboten zu predigen, aber
davon ließ sich der gebürtige Stadtlohner nicht beeindrucken, und
viele Münsteraner hörten ihn gerne, besonders die Handwerker der
Stadt. Aber auch unter den wohlhabenden Bürgern hatte er Anhän-
ger, diese verhinderten erfolgreich seine Vertreibung aus der Stadt.
Münster wurde evangelisch.

Bernd Rothmann bekam den Auftrag, eine neue Gottesdienst-
ordnung auszuarbeiten. Doch dem Prediger ging die Reformation nicht weit genug. Nicht Luther, sondern Zwingli war recht zu
geben. War es nicht ein Unding, Säuglinge zu taufen? Wie sollte

sich ein unmündiges Kind zu den Lehren Christi bekennen können? Für Rothmann war klar, ein echter Christ muss als Erwachsener
getauft werden. Das aber ging dem Rat der Stadt Münster eindeutig
zu weit, und er ließ sämtliche Kirchentüren verschließen. Die meisten Münsteraner aber standen weiter auf der Seite Rothmanns, der
Unterstützung von Glaubensbrüdern aus dem westlichen Nachbarland bekam.

Zwei Männer aus Holland, wo die Lehren Zwinglis auf fruchtbaren Grund gefallen waren, kamen nach Münster, um dort die Wie-
dertaufe zu vollziehen, Jan Mathys und sein Schüler Jan van Leiden,
zwei Propheten, die das nahe Kommen des Erlösers ankündigten.
Nur wer ihre radikalen Lehren befolge, habe eine Chance, vor dem
Jüngsten Gericht zu bestehen. Schon bald, sehr bald, werde Jesus
Christus in Münster erscheinen, genau gesagt, am Ostertag des
Jahres 1534. Davon beeindruckt wählten sich die Münsteraner einen
neuen Stadtrat, in dem die Täufer dominierten. Diese vertrieben die
restlichen Katholiken und Lutheraner, verbrannten das Stadtarchiv,
riefen die Wiedererstehung der Jerusalemer Urgemeinde aus und ver-
teilten alles Eigentum.

Der neue Fürstbischof von Münster und Osnabrück, Franz von
Waldeck, war entschlossen, dem Täuferreich ein Ende zu bereiten,
und ließ die Stadt Münster belagern. Der Ostertag kam, wer nicht
kam, war Jesus Christus. Enttäuscht zog Jan Mathys vor die Stadt,
seinen Feinden entgegen, und ließ sich von diesen töten. Jan van Leiden aber, sein Schüler, hielt in Münster aus und wurde zum neuen
Anführer der Täufer. Ob aus Freude an den schönen Westfälinnen
oder aus reiner Mildtätigkeit, um den erheblichen Frauenüberschuss
in der Stadt abzumildern, sei dahingestellt, fest steht, Jan van Leiden
führte die Vielehe ein, taufte nicht nur, sondern heiratete und heiratete, bis er 16 Ehefrauen besaß.

Einen ersten Angriffsversuch der bischöflichen Truppen konnten
die Täufer erfolgreich abwehren, worauf Jan van Leiden als König

Johannes I. des Münsteraner Täuferreiches bejubelt wurde. Im Juni 1535 aber, nach anderthalb Jahren der Belagerung, musste er kapitulieren. Das Reich der Täufer endete in einem Blutbad. Bernd Rothmann, dem Hauptprediger, gelang die Flucht, Hunderte Täufer aber wurden getötet, die Frauen aus der Stadt gejagt. Gegen die drei obersten Täufer ging der Bischof mit äußerster Brutalität vor. Ein halbes Jahr dauerte das Martyrium von Jan van Leiden, Bernd Krechting und Bernd Knipperdolling, verhörte man die Männer mit und ohne Folter. Dann riss man ihnen mit glühenden Zangen die Zungen heraus, zerfetzte und erdolchte sie. Ihre Leichen aber steckte man in eiserne Körbe und zog sie am Turm der Lambertikirche hinauf. Die Körbe hängen noch immer im westfälischen Wind. Wem zur Mahnung?

Das Revierderby

Westfalen ohne Fußball ist wie die Ruhr ohne Pott. Kaum eine zweite Region auf diesem Planeten, in der sich so viele Fußballvereine tummeln. Jedes Wochenende geht es dem Ball ans Leder, und Hunderttausende von Fans sind mit dabei. Zweimal im Jahr aber kocht in Westfalen die Stimmung über, zweimal im Jahr gerät auch das Blut des ruhigsten Vertreters in Wallung. Dann ist die Spannung mit den Händen zu greifen, dann fließen Schweiß und Tränen und manchmal sogar Blut. Selbst die fußballdesinteressierteste Hausfrau schaltet dann heimlich das Radio an und lauscht, wer es diesmal wohl gewinnt, das Revierderby.

Borussia oder Schalke? Schwarz-Gelb oder Blau-Weiß? 09 oder 04? Das ist in Westfalen weit mehr als eine sportliche Entscheidung, das ist eine Glaubensfrage. Was heute nicht mehr vorstellbar ist: Es war keineswegs immer so. Über 40 Jahre lang war diese Begegnung auch nichts anderes als die Duelle Schalkes gegen Westfalia Herne, die Spielvereinigung Herten oder den SV Höntrop. Der Grund: Bis Mitte der 40er-Jahre beherrschten die Blau-Weißen die westfälischen Ligen nach Belieben. Elf Jahre existierte die Gauliga Westfalen, elf Mal wurde Schalke Meister. In den beiden letzten Jahren dicht gefolgt, nein, nicht vom BVB, sondern vom VfL Altenbögge!

Als die Schalker 1934 zum ersten Male deutscher Meister wurden, stand auch ganz Dortmund Kopf! Am Hauptbahnhof hatte sich eine riesige Menge versammelt, welche die »Knappen« jubelnd zum Dortmunder Bahnhof begleitete, wo sich die Spieler ins Goldene Buch der Stadt eintrugen. Unvorstellbar, dass es heute noch einmal dazu kommt. (Auch weil für die Schalker in Bezug auf die Meisterschale bekanntlich gilt: »Nur gucken, nicht anfassen!«)

Besucht man egal wo in Westfalen eine Kneipe, so kann es gut sein, dass man spätestens nach dem dritten oder vierten Pils Zeuge davon wird, wie sich ältere Herren Geschichten über das Revierderby erzählen.

»Weisse noch, wie unser schwarz-gelber Schäferhund euerm Friedel Rausch in den Hintern gebissen hat?«

»Klaro, hat sich ne Tetanusspritze verpassen lassen, und dann ging's weiter. Harte Hunde, damals, nicht solche Weicheier.«

»Und weisse noch, 1964 ...«

»Ach hör mir auf mit 64.«

»1964 haben wir in eurer Glückauf-Kampfbahn 6:0 geführt. Zur Pause! In der Kabine wurde der Sekt geköpft, und obwohl alle einen in der Krone hatten, haben wir das Ding locker über die Runden geschaukelt.«

»An 1997 kann ich mich besser erinnern. 2:1 lagen wir bei euch im Westfalenstadion hinten, noch eine Minute zu spielen. Eckball. Jens Lehmann ab nach vorne, macht den Ausgleich mit dem Kopf. Junge, Junge, das war vielleicht ein Ding, erstes Torwarttor inne Bundesliga!«

»Außer Elfmeter.«

»Gutes Stichwort. Weisse noch, wie Frank Rost gleich zwei Elfer von euch gehalten hat?«

»Nee, weiß ich nich mehr. Aber was ich noch weiß, wie oben auf dem Dach eurer Schalke-Arena der Schnee geräumt werden musste und plötzlich unsere schwarz-gelbe Fahne über dem Stadion wehte.«

»Ne bodenlose Frechheit is das gewesen! Dafür haben im Jahr drauf unsre Jungs mit zwei schönen blau-weißen Fahnen eure gelbe Wand tapeziert.«

»Kennste Kartoffeln blau-weiß?«

»Nee, wat soll denn das sein?«

»Pellkartoffeln. Kommen auch immer mit ohne Schale daher.«

So oder ähnlich hört es sich an, wenn vom Revierderby die Rede ist. Die Rivalität wird auch von den Trainern zur psychologischen Kriegführung genutzt. Als Jürgen Klopp nach Dortmund kam und vor seinem ersten Revierderby stand, schickte er einen Freund mit Kamera und schwarz-gelber Vereinskluft nach Schalke. Den Film mit den gesammelten Beschimpfungen ließ Kloppo dann beim Abschlusstraining laufen – mehr brauchte er für die Motivation seiner Truppe nicht zu tun.

In der Bundesliga ist die Bilanz ziemlich ausgeglichen, in der Gesamthistorie liegt Schalke mit einigen Siegen vorne. Noch.

Ein Fußballkapitel über Westfalen wäre nicht komplett, wenn man die anderen ruhmreichen Mannschaften vergäße. Der VfL Bochum hat nicht nur eine wichtige Pufferfunktion zwischen Gelsenkirchen und Dortmund, die »graue Maus« der Bundesliga gilt auch als eine der erfolgreichsten Fahrstuhlmannschaften, sich dabei mit der Arminia aus Bielefeld einen hübschen Wettstreit leistend. Auch die Bischofsstädte können Fußball spielen. Preußen Münster ist Gründungsmitglied der Bundesliga, der Aufstieg der Paderborner in die oberste Klasse war eine der größten Sensationen. Und wenn man erst anfangen würde, die Fußballnationalspieler aufzuzählen, die mit westfälischer Muttermilch gestillt worden sind, müsste man ein eigenes Kapitel beginnen: Kevin Großkreutz, Marco Reus, Mesut Özil, Manuel Neuer, Karl-Heinz Rummenigge, Julian Draxler, Benedikt Höwedes, Lothar Emmerich und natürlich Westfalens Dribbelkünstler Numero eins, Sie wissen, wen wir meinen. In Gelsenkirchen hing einmal ein Plakat einer evangelikalen Kirche: »An Jesus Christus kommt keiner vorbei!« – »Außer Stan Libuda«, stand mit Edding darunter.

Weltkulturerbe in Westfalen

2014. Jahrestagung des Unesco-Welterbekomitees. In Doha, der Hauptstadt des Wüstenstaats Katar, sind internationale Experten zusammengekommen, um darüber zu beraten, welche bedeutenden Kulturstätten neu in die Liste des Welterbes aufzunehmen sind. Die wichtigste Entscheidung des Komitees: Die berühmte westfälische Abtei Corvey darf sich ab sofort mit dem seltenen Titel schmücken. Die Kulturexperten zeigten sich nicht nur begeistert von der Architektur der Klosterkirche, dem imposanten, so wuchtigen Westwerk aus karolingischen Zeiten, sie würdigten auch die Bedeutung des Klosters als spirituelles und kulturelles Zentrum des Sachsenlandes.

Französische Benediktiner von Corbie hatten im Jahr 815 eine Mönchszelle in Westfalen gegründet, die sieben Jahre später an den Weserstrand verlegt wurde. Ob jedoch das Motto des heiligen Benedikt »ora et labora«, bete und arbeite, von den Westfalen sogleich verstanden und verinnerlicht worden ist? Manche behaupten spöttisch, dies sei bis heute nicht geschehen. Kunststück, wer kann denn schon Latein? Corvey war sicher das bedeutendste, wenngleich nicht das einzige westfälische Kloster jener Zeit. Für vornehme Westfälinnen, die nicht unter die eheliche Haube wollten, gründete man Kanonissenklöster. Dort herrschten zwar offiziell ebenfalls die Regeln des heiligen Benedikt, ganz so genau aber sollen sie nicht befolgt worden sein. Hervorzuheben ist das Damenstift Herford, das bereits 789 errichtet wurde. Im Hochmittelalter, als die Westfalen sich von Buchstabenchristen zu echten Gläubigen verwandelten, kam es zu einer regelrechten Klostergründungswelle.

Den Besuch lohnt die älteste deutsche Niederlassung der Prämonstratenser, die Propstei Cappenberg im Kreis Unna, die vom Ordensgründer Norbert von Xanten gegründet und zu Beginn auch geleitet wurde. Harte Arbeit leisteten die Zisterzienser, insbesondere in der Landwirtschaft, so in Hardehausen im Kreis Höxter. Auch den Ritterorden gefiel es in Westfalen. Erstens brauchten sie hier keine Kreuzzüge durchzuführen, und zweitens warf der fruchtbare westfälische Boden hübsche Gewinne ab, mit denen man wiederum die Kreuzzüge finanzieren konnte. Eher städtisch orientiert waren die Bettelorden, die sich auch auf Klinik und Lehre verstanden.

Der Dreißigjährige Krieg brachte vielen Klöstern den Ruin. Als sie sich halbwegs wieder erholt hatten, wurden sie durch den Reichsdeputationshauptschluss an linksrheinische Adelige verschenkt, die in den Wirren der Napoleonischen Kriege ihren Besitz verloren hatten. Von 186 klösterlichen Gemeinschaften verschonte man nur zehn. Kloster Cappenberg riss sich Reichsfreiherr vom und zum Stein unter den Nagel, der Schelm, war er doch für die Säkularisation des preußisch gewordenen Westfalen zuständig und saß damit an der Quelle. Andere Klöster machte man zu Strafanstalten, Kasernen oder Irrenhäusern (Marsberg), im adeligen Frauenstift Herford wurde eine Baumwollspinnerei eingerichtet. Die heißeste Kirche Westfalens aber wurde die Klosterkirche von Bredelar: In ihr stellte man einen Hochofen auf.

Weltkulturerbe in Westfalen? Über Corvey freut sich das ganze Westfalenland. Doch das kann nur der Anfang sein. Wir hätten noch eine Menge anderer Vorschläge zu machen: die Dome von Münster, Paderborn und Minden, St. Patrokli in Soest und all seine anderen Kirchen, die ostwestfälischen Kurbäder, den Marienaltar des Konrad von Soest, das Hermannsdenkmal im Teutoburger Wald, die Felsenkunst in den Externsteinen, die Lichtkunst in Unna, der nach Entwürfen von Henry van de Velde für Karl Ernst Osthaus gebaute Hohenhof in Hagen, das Fachwerkzauberland von Freudenberg, die Schlösser von Siegen und Wittgenstein, das Ensemble aus Westfalenhalle, Westfalenstadion und Westfalenpark in Dortmund, den westfälischen Teil der Wuppertaler Schwebebahn, die Glückauf-Kampfbahn von Schalke, das Bochumer Theaterhaus, die 100 Münsterländer Schlösser ... Ach, eigentlich gehört ganz Westfalen zum Weltkulturerbe erklärt!

Schelte für Herrn Michelin

Der westfälische Himmel ist voller wunderbarer Sterne. Wer je in einer klaren Winternacht auf dem Kahlen Asten gestanden und seinen Kopf staunend in den Nacken gelegt hat, weiß, wovon wir sprechen. Deutlich spärlicher allerdings leuchten die Sterne, die Sie, verehrter Herr Michelin, jährlich vergeben. Während Sie den rheinischen Teil von NRW nur so funkeln lassen, fällt für Westfalen nicht viel ab. Besuchen denn Ihre Michelinmännchen keine anständige Bochumer Pommesbude mehr? Oder lassen sich in Appelhülsen ein Stück Möpkenbrot abschneiden? Was ist mit all den Münsterländer Landgaststätten, vor denen ein Pappkoch mit der Zunge schnalzt? Habt ausgerechnet ihr Franzosen, die ihr den Citoyen, den Bürger, doch erfunden habt, Angst vor der gutbürgerlichen Küche Westfalens?

Lieber Herr Michelin, dürfen wir Ihnen den Mund wässrig machen? Fangen wir mit den Suppen an. Haben Sie schon mal eine »Grüne Wiesensuppe« probiert? Oder das westfälische »Gänsefutter«, auch »Blindhuhn« genannt? Oder eine anständige »Fitzebohnensuppe«? Und beim Fleisch endet das westfälische Küchenlatein keineswegs mit »Pfefferpotthast«. Einmal das Feinschmeckerzüngelchen in »Warme Wanne« gebadet, und Ihre Reifenmännchen werden im siebten Himmel schweben. Und dann die westfälischen Soßen, Verzeihung, die Saucen natürlich, die jedes Gericht erst verfeinern. Haben Sie schon mal Backpflaumensauce zu geschmorter Pökelrippe probiert? Oder Specksauce zu grünem Salat?

Zu fleischlastig alles, winken Sie ab, moderne Küche setze auf Gemüse? Auch dann, Monsieur, sind Sie in Westfalen genau richtig. Wuortelpott, Sipp-Sapp, Wibbelbohnen, Graue Weiber! Vegetarischer geht's nicht. Und dann die Kartoffelgerichte. Potthucke, Pellkartoffeln mit saurer Sahne, Reibekuchen! Und zum Dessert einen feinen Pfannekuchen, durchaus auch aus Buchweizen. Mit Apfel-, Pflaumen-, Kirsch- oder Waldbeerkompott, ein himmlischer Genuss, Sie werden sofort drei Sterne über sich schweben sehen. Kommen Sie bitte vorbei und überzeugen sich! Das Einzige, was Sie befürchten müssen, ist, dass Ihr nächster Restaurantführer doppelt so dick ausfallen wird. Aber ehrlich!

Spitzengastronomie in Westfalen

Noch einmal zu Herrn Michelin. Von seinem *Guide 2015* bekamen die Restaurants von NRW zusammen 51 Sterne verliehen, nur zehn der Sternchen sind jedoch über Westfalens Himmel aufgestiegen. Das sind weniger als 20 Prozent! Verglichen mit dem westfälischen Bevölkerungsanteil eine unerklärlich geringe Quote. Die Erklärung mag darin zu suchen sein, dass auf westfälischen Böden kein Wein wachsen will. Weingegenden haben traditionell bessere Karten bei der Sternengala. Wo ein guter Tropfen gedeiht, da fühlen sich auch viele andere Früchte und Kräuter wohl, welche die Küche abwechslungsreich gestalten. Zwar wachsen auch in Rheinisch-NRW nur wenige Reben, aber die Rheintrasse war eben immer auch eine große Weintrasse. Abwechslungsreich essen aber kann man auch in einem Bierland wie Westfalen. Von den zehn westfälischen Michelin-Sternen haben sich neun westfälische Restaurants je einen geschnappt, ein Gourmetschuppen aber ist dabei, der sich seit vielen Jahren sogar mit zwei Sternen schmücken darf, der westfälische Spitzenreiter, das *Rosin* in Dorsten.

Rosin heißt es nicht nach der getrockneten Traubenbeere, Rosin ist der Name des Chefs, Frank Rosin. Viele kennen ihn vom Fernsehen, Frank Rosin ist einer der bekanntesten deutschen Bildschirmköche. Als der junge Mann mit gerade 24 Jahren 1991 ein Restaurant in seiner Heimatstadt eröffnete, wurde er von vielen ausgelacht. Spitzengastronomie in dieser Industrieruine? In der nicht mal mehr Kohle zu holen war? Wer sollte denn dort hingehen? Wenn man heute dort hingehen will, muss man frühzeitig reservieren. Sehr frühzeitig. Viele nehmen einen weiten Weg in Kauf, um im *Rosin* zu tafeln.

Schon Frank Rosins Mutter hatte sich mit einem Gastronomiebetrieb selbstständig gemacht. 1976 band sie sich die Schürze um und übernahm den *Glückauf-Grill* in der Glück-Auf-Straße in Dorsten-Hervest, mit 20 Quadratmetern eine der kleinsten Frittenschmieden im Pott. Auch von den Erfahrungen seines Vaters wird Frank Rosin profitiert haben: Er war als Großhändler für Gastronomiebedarf tätig. Frank Rosin hatte sich, als er sein Restaurant eröffnete, schon reichlich Küchenwind um die Nase wehen lassen. Zur Lehre fuhr er nach Gelsenkirchen, ins *Hotel Monopol* und zum *Restaurant Kaiserau*. Dann begab er sich auf Wanderschaft, wie es sich für einen Gesellen gehört: In Kalifornien lernte er die hohe Kunst, Burger zu braten, in Spanien feine südliche Speisen zu bereiten. Mit diesem Rüstzeug ging er auf große Fahrt. Auf der »Sea Cloud«, einem stolzen Luxusviermaster, war er der Vize-Smutje und erlernte die Kunst, selbst bei heftigem Seegang keine Flunder über den Pfannenrand rutschen zu lassen. Mit all den gesammelten Erfahrungen kehrte er zurück in die Heimat und wurde zum Kometen am westfälischen Sternenhimmel.

Wie soll man seine Kochkunst am besten beschreiben? Eine äußerst kreative Gourmetküche, was sonst? – aber doch geerdet, nicht abgehoben und trotz internationalem Anspruch immer auch mit einer regional-westfälischen Geschmacksnote. Ein Blick auf die Speisekarte beweist das: Wie wär's mit einem kleinen Eintopf von Rahmspinat mit Nudeltasche von Hausmacher Mettwurst? »Schmackofatz«, nennt Frank Rosin eine solche Zutat zum Gourmetmenü. – »Schmackofatz?« Wenn die Großmutter kochte, stibitzte sich der neugierige Enkel ein Häppchen von ihren Köstlichkeiten, eben ein »Schmackofatz«.

Kochen ist für Frank Rosin wie Sex oder Musizieren, das kann und muss man nicht erklären. Inbrunst und Leidenschaft braucht es. Spannend war das Fast-Food-Duell gegen seine Mutter. Frikadellen und Kartoffelsalat waren zuzubereiten und wurden dann von Testessern, denen man die Augen verbunden hatte, verschnabuliert. Wer gewonnen hat? Mutter oder Sohn? Na, die Frau Mama!

Frank Rosin hat nicht nur den Kampf mit den Pommesbuden aufgenommen, er fordert auch die traditionelle Halbzeitküche der Bundesliga heraus. Statt Grillwürstchen im Brötchen kann man sich nun mit Frank Rosins feiner Küche stärken. Allerdings nur auf Schalke. Und nur im VIP-Bereich. Schwarz-gelbe Speisen aber seien verpönt, heißt es.

Frank Rosin liebt seine Heimat. Und engagiert sich. Er will, dass nach der großen Depression wieder Leben in den Industrieruinen wächst. Mit sicherem Instinkt spürt er das Potenzial, das in der alten Bergarbeiterstadt schlummert, den alten Zechenanlagen. Ideenräume für Künstler, für junge, neugierige Menschen. Diese unterstützt der Spitzenkoch nach Kräften. Und sein Restaurant sorgt dafür, Gäste in die Stadt zu locken, die sich sonst allenfalls das nahe Wasserschloss

Lembeck ansehen würden. Wer im *Rosin* auf den Geschmack gekommen ist, wird vielleicht auch Appetit auf mehr bekommen. Ab nach Dorsten!

Hier die übrigen acht westfälischen Sternerestaurants des Michelin-Führers 2015: Dorsten ist Westfalens Gourmetmetropole. Der *Goldene Anker* erkämpfte für Dorsten einen dritten Stern. Die weiteren Sterne verteilen sich auf den *Palmgarden* in Dortmund, das *Gourmet 1895* im *Hotel Kaiserhof* in Münster, das *Balthasar* in Paderborn, das *Reuter* in Rheda-Wiedenbrück, *Bomke* in Wadersloh, *Ars Vivendi* in Bad Laasphe, und, neu, die *Westfälische Stube* im münsterländischen Hörstel. Und wenn es gut schmecken und zugleich schnell gehen muss, auch dann ist Dorsten eine ausgezeichnete Adresse. Der *Glückauf-Grill* von Mama Rosin hat fünf von fünf Pommes-Stäbchen des renommierten *Pommesführers Ruhr* bekommen. Guten Appetit!

Ein westfälisches Dreigängemenü

Für ein richtiges westfälisches Dreigängemenü sollte jeder Gang aus einer anderen westfälischen Region stammen. Das Siegerland sorgt für die Vorspeise, das Sauerland für den Hauptgang und das Münsterland für den Nachtisch. Die Zutaten sind jeweils für vier Personen.

Sejerlänner Riewekooche

Man kann auch Räiwekooche, Dijjelskooche oder Düffelsdijjelskooche dazu sagen, je nachdem, in welchem Siegerländer Tal man sich befindet. Nur eines darf man nicht sagen: Reibekuchen. Denn ein Reibekuchen ist es nicht. Schmecken tut es dennoch köstlich: das einzigartige Kartoffelbrot.

Zutaten:

1 Packung Hefe

4 dicke Kartoffeln

4 Teelöffel Salz

1 kg Mehl

1 Schuss warme Milch

1 Prise Zucker

Die Hefe mit etwas warmer Milch auflösen, eine Prise Zucker dazu. Mit Mehl bestäuben und ruhen lassen. Die Kartoffeln schälen und energisch durch eine feine Reibe hobeln. Das Salz und die Hefemilch hinzufügen. Mit dem Mehl zu einem zähflüssigen Teig verrühren, bei Bedarf noch etwas Milch nachgießen. Zwei Stunden gehen lassen. Erneut umrühren, eventuell mit Milch oder Mehl den Zustand der Zähflüssigkeit herstellen. Backofen auf 50 Grad vorheizen, den Teig in zwei große Kastenformen gleiten lassen und im Ofen eine Viertelstunde vorwärmen. Dann auf 200 Grad einheizen. Sobald die Temperatur erreicht ist, auf 160 Grad abbremsen und eine Stunde backen. Vor dem Verzehr mit Butter bestreichen.

Sauerländer Potthucke

Keine Ausreden! Eine echte Sauerländer Potthucke muss jeder Westfale einmal im Leben gebacken haben. Die Krönung eines jeden Kartoffellebens ist es, als Potthucke verspeist zu werden.

Zutaten:

800 g rohe Kartoffeln

200 g gekochte Kartoffeln

4 Eier

250 ml saure Sahne

100 g durchwachsener Speck

3 Teelöffel Salz

Pfeffer

Muskat

Die rohen Kartoffeln schälen, waschen und reiben, dann in einem feinen Sieb ausdrücken. Die gekochten Kartoffeln durch eine Kartoffelpresse drücken und mit den geriebenen Schwestern mischen. Vier Eier und die saure Sahne dazu, mit Salz, Pfeffer und Muskat würzen und alles gut vermengen. Den Speck würfeln und in eine heiße, ofenfeste Form geben. Etwas anbraten, dann den Kartoffelteig hinzu und alles bei 220 Grad 45 bis 50 Minuten backen.

Beim Servieren erklärt sich der Name. Potthucke heißt auf hochdeutsch »das, was im Topf hockt«. Die Sauerländer Spezialität backt leicht am Boden fest. Früher ein Arme-Leute-Essen, ist sie heute ein Knaller in allen Sauerländer Edelküchen. (Sollten Sie auf der Karte »Puffert« lesen, ebenfalls bestellen. Ist genau das Gleiche.)

Münsterländer Bettelmann

Der Westfale kann auch süß. Und wie! Bei den Nachspeisen fällt die Auswahl besonders schwer. Die Münsterländer Stippmilch mit marinierten Erdbeeren ist die westfälische Antwort auf das italienische Tiramisu, viel fruchtiger nur und garantiert ohne Koffein. Auch die Münsterländer Biersuppe ist keine Vorspeise, sondern eine süße Sünde: Exportbier mit Milch, echter Vanille und Rosinen. Bei Hochzeiten wird im Münsterland gerne eine Herrencreme gereicht, die auch bei den Damen gut ankommt, denn gegen einen Schuss Rum haben auch die Münsterländerinnen nichts einzuwenden. Unser Menü aber soll durch eine andere Münsterländer Spezialität gekrönt werden, durch den Münsterländer Bettelmann.

Zutaten:

4 Esslöffel Rosinen, über Nacht in Rum eingeweicht (alternativ: warmer Apfelsaft)

250 g Pumpernickel (fein mit der Küchenreibe bearbeitet)
5 Esslöffel Zucker
75 g gehackte Haselnüsse
75 g Butter
1 Biozitrone
1 Teelöffel Zimt
1 Pfund Äpfel
2 Esslöffel groben Zucker

5 Esslöffel Zucker zu der Hälfte der Butter geben und schaumig schlagen. Den Pumpernickelabrieb und die gehackten Haselnüsse hinzufügen, gut vermengen. Die Biozitronenschale fein reiben, einen Teelöffel Zimt dazu. Die Äpfel schälen und in Schnitze schneiden, mit 2 Esslöffeln grobem Zucker bestreuen und mit Zitronensaft beträufeln, dann die Rumrosinen und die Zitronenschalen-Zimt-Mischung hinzu. Gut verrühren. Eine Ofenform mit Butter bestreichen und mit fünf Schichten befüllen: Pumpernickelteig, Apfelschnitze, Pumpernickelteig, Apfelschnitze, Pumpernickelteig. Glattstreichen. Über die Landschaft kleine Butterflocken schneien lassen. Bei 180 Grad 30–40 Minuten in den Ofen, goldgelb backen. 50 Gramm Zucker und 1 Teelöffel Zimt verrühren und über den noch heißen Bettelmann streuen. Warm servieren.

Und was gibt es als Verdauer? Richtig, einen Klaren. Wir empfehlen einen guten westfälischen Wacholder. Bekömmlich und urgesund.

Tipp: Bleibt von der Potthucke etwas übrig (unwahrscheinlich, kommt aber vor), dann am nächsten Tag in zwei Zentimeter dicke Scheiben schneiden und in der Pfanne knusprig braten.

Wie schlachte ich eine westfälische Sau?

Sie sind es leid, ständig Industriefleisch konsumieren zu müssen? Sie wollen zurück zu einer ökologischen Form der Landwirtschaft? Sie haben die Konsequenz gezogen und sich eine eigene Sau zugelegt? Hut ab! Von Ihnen persönlich gefüttert und herangezogen, können Sie sicher sein, dass Ihr prächtiges Rüsseltier kein Milligramm Hormone oder Antibiotika fressen musste. Nur Küchenabfälle, Kartoffeln, Futterrüben, Gerstenmehl und jede Menge selbst gesammelte Eicheln (siehe Kapitel »Was schwebt da im westfälischen Himmel?«). Nun ist die Zeit der Ernte gekommen, jetzt heißt es, konsequent bleiben. Transportieren Sie Ihre Sau nicht zum Schlachthof! Ersparen Sie ihr den Stress und sich die Stresshormone im Schweinefleisch. Das Zauberwort heißt Hausschlachtung. Hier eine kurze Anleitung, wie man Schweine in Westfalen zu schlachten pflegte.

Vorbereitung ist alles! Bewohnen Sie einen der alten westfälischen Höfe, so ist die Deele der richtige Ort, der geräumige Verbindungstrakt hinter dem Eingangstor, von dem aus man alle Räume bequem erreichen kann. Vor dem Fleischgang aber kommt das Gemüse. Am Tag vor der Schlachtung dürfen Sie bereits reichlich Abschiedstränen vergießen, denn es ist ein ganzes Säckchen Zwiebeln zu schälen. Auch das Suppengemüse muss vorbereitet werden. Majoran und Thymian dürfen nicht fehlen. Salz, Salpeter, Pfefferkörner, Piment, Nelkenpfeffer, Senfkörner, Kümmel und Lorbeerblätter besorgen und auch Papierdärme und Wurstbänder. Von Schlehenbüschen und vom Weißdorn streichholzdicke Stöckchen abschneiden, entrinden und anspitzen, denn womit sonst wollen Sie die Wurstenden verschließen? Dann die Gerätschaften bereitstellen: genügend Einmachgläser, Schüsseln, Teller, Töpfe, Schöpfkellen und natürlich den großen Fleischwolf. Er wird reichlich zu fressen bekommen. Deele, Waschküche und Pökelfass gründlich reinigen, Schlachtleiter und Mollen bereitstellen (die flachen Holzwannen), den »100-Liter-Bäggepott«, in dem Sie sonst das Tierfutter zu kochen pflegten, und natürlich das Kruemel, das leicht gebogene Eichenholz.

Sie seufzen? Sie fragen sich, ob es das alles braucht? Nun, vieles hängt natürlich vom Gewicht Ihres Schweines ab. Keine Angst, Sie brauchen es nicht auf die Waage zu stellen, die wenigsten Personenwaagen sind für das Abwiegen von Schweinen geeignet. Es gibt einen einfachen Trick, um den schweinischen Body-Mass-Index zuverlässig zu bestimmen. Nehmen Sie aus dem Nähkästchen Ihrer Frau das Maßband und binden Sie es Ihrer Sau um den Bauch, und zwar direkt hinter den Vorderfüßen. (Vorsichtig! Schweine sind kitzelig!) Die ersten 100 Zentimeter entsprechen 150 Pfund, für jeden weiteren Zentimeter sind fünf Pfund hinzuzuaddieren. Ganz simpel.

Doch nun zur Hauptperson, Ihrem süßen Schweinchen. Ihr Ansinnen ist ehrenhaft, ihm noch eine üppige Henkersmahlzeit servieren zu wollen. Verzichten Sie darauf! In den Tagen vor dem letzten Grunzer sollten Sie die Sau im Gegenteil streng auf Diät setzen. Nur Magermilch mit etwas Gerstenmehl, am letzten Tag Nulldiät. Schimpfen Sie nicht, dass Sie hierdurch ein paar Pfund Fleisch verlieren. Die Diät dient der notwendigen Darmreinigung.

Ziehen Sie sich passende Kleidung an, hohe Gummistiefel sind nicht schlecht, und holen Sie nun die Sau aus dem Stall. Bitten Sie Ihre Frau, das misstrauische Vieh gut festzuhalten. Dann denken Sie sich eine Linie, die vom rechten Schweineohr zum linken so unschuldig blickenden Auge, und eine zweite, die vom linken Schweineohr zum rechten Auge verläuft. Den Kreuzungspunkt gut fixiert, den »Dörn« angesetzt und mit dem Holzhammer munter auf den Bolzen geschlagen. Wie vom Blitz getroffen fällt Ihre Sau zu Boden. Volltreffer! Jetzt mit einem langen, spitzen Messer beherzt in das Herz stechen und das herausspritzende Blut mit einer Pfanne auffangen. Ist die Pfanne voll, das Stichloch mit einem Holzpfropfen verschließen, die Pfanne in den Eimer entleeren, den Pfropfen wieder ziehen und so fort und so fort, bis kein Blut mehr herausgepumpt wird. Darauf achten, dass Ihre Frau nicht vergisst, mit dem Schneebesen kräftig im Bluteimer zu rühren, denn sonst setzt die Gerinnung ein.

Nun ab mit dem Schwein in den Trog, jetzt kommt die Rasur. Das Rasierwasser reicht Ihnen Ihre Frau am besten im alten Kaffeekessel. Es darf nicht zu heiß sein, sonst verkleben die Borsten, zu kalt ist aber auch nichts, sonst lösen sich die Haare nicht ab. Zum Rasieren nehmen Sie am besten ein gutes westfälisches Schrapphörn. Fangen Sie nicht mit Ihren Einmalrasierern an! Ist die Sau epiliert, kommt das Kruemel zum Einsatz, das lange, etwas gebogene Eichenholz. Hinter die Achillessehnen der Hinterläufe gezogen und dann hinauf mit dem Schwein auf die Schlachtleiter. Passen Sie auf Ihre Bandscheiben auf! Hängt das Schwein, gönnen Sie ihm eine kräftige Dusche mit heißem Wasser.

Jetzt beginnt die Ernte. Von oben nach unten aufschneiden, Magen, Därme und Leber entnehmen und in bereitgestellte Mollen legen (Vorsicht mit der Gallenblase!). Mit einem Hackmesser das Brustbein durchtrennen und Herz, Lunge, Luftröhre und Zunge entnehmen. Kopf und Hals der Länge nach aufschneiden, Kreuzbein und Rippen entlang der Wirbelsäule durchtrennen und den guten Rippenspeck an diesen Stellen einschneiden. Nun hängt Ihre Sau plötzlich nur noch zweidimensional an der Leiter. Als Letztes die Nieren entnehmen und das aufgeklappte Schwein nochmals mit zwei, drei Eimern Wasser duschen, fertig! Nun können Sie in Ruhe das Fleisch zerteilen und sich ans Verwursten machen. (Rezepte auf Anfrage gerne!) Und zur Schlachtschüssel laden Sie alle Ihre Nachbarn ein. Sie werden begeistert sein.

Falls jemand Lust bekommen hat, sich ebenfalls ein eigenes Schweinchen zuzulegen: Entscheiden Sie sich für ein »buntes Bentheimer«! Die gescheckten Tierchen erfreuen nicht nur durch ihre muntere Fröhlichkeit, Sie leisten damit auch einen Beitrag zur Erhaltung dieser vom Aussterben bedrohten urwestfälischen Rasse. Und das Fleisch schmeckt einfach saugut.

Sind Westfalen zugleich auch Preußen?

Macht ein Castroper oder Rauxeler in Bayern Urlaub und setzt sich in einen vollen Biergarten, um sich eine Maß schmecken zu lassen, kann es ihm passieren, dass er von den Bayern lachend als Preuße angesprochen wird. Zu Recht darf der Mann dann protestieren und darauf verweisen, dass man noch lange kein Preuße ist, bloß weil man ganz gegen seinen Willen von Preußen annektiert worden ist. Die Bayern, deren Wesensart der westfälischen nicht unähnlich ist, betrachten die deutsche Landkarte gelegentlich etwas undifferenziert. Alle Gebiete nördlich des Weißwurstäquators werden gerne als preußisch bezeichnet, wobei der Weißwurstäquator für einen echten Bayern nicht entlang des Mains, sondern entlang der Donau verläuft.

Man muss die Bayern in Schutz nehmen: Die Westfalen tragen eine gewisse Mitschuld für solche Verwechslungen. Wie konnten die Gründer eines Sportvereins in der Münsterländer Bischofsstadt nur auf die Idee kommen, diesen »Preußen Münster« zu nennen? Der gleiche Vorwurf trifft die Dortmunder. Auch die latinisierte Fassung des Namens Preußen »Borussia« könnte man aus westfälischer Sicht als Missgriff bezeichnen, wenn schon Latein, dann Westfalia Dortmund. Auf der anderen Seite zeigen solche Details, dass die Westfalen im Laufe der Jahrzehnte schließlich noch ihren Frieden mit den preußischen Besatzern geschlossen haben, besonders nach der Reichsgründung 1871. Wenn der preußische König als Kaiser nun ganz Deutschland regiert, wird wohl doch was an ihm dran sein, mögen sich viele gedacht haben. Manchen Westfalen gab es sogar, der sich zu einem echten Fan des preußischen Herrscherhauses entwickelte.

Einer der ganz frühen Verehrer war ein Dortmunder Metzger. Als man im Frühjahr 1852 den Besuch von König Friedrich Wilhelm IV. von Preußen erwartete, nahm der blutige Meister ein gigantisches Stück Schweinedarm und stopfte die längste Wurst seines Lebens.

Dieses Prachtexemplar platzierte er in sein Schaufenster, umgeben von lauter kleinen Standardwürsten. Darüber aber hängte er ein Schild mit der Aufschrift: »Was diese Wurst unter den Würsten, ist Friedrich Wilhelm unter den Fürsten.« Was der König zu diesem Vergleich gesagt hat, ist nicht überliefert. Er scheint jedoch in Monarchenkreisen bis heute zu kursieren. Als Prinz Philip von England nach seiner Frau, der Queen und seiner Rolle in der Ehe befragt wurde, antwortete er schlicht: »Ich bin der Senf auf dem Würstchen.«

Eine aufkeimende Preußenbegeisterung seiner Landsleute glaubte auch ein Dortmunder Bauunternehmer namens Stoltefuß festzustellen, jedenfalls baute er darauf sein Geschäftsmodell. Als im August 1899 der Kaiser zur Einweihung des Dortmunder Hafens erwartet wurde, ließ Stoltefuß auf der gegenüber dem Kaiserzelt liegenden Seite des Kanals eine riesige Tribüne errichten, 5 000 Besucher konnten für eine Gebühr darauf Platz nehmen. Eine Viertelstunde vor Ankunft des Kaisers aber verloren sich erst 15 armselige Gestalten auf dem leeren Riesengerüst. Bei den Stadtverantwortlichen breitete sich Panik aus. Wie sah denn das aus, was sollte denn der Kaiser von den Westfalen denken? Der Oberbürgermeister rief den Polizeidirektor herbei und befahl, die Tribüne mit Staatsgewalt zu befüllen, selbstverständlich ohne dass hierfür jemand zu zahlen hatte. So konnte die Schande gerade noch abgewendet werden. Kein Westfale aber hat je wieder versucht, ein Geschäft mit einem Kaiserbesuch zu machen. Und wenn heute von noch größeren und immer vollen Dortmunder Tribünen der größte Chor Westfalens sein Lieblingslied erschallen lässt: »Bo-rus-si-aaa, Bo-rus-si-aaa!«, ist darunter niemals eine Huldigung Preußens zu verstehen. Erst recht nicht, wenn es gegen die Berliner Hertha geht, die Hauptstadt der gierigen Eroberer.

Um bei der Wahrheit zu bleiben: Der Vorwurf an Preußen, das ganze arme Westfalenland annektiert zu haben, muss relativiert werden. Zwei Ecken gab es, die Preußen auf dem Erbweg zufielen. Weil der letzte Herzog von Jülich-Kleve-Berg 1609 unglücklicherweise kinderlos gestorben war und seine Nichte Anna den brandenburgischen Kurprinzen Johann Sigismund geheiratet hatte, wurde über den westfälischen Grafschaften Mark und Ravensberg der preußische Adler gehisst. Ein Nachfolger Johann-Sigismunds, der »Große Kurfürst«, konnte sich bei Verhandlungen zum Westfälischen Frieden 1648 das Fürstbistum Minden sichern. Bald bekamen die Westfalen unter den neuen Herren zu spüren, was es heißt, eine anständige preußische Verwaltung aufzubauen. Schluss war's mit der alten westfälischen Gemütlichkeit. Zackig ging's nun zu, alles wurde streng zentralistisch auf Berlin hin zugespitzt, Bürokratie und Militär prägten den Alltag, die nun herrschende protestantische Leistungsethik sorgte für wirtschaftlichen Aufschwung und Magengeschwüre.

Wenn kein Castroper oder Rauxeler, sondern ein Westfale aus Bielefeld, Lüdenscheid oder Hamm in einem bayerischen Biergarten als Preuße beschimpft wird, so tut er sich mit seinem Protest schwerer. Aber warum überhaupt protestieren? Solange der Bayer den »Preußen« nicht mit dieser speziellen viehischen Vorsilbe versieht, die sich auf Tau oder Stau reimt, überhört man die Titulierung als selbstbewusster Westfale ohnehin besser stillschweigend. Was stört es die westfälische Eiche, wenn sich ein Wildschwein an ihr reibt?

Wer sich intensiver mit der Rolle Preußens in Westfalen beschäftigen will, der besuche das schöne Preußen-Museum NRW, das in der Stadt Minden seinen passenden Platz gefunden hat. Eine leise Tendenz, sich der Erinnerung an die preußische Besatzungszeit zu entledigen, ist dennoch nicht zu übersehen. So stimmte im Jahr 2012 die Mehrzahl der Münsteraner dafür, ihren größten Parkplatz, den Hindenburgplatz, wieder in Schlossplatz umzubenennen.

Spökenkieker

Ein Mann aus Hörde ging einst mit einem Bekannten durch den Schwerter Wald aufs Ruhrtal zu. Plötzlich trat er beiseite, als müsse er jemanden passieren lassen, zog seine Kappe vom Kopf und machte ein todernstes Gesicht.

»Was machst du da?«, fragte ihn der Freund.

»Ich habe meinen eigenen Leichenzug gesehen«, sagte der Mann betroffen.

Bald darauf ertrank er bei einem Bad in der Ruhr bei Schwerte. Seine Leiche trug man durch den Schwerter Wald heim nach Hörde.

Der Mann war ein bekannter Spökenkieker, also ein Mensch, der die Fähigkeit besaß, in die Zukunft zu sehen. Von einer Gabe zu sprechen verbietet sich, denn das, was sich den Spökenkiekern vor dem inneren Auge zeigte, waren schlimme Sachen. Annette von Droste-Hülshoff beschreibt uns die Spökenkieker in einem Gedicht:

Kennst du die Blassen im Heideland,
Mit blonden, flächsenen Haaren?
Mit Augen so klar, wie an Weihers Rand
Die Blitze der Welle fahren?
O, sprich ein Gebet, inbrünstig echt,
Für die Seher der Nacht, das gequälte Geschlecht.

Es ist ein Fluch, in die Zukunft blicken zu können. Was hilft es, wenn dem Lippspringer Spökenkieker Johann Fischer seine Heimatstadt brennend vor Augen steht und dieses Ereignis tatsächlich eintritt? Was hilft es, wenn Spökenkieker Caspar Winkelset aus Lüdinghausen einen Knaben im Mühlenkolk ertrinken sieht und wenige Tage später das Geschrei von dessen Mutter furchtbar durch die Gassen hallt? Wer möchte, wie der Hörder Spökenkieker, seine eigene Beerdigung miterleben, etwas, das auch viele andere Spökenkieker durchmachen mussten? Sie litten Schlimmes, und manch einer bat seinen Orts-geistlichen oder sogar seinen Arzt, ihn von dem Spuk zu befreien.

Die westfälischen Spökenkieker sind Seher der besonderen Art. Was sich ihnen oft zur nächtlichen Stunde, häufiger noch im Zwie-licht der Dämmerung, zuweilen aber auch am helllichten Tag offen-bart, wird sich erfüllen, ohne dass man etwas dagegen tun kann. Sie sind Seismografen der Zukunft, unglückliche Propheten, deren düs-tere Prophezeiungen mit tödlicher Sicherheit in Erfüllung gehen. Die Geschehnisse in ihren Visionen sind durch nichts abzuwenden. Als der Prophet Jonas den Menschen von Ninive prophezeite, ihre Stadt würde bald in Schutt und Asche liegen, gelang es den Ninivern, der Katastrophe zu entgehen, indem sie sich in Sack und Asche hüllten und Buße taten. Wäre Jonas ein Spökenkieker gewesen, hätte ihnen nichts geholfen, Ninive wäre untergegangen.

Im klassischen Griechenland waren Seher hoch angesehene Leute, und auch die Westfalen verehrten ihre Spökenkieker, wenngleich man sich zugleich vor ihnen grauste. Warum es gerade in Westfa-len so viele Geisterseher gab? Man vermutet, die schwerschollige, oft schwermütige Landschaft habe ihren Anteil daran, der ferne, oft unscharfe und diesige Horizont. Auffallend oft waren es Schäfer, die über das zweite Gesicht verfügten, es konnte aber jeden treffen, Die-nende wie Herrschende, Frauen wie Männer. Es heißt, viele seien mit geschlossenen Augen zur Welt gekommen, die sich erst nach Tagen geöffnet hätten. Menschen aus dem Zwischenlande seien es, zarte, kindliche Seelen, die den leisesten Hauch aus der Anderswelt spür-ten. Nicht wenigen von ihnen hat man ein Denkmal gesetzt, auch Caspar Winkelset aus Lüdinghausen und dem Lippspringer Mecha-nikus Johann Fischer.

O, sprich ein Gebet, inbrünstig echt,
Für die Seher der Nacht, das gequälte Geschlecht!

Weltmeister im Hallenbau

Wenn man sich den Westfalen architektonisch nähert, wenn man sich fragt, welche Gebäudeform die ihnen gemäßeste ist, so kommt nur eine Antwort infrage: die Halle. Die Westfalen sind Weltmeister im Hallenbau. Schon ihre ersten Behausungen, die man aufgrund von Pfählen rekonstruieren kann, wiesen erstaunliche Maße auf. 40 Meter waren die mit einem einfachen Satteldach versehenen Häuser lang. Schon der frühe Westfale wollte gerne alles unter einem Dach versammelt haben, Mensch und Vieh, was für seinen geselligen und verträglichen Charakter spricht. Auch die späteren westfälischen Bauernhäuser folgten dieser Tradition. Über eine große, zentrale Diele ließen sich Wohnräume und Stallungen auf kurzem Weg erreichen, ohne nass zu werden.

Mit der beginnenden Industrialisierung Westfalens wurde der Hallenbau ebenfalls konsequent fortgeführt. Die Route der Industriekultur führt an gigantischen Fabrikhallen vorüber. Aber nicht nur für die Maloche wurden Hallen gebaut, auch für die Freizeit. Der Westfalenhalle ist ein eigenes Kapitel in diesem Buch gewidmet, aber auch die Jahrhunderthalle in Bochum ist ein Zeugnis westfälischer Hallenkunst. Vom Bochumer Verein für eine Industrieausstellung in Düsseldorf gebaut, wurde sie wieder abgeschraubt und nach Bochum zurückgebracht. Der vielleicht verzweigteste Hallenbau Westfalens findet sich in Münster: der schöne Allwetterzoo. Fast alle Gehege kann man wohlbedacht besuchen.

Am vielleicht eindrucksvollsten beweist sich die Liebe der Westfalen zur Halle in der sakralen Architektur. In kaum einem anderen Land findet man eine solche Fülle eindrucksvoller Hallenkirchen. Während man anderswo Basiliken baute, blieb der Westfale der Hallenkirche treu. Die Bartholomäuskapelle in Paderborn, 1017 erbaut, gilt als die älteste Hallenkirche nördlich der Alpen. Auch im Münsterland orientierte man sich an dem Bauprinzip, allenfalls erhöhte man leicht das Mittelschiff, wie in St. Ludgeri in Münster. Der Dom, den die Paderborner neben die Bartholomäuskapelle setzten, ist eine gotische Hallenkirche, genauso wie der Dom zu Minden.

Aber nicht nur die westfälischen Bischöfe setzten auf die Halle, die Bürger taten es ihnen gleich, ja schufen mit ihren Kirchen eine eigenständige Architektur, welche die kompakte Bauform noch betonte: Im Idealfall waren die Stadtkirchen so breit, wie sie lang waren, besaßen also einen nahezu quadratischen Grundriss, die Dortmunder Petrikirche etwa oder die Wiesenkirche in Soest. Ob der westfälische Quadratschädel dabei Modell gestanden haben mag? Betritt man eine solche Kirche, empfindet man eine besonders dichte, ja fast intime Atmosphäre. Man hat diese Form der Architektur auch als demokratisches Gegenbild zur Basilika bezeichnet. Der Vergleich kommt nicht von ungefähr. Die Bestrebung des Zweiten Vatikanischen Konzils, die Gemeinschaft der Gläubigen in den Mittelpunkt zu rücken, findet sich in den westfälischen Hallenkirchen verwirklicht. Der Priester zelebriert nicht völlig entrückt irgendwo hinten am Ende des Langhauses, sondern ist Teil der Gemeinde. Am vielleicht konsequentesten ging man beim Bau der Soester Hohnekirche zu Werk. Diese Halle ist breiter, als sie lang ist.

Der Westfale geht gerne in die Breite, und er liebt seine Halle – und zwar so sehr, dass er sogar eine ganze Stadt danach benannt hat. Es gefällt ihm, Gleicher unter Gleichen zu sein, diese Neigung spiegelt sich auch in der Architektur wider. In seinem tiefsten Wesen ist der Westfale vom Gleichheitsgrundsatz überzeugt, zugleich liebt er seine Freiheit und pflegt die Brüderlichkeit aus vollem Herzen. Freiheit, Gleichheit, Brüderlichkeit – der Westfale schafft es, die Ideale der Französischen Revolution zu verkörpern, ohne ein Revolutionär zu sein, denn zu den drei Tugenden gesellt sich noch eine vierte, die den revolutionären Ton ausschließt: seine Friedfertigkeit.

Bielefeld? Gibt's doch gar nicht!

»Gott erschuf in seinem Zorn Bielefeld und Paderborn« – die Bösartigkeit dieses Spruchs wird ad absurdum geführt und zugleich noch getoppt durch die folgende wilde Behauptung: Bielefeld gibt es überhaupt nicht! Die Stadt sei reine Erfindung. Zumindest hält sich dieses Gerücht seit Jahren, und zwar mit solch klebriger Hartnäckigkeit, dass es selbst Angela Merkel einer Erwähnung für wert hielt. Als die Kanzlerin bei der Verleihung des Deutschen Sozialpreises von Bürgergesprächen erzählte, die sie in Bielefeld geführt habe, fügte sie einschränkend hinzu: »... so es denn existiert.« Vom Gelächter des Auditoriums animiert, ergänzte sie: »Ich hatte den Eindruck, ich war da.«

Liebe Frau Merkel, hierzu können wir nur feststellen: Wenn es Bielefeld nicht gäbe, müsste man es erfinden. Ohne Bielefeld wäre nicht nur Westfalen um einiges ärmer, ganz Deutschland muss Bielefeld dankbar sein. Hier nur die wichtigsten Argumente.

In Bielefeld wurde die erste Bausparkasse Deutschlands gegründet. Jeder, der auf Schwaben getippt hat, liegt daneben. Friedrich von Bodelschwingh (1831–1910) gründete 1885 in Bielefeld die »Bausparkasse für Jedermann« und legte damit das Fundament dafür, auch dem kleinen Mann den Traum vom Eigenheim zu verwirklichen. Friedrich von Bodelschwingh ist noch für viele weitere Wohltaten bekannt. Der sozial engagierte Pastor startete die Aktion »Arbeit statt Almosen« und schuf Wohnstätten und Arbeitsplätze für Obdachlose. Den meisten aber wird er als Leiter von Bethel im Gedächtnis geblieben sein, dem »Haus Gottes«, der Evangelischen Heil- und Pflegeanstalt für Epileptische. Bis heute kümmert man sich in Bielefeld in vorbildlicher Weise um kranke und behinderte Menschen.

Die Schaffenskraft Bodelschwinghs flößt allergrößten Respekt ein. Auch politisch war er aktiv, engagierte sich als Abgeordneter des preußischen Landtags vehement in sozialen Fragen. Wie stark sein Gottesglaube gewesen sein muss, erkennt man daran, dass ihn auch ein furchtbarer Schicksalsschlag nicht zu Boden warf: Innerhalb von nur zwei Wochen starben seine vier kleinen Kinder an Diphtherie. Die kleinen Gräber existieren heute noch; auf dem Friedhof in Dellwig bei Unna, wo Bodelschwingh 1869 als Pfarrer tätig war, liegen sie begraben.

Eine weitere wichtige Bielefelder Persönlichkeit war Dr. August Oetker. Liebe Frau Merkel, wie hätte Ihre Mutter den Kuchen zu Ihrer Tauffeier backen können, wenn es Bielefeld nicht gäbe? August Oetker hatte 1891 die Aschoff'sche Apotheke übernommen. Kamen schon sein Gesundheitskakao und seine Warzentinktur gut an, so erst recht das feine weiße Pulver, das man zum Mehl hinzutat, um den Teig aufzuplustern. Zwar hat Oetker das Backpulver nicht erfunden, ihm ist es jedoch zu verdanken, dass es in großem Stil produziert und verkauft wurde, hübsch mit Rezepten verziert. Der Anfang eines Imperiums war gemacht. Aromen und Speisestärke kamen hinzu – und natürlich das berühmte Puddingpulver. Pudding vom Doktor, der muss doch gesund sein! Im Stammhaus an der Lutterstraße brummte bald die Produktion. Immer vor Augen hatten die Arbeiter die Leitsprüche ihres Chefs: »Arbeite, arbeite unter Anspannung aller Kräfte. Sei sparsam! Die Arbeit ist dein Kapital, jede Minute muss dir Zinsen bringen.« – Nun, auch wenn die Arbeitszeit vermutlich eher August Oetker Zinsen gebracht hat, er scheint kein schlechter Chef gewesen zu sein. Vorbildlich hat er sich für die Verbesserung der Arbeitsbedingungen seiner Arbeiter eingesetzt. Heute gehören zur Oetker-Gruppe 400 Firmen, der Jahresumsatz ist auf über zehn Milliarden Euro angewachsen, ein echter westfälischer Global Player.

Bielefeld gibt es nicht! Von wem stammt nur die absurde Idee? Man schrieb das Jahr 1993. In einem Kieler Studentenwohnheim wurde gefeiert. Gefragt, woher er denn stamme, antwortete ein Student: »Aus Bielefeld.« – »Bielefeld? Gibt es doch gar nicht!«, ertönte lachend die Replik. Aus Spaß wurde Ernst. Achim Held, einer der Studenten, wollte sich mit einer Satire über die ins Kraut schießenden Verschwörungstheorien lustig machen und stellte einen Text ins Netz, der die Existenz Bielefelds bezweifelte. Bielefeld sei ein pures Hirngespinst. Ominöse, nicht namentlich genannte Kräfte hätten Bielefeld erfunden, um die Bevölkerung gezielt in die Irre zu leiten. Dabei würde von den Verschwörern ein enormer Aufwand betrieben. Selbst vor der Fälschung von Nummernschildern mit der Kombination »BI« schreckten sie nicht zurück, erfanden sogar einen Bundesligaverein namens Arminia. Die Satire wurde von anderen aufgegriffen und weitergesponnen, schnell machte sie ihre Runde durch die Republik, mit immer neuen, immer verrückteren Details. Irgendwann musste die gezielte Desinformation auch das Kanzleramt und Angela Merkel erreicht haben, mit den geschilderten Konsequenzen.

Und Bielefeld? Wie reagierte die Stadt? Jede andere Kommune hätte sich gewehrt, hätte rechtliche Schritte eingeleitet, hätte zumindest wutschnaubend protestiert. Das aber wäre vollkommen unwestfälisch. Warum sich aufregen? Humor ist, wenn man trotzdem lacht. Souverän nahmen die Bielefelder den Ball auf und spielten ihn weiter. Mittlerweile gibt es unzählige Artikel zu dem Thema und sogar einen Kinofilm mit dem Titel »Die Bielefeld-Verschwörung«. Und als Bielefeld 2014 sein 800-jähriges Stadtjubiläum beging, stellten es die Bielefelder unter das Motto: »800 Jahre Bielefeld. Das gibt's doch gar nicht!«

Fahren Sie mal wieder hin, liebe Frau Merkel!

Ein Bier, bitte!

Schon die alten westfälischen Germanen hatten es raus: Wenn man Brot fröhlich gären ließ, schwappte bald ein schmackhaftes Getränk im Kessel, das die angeborene Gesangshemmung senkte und die alten Germaninnen noch viel schöner aussehen ließ. Westfalen und das Bier, eine alte Liebe. Über viele Jahrhunderte braute jede Familie ihren eigenen Gerstensaft. Mit dem Christentum kamen die Klöster ins Land, und weil auch den Mönchen nach Bier dürstete, richteten sie sich eigene Braustätten ein. Kam der Februar und damit die Fastenzeit, musste das Bier deutlich kräftiger ausfallen, war es doch eine Sünde, feste Nahrung zu sich zu nehmen. Die Braukünste der Klosterbrüder sprachen sich herum, in den Klosterschenken kehrten bald viele weltliche Gäste ein, die Kommerzialisierung des Brauwesens hatte begonnen. Weil man nicht immer aufs Land fahren wollte, um ein Bierchen zu trinken, begannen bald auch die Städte, Brauereien einzurichten; die Zunft der Bierbrauer entstand.

Mit der Aufhebung der traditionellen Brauverfassung im 18. Jahrhundert verlagerte sich das Brauereiwesen wieder zunehmend zurück aufs Land. In beinah jedem Dorf roch es bald nach den würzigen Braudüften. 1831 standen über 1 500 ländlichen Braustätten etwa 1 000 städtische gegenüber, 1860 wuchs die Zahl der Brauereien auf über 3 000 an. 1838 hatte die prominente Paderborner Brauerei begonnen, Hefen einzusetzen, die unten schwammen. Das Bier dieser Pilze war haltbarer und konnte besser exportiert werden, das untergärige »Export« entwickelte sich zum Verkaufsschlager. Als der nach Pilsen gerufene Bayer Josef Groll 1842 das erste Pils der Welt braute, kamen schnell auch die Westfalen auf den Geschmack: Das herbe, hopfenreiche Pils wurde zum beliebtesten Westfalentrunk.

Die Industrialisierung blies die Städte auf, parallel stieg der Bierkonsum, zumal die harte und schweißtreibende Arbeit unter Tage und an den Hochöfen den Flüssigkeitsbedarf enorm ansteigen ließ:

Durst wird durch Bier erst schön. Den Genuss von Bier am Arbeitsplatz sah man nicht nur am Bau locker, manche Brauereien lieferten ihre Produkte gleich an den Werkstoren ab. Nach der Maloche wurde in den Eckkneipen dann noch das ein oder andere Bierchen gehoben, bevor es heim zu Muttern ging.

Die traditionellen Brauereien, welche die Braukunst als Handwerk verstanden, konnten den Bedarf nicht mehr stillen. Die einen expandierten selbst zu Industriebetrieben und Aktienbrauereien, die anderen mussten schließen. Moderne Kühltechnik und Logistik kamen hinzu sowie ein ausgeklügeltes System, Gaststätten mit Verträgen an eine Biermarke zu binden. Immer weniger Brauereien produzierten immer mehr Bier. War zunächst die Gegend um Bielefeld, Herford und Minden führend, entwickelte sich nun Dortmund zur westfälischen Biermetropole. Sieben Dortmunder Brauereien wetteiferten in den 1980er-Jahren miteinander und lieferten sich mit München ein Kopf-an-Kopf-Rennen um die deutsche Hopfenkrone. In den besten Zeiten liefen jährlich 13 000 000 000 Pilsken aus Dortmunder Produktion durch Flaschenhälse und Zapfhähne. In Worten: dreizehn Milliarden. Unfassbar!

Als Zechen und Hüttenwerke ihre Pforten schlossen, musste auch mancher Eckkneipenwirt seinen Zapfhahn endgültig zudrehen; der Durst nahm ab, und die Brauereien begannen zu sterben. Nur eine der sieben Dortmunder Brauereien überlebte. Die Sauerländer horchten auf, hatten sie doch das beste Brauwasser im Boden. Veltins, Krombacher und vor allem Warsteiner, bekanntlich eine Königin unter den Bieren, begannen ihren Siegeszug und katapultierten Westfalen auch mittels geschickter Werbestrategien in die Bundesliga der Brauereien. (Ob das Felsquellwasser allerdings tatsächlich für so viele Fässkes reicht?)

In den letzten Jahren begann sich das Blatt langsam wieder zu wenden. Immer mehr Bierliebhaber haben keine Lust mehr auf das ewig gleiche Einheitsbier, suchen wieder das besondere, einzigartige. Mutige junge Braumeister kaufen sich Sudkessel und experimentieren mit neuen und alten Rezepten, eine neue, regionale Bierszene ist am Entstehen. Auch ein Westfalenbier mit dem Namen »Westfalen-Bier« ist darunter. Neugierig probiert es der Gast, wischt sich den Schaum vom Mund und sagt: »Kann man trinken.« Gibt es ein größeres Lob in Westfalen?

Einfach Platt

Mit dem Platt ist das so eine Sache. Erstens spricht es leider kaum noch ein Westfale, zweitens kann es vorkommen, dass sich selbst zwei Kenner des Platt nicht verstehen. Das liegt daran, dass Platt nicht gleich Platt ist und regional völlig unterschiedlich ausfallen kann. Folgender Dialog veranschaulicht das Problem:

Fragt ein Bauer aus Beelen einen Bauer aus dem benachbarten Oelde: »Was sagt ihr in Oelde eigentlich zu einem Telefonmast?« – »Gar nichts«, brummt der Oelder, »wir in Oelde reden nicht mit Telefonmasten.«

Missverständnisse in der Kommunikation sind vorprogrammiert. Lebendig ist das Platt noch in alten Bräuchen. Nachfolgend ein Lied, wie es Südlohner Kinder singen, wenn sie am Palmsonntag auf kleine Geschenke hoffend von Haus zu Haus ziehen:

Palm, Palm Paosken,
laot den Kuckuck raosken,
laot de Vögelkes singen,
laot den Geldbühl klingen.
Häikkuräi! Häikkuräi!
Wenn't noch eenmol Sunndagg iss,
krieg wie alle 'n Äi.

An diesen schönen Versen kann man manche Eigentümlichkeit des westfälischen Platt illustrieren. Man erkennt die Vorliebe zu den Doppellauten, den Diphthongen. »Lass« wird zu »laot«, »rufen« zu »raosken«. Auch kennt das Platt völlig eigene Wörter. »Paosken« oder »Posken«, wie es in anderen Orten heißt, leitet sich vom hebräischen Wort »Pascha« ab, statt des jüdischen Paschafestes feiern die Christen ja Ostern. Die Lautverschiebung wurde im – auch in sprachlicher Hinsicht konservativen – Westfalen vielerorts nicht vollzogen, sodass ein »sch« oft wie »sk« oder sogar wie »skch«gesprochen wird (Ascheberg – Askeberg, Meschede – Meskchede, Lüdenscheid – Lüdenskeid). Auch in der Verkleinerungsform, im bescheidenen Westfalen sehr beliebt, wird das hochdeutsche Anhängsel »chen« zu einem »ken«, Plural »kes«: »Vögelken« beziehungsweise »Vögelkes«.

Hier ein paar typische Sätze auf Münsterländer Platt. Sagt der Münsterländer »Maoltiet!«, soll das »Mahlzeit!« heißen. Antworten Sie dann nicht, Sie würden erst später essen, sondern erwidern Sie den Gruß einfach: »Maoltiet!« Es heißt nichts weiter als »Guten Tag« zur Mittagszeit. Kommt der Wirt abends an Ihren Tisch, deutet ärgerlich auf Ihre herumtobenden Kinder und sagt: »In't Bedde met di Blagen!«, will er damit andeuten, dass Ihre Kleinen nach so einem schönen Tag doch sicher müde sein müssten und sich zurückziehen wollen. Deutet der Wirt daraufhin zu Ihrem Tischnachbarn, den Sie vergeblich in ein Gespräch zu verwickeln suchten, und sagt »He kann de Tiäne nich uutnenne kriegen«, will er damit ausdrücken, dass der Herr an elektivem Mutismus leidet und den Mund nur öffnet, wenn sein Schnapsglas leer ist: »Do mi doa män no enen in.«

Der Sauerländer Dialekt unterscheidet sich in Nuancen. Sagt der Sauerländer: »Der Klüngelskerl kam mit nem Foffo umme Kurve geschmiergelt«, meint er, der Lumpensammler hätte etwas vom Gas gehen können. Hat er im Garten »herumgewullackt«, ist er »gezz groggi«, vorher aber muss er sich noch umziehen, denn er hat jede Menge »Kniste anne Buchse« (Dreck an der Hose). Gerne hängt der

Sauerländer an gemachte Feststellungen noch ein »woll?« an. Damit gibt er seinem Gegenüber Gelegenheit zu einer Stellungnahme, ähnlich wie der Engländer mit seinem Nachsatz »isn't it?« Ist doch schön, wenn zwei Menschen einer Meinung sind und sich dessen vergewissern.

Nicht zu den westfälisch-niedersächsischen Mundarten, sondern zu den fränkischen Mundarten zählt der Dialekt, den man im Siegerland spricht. Kein Westfale kann das »R« so herrrlich rrrrollen wie der Sejerrrlännerrr, so weit hinten im Gaumen, jeder andere würde sich daran verschlucken. Nicht mal ein Cowboy aus Dallas bringt es knödelnder und zugleich knarzender heraus: »Rrriewekooche!« Weicher, hessischer klingen die »Wittis hinterm Zaun«. Wünscht man Ihnen ein »Mach's gütt!«, sind Sie im Wittgensteiner Land gestrandet.

Das heutige Westfälisch ist ein Hochdeutsch mit plattdeutscher Färbung. Trotz Globalisierung existieren weiterhin regionale Unterschiede. Auf Sizilien trafen wir einen Mann aus Hagen, der uns auf den Kopf zusagte, dass wir auch aus Hagen kämen, präziser, aus einem Ort, der schräg daneben liegen müsse. Stimmte genau!

Eine besondere Prägung hat das Westfälische im Ruhrpott genommen, weshalb man auch von Ruhrdeutsch spricht. Doch davon erzählt das nächste Kapitel.

Ruhrdeutsch oder: Wenn Sie sich als Arzt im Ruhrpott niederlassen wollen

Zunächst: Herzlichen Glückwunsch und willkommen in Westfalen! Eine Praxis im Ruhrpott aufzumachen ist eine gute Idee. Der Mensch aus dem Ruhrgebiet ist niemals wehleidig, sondern im Gegenteil hart im Nehmen. Zum Arzt geht er nur, wenn ihm wirklich was fehlt, Sie werden blendend mit ihm zurechtkommen. Damit aber keine sprachlichen Missverständnisse aufkommen, sollten Sie die wichtigsten Redewendungen und Begriffe des Kohlenpottdialektes verstehen.

Stellt sich Ihnen ein Patient als »Äwwinn« vor, heißt er mit Vornamen Erwin. Sagt er, er hätte in letzter Zeit »so nen Datterich«, leidet
er an einem Tremor der Hände. Riecht er zudem verdächtig, sollten
Sie ihn nach seinen Alkoholgewohnheiten befragen. Gibt »Äwwinn«
an, »hin und wieder ein Pülleken zu pichelen«, liegen Sie mit Ihrem
Verdacht richtig. Unter einem Pülleken versteht man zwar gemein-
hin ein kleines Fläschchen, gehen Sie aber davon aus, dass »Äwwinn«
ganz normale Flaschen zu sich nimmt. Der Ruhrgebietsmensch, ganz
Westfale, neigt nicht zur Übertreibung. Nur selten gesteht einer ein,
dass er sich öfter »voll die Kante gibt«.

Wenn Sie »Äwwinn« auffordern, sich frei zu machen, und er fragt
»Die Plautze auch?«, meint er seinen Bierbauch. Freunden gegenüber
bezeichnet er seine Rundungen gerne auch als Bierzeps. Wollen Sie
von ihm wissen, ob er Stress hat, und er antwortet ausweichend, seine
Frau sei oft so »fickerich«, leidet sie nicht unter Sexsucht, sondern
unter übertriebener Nervosität. Fügt »Äwwinn« hinzu, »die Maloche ging ihm gewaltig auf den Keks«, könnte eine berufliche Über-
forderung vorliegen. Fragen Sie »Äwwinn« vor der Blutabnahme, ob
er heute noch nichts gegessen hat, und er gesteht kleinlaut, er habe
vorhin »nen Teller Erpelschluth verkasematuckelt«, hat er sich mit
einer Portion Kartoffelsalat gestärkt. Murmelt er etwas von »Achile«,
meint er nicht etwa Probleme mit seiner Achillessehne, sondern ein
verstärktes Hungergefühl. Wollen Sie dennoch seine Füße sehen,
müssen Sie wissen, dass der Ruhrpottler keine Füße hat. Er hat ent-
weder Quanten oder Käsemauken.

Schlagen Sie »Äwwinn« eine Zusatzuntersuchung vor, und er antwortet »Für umme?«, meint er damit nicht seine Lebensgefährtin,
sondern will nur sichergehen, dass Sie ihm keine teure Igel-Leistung
aufschwätzen wollen. Erklären Sie »Äwwinn«, dass Sie eine Leber-
zirrhose ausschließen müssen, wird er aufstöhnen und rufen: »Mach
mir nich dat Hemd am Flattern!« Er hätte auch sagen können, dass
ihm die Muffe geht, beides sind Ausdrücke für den Seelenzustand

ängstlicher Ahnungen. Fragt er Sie mit traurigem Blick: »Doktor, mal ährlich, muss ich abnippeln?«, konfrontiert er sich und Sie mit der Endlichkeit seiner Existenz. Etwas Humor ist nun am Platz. Sagen Sie »Äwwinn«, so bald müsse er noch nicht auf Torfatmung umschalten, sein erlösendes Lachen wird die Situation entkrampfen. Ermahnen Sie ihn, mit dem Alkohol aufzuhören, und er wird Ihnen versichern: »Ja, nee, is klar.« Hübscher kann er seine Ambivalenz nicht in Worte fassen.

»Der Nächste bitte!«

Eine ältere Dame humpelt ins Behandlungszimmer, mit ihrer kleinen Enkeltochter an der Hand. Sie stellte sich als Oma Barop vor und entschuldigt sich für das Mitbringen der Kleinen, aber die Mutter müsse jetzt bei der kleinen Schwester sein, welche auf der »Seuchlingsstation« liege. Erschrecken Sie nicht, hier ist keine jener schrecklichen zentralafrikanischen Epidemien ausgebrochen. Eine »Seuchlingsstation« ist schlicht eine Neugeborenenstation auf Westfälisch.

Oma Barop kommt gleich zur Sache: »Ich hab widda Malässe mit mein Kreuz.« Sie hätte auch sagen können: »Ich habet mim Rücken.« Malässe, das Wort wird Ihnen noch häufiger begegnen, es steht schlicht und einfach für Beschwerden. Bitten Sie die Dame, auf der Untersuchungsliege Platz zu nehmen, und tasten Sie ihren Rücken ab. Gibt Oma Barop an einer bestimmten Stelle Schmerzen an und sagt kurz darauf »annä doonich«, revidiert sie ihre ursprüngliche Angabe wieder (»ach nein, doch nicht«). Sagt sie »aamet Tucktuck«, will sie nicht etwa die Anamnese ergänzen, sondern spricht mit ihrem Enkelkind, das erkennbar wieder nach Hause will. Sagt Oma Barop »Willze nache Omma hin?«, meint Ihre Patientin wiederum nicht Sie, sondern das Kind auf dem Stuhl. Sich langweilende Kinder quengeln im Ruhrpott nicht, sie knöttern. Geht darauf Omas Handy, und Oma Barop sagt »Gema am Telefon«, befürchtet sie nicht, dass ihr die Gebühreneinzugszentrale auf den Fersen ist, sondern sie fordert ihre Enkeltochter auf, das Gespräch anzunehmen. Schreiben Sie ihr nur rasch ein Rezept für ein Schmerzmittel auf. Wenn Oma Barop misstrauisch fragt: »Is abba kein Homiophobie oder so'n Killefit?«, gibt sie sich als Anhängerin der klassischen Schulmedizin zu erkennen. Winkt sie ab und sagt zum Abschied lachend: »Na, Sie sind ja hier die Konifere!«, dürfen wir gratulieren: Oma Barop erkennt Ihre medizinische Kompetenz voll und ganz an, Sie alter Nadelbaum!

Anmerkung: Nicht zu verstehen sind die Umfrageergebnisse, die das Ruhrdeutsche zum unerotischsten aller deutschen Dialekte erklären. Während die Hamburger fast 20 Prozent der Deutschen elektrisieren, knapp gefolgt von den Bayern, werden lediglich 2,3 Prozent vom Ruhrpottdialekt angeturnt. Man kann darüber nur den Kopf schütteln. Gibt es für Dörte etwas Schöneres, als wenn ihr der Äwwinn zärtlich »Wat biste füan lecker Moisken!« ins Ohr flüstert?

Die Westfalen und die Rheinländer – eine (un)heimliche Liebe

Hartnäckig hält sich das Gerücht, Westfalen und Rheinländer könnten sich nicht leiden. Ein uraltes Vorurteil, das endgültig und für alle Zeiten ausgerupft gehört. Sie lieben sich, die Rheinländer und die Westfalen, alles andere sind nichts als Missverständnisse und Vorurteile. Befeuert werden Vorurteile stets durch dumme Witze. Einer geht so:

Trifft ein Rheinländer einen Westfalen und sieht einen Papagei auf dessen Schulter sitzen.
»Kann der auch sprechen?«
»Keine Ahnung«, antwortet der Papagei.

Warum etwas sagen, wenn es nichts zu sagen gibt? Der Westfale beherrscht sie eben noch, die Kunst der nonverbalen Kommunikation.

Man versteht sich ohne große Worte. Die Sprache des Menschen ist ja nur eine Verlegenheitslösung, das muss man sich klarmachen. Sprache braucht nur derjenige, der sich nicht auf andere Weise verständigen kann. Der Dialog eines Sauerländer Kfz-Mechanikers mit seinem neuen Azubi verdeutlicht, worum es geht.

Sagt der Meister: »Damit ich nicht immer groß rumlabern muss: Wenn ich mit der Hand winke, heißt das, du kommst.«

Sagt der Azubi: »Geht klar, Chef. Und wenn ich den Kopf schüttle, heißt das, kannste vergessen.«

So geht Kommunikation auf Westfälisch. Und wenn sich der Westfale tatsächlich einmal der Lautsprache bedient, beschränkt er sich aufs Wesentliche. Ein typischer Dialog zwischen zwei Männern geht so:

»Wie is?«
»Muss. Und selbst?«

Und zwischen zwei Frauen:

»Geh'se?«
»Aldi.«
»Kauf'se?«
»Kekse.«

Weil der Westfale der Meister der nonverbalen Verständigung ist, fällt es ihm gelegentlich schwer, jemandem zu folgen, der Meister der verbalen Verständigung ist. Wenn dem Rheinländer die Worte munter wie Gazellen aus dem Mund springen, beginnt das Hirn des Westfalen zu schwitzen. Im Landtag von NRW kam es deshalb schon zu Debatten. Unvergessen die wütenden Worte eines westfälischen

Abgeordneten an die Adresse eines rheinischen Kollegen: »Als Westfalen haben wir das Recht, langsam zu denken, aber die Pflicht, das auch richtig zu tun.«

Wenn es zwischen Westfalen und Rheinländern zu verbalen Missverständnissen kommt, dann auch deshalb, weil dasselbe Wort im Rheinischen eine andere Bedeutung haben kann als im Westfälischen. Ist ein Rheinländer in Westfalen mit dem Auto liegen geblieben und der Pannenservice verspricht »Ich komme gleich!«, kommt er gleich. Bleibt ein Westfale im Rheinland liegen und der Pannenservice verspricht »Ich komme gleich!«, heißt das, er kann leider nicht kommen. Das ist nicht bös gemeint, das Wörtchen »gleich« hat im Rheinischen nur eine völlig andere Bedeutung.

So geht das mit vielen Wörtern, etwa mit dem Wort »neulich«. Sagt der Westfale »Neulich bin ich beim Arzt gewesen«, heißt das, der Arztbesuch liegt maximal 14 Tage zurück. Sagt der Rheinländer »Neulich bin ich beim Arzt gewesen«, spricht er von einer Behandlung, die mindestens zehn Jahre zurückliegt. So entstehen Missverständnisse, für die keiner etwas kann. Auch der Spruch »Die Westfalen halten das, was die Rheinländer versprechen«, ist irreführend. Der Rheinländer ist durchaus willens, sein Versprechen zu halten, er braucht dafür nur etwas länger. Weil ihm der Westfale stets zuvorkommt, sieht es so aus, als sei der Rheinländer ein unzuverlässiger Geselle. Dem ist nicht so. Sagt ein rheinischer Installateur: »Machen wir bei der nächsten Gelegenheit«, können Sie sicher sein, dass Ihre Regenrinne in drei Jahren aufhören wird zu tropfen. Allerspätestens.

Es gibt eine Vielzahl von Beispielen, die zeigen, wie sehr sich die beiden Volksstämme schätzen und unterstützen, wir müssen uns aus Platzgründen auf vier beschränken.

1. Wissen Sie, welchem kirchlichen Laien die einzigartige Ehre erwiesen wurde, im Kölner Dom bestattet zu sein? Dem westfälischen

Grafen Gottfried IV. von Arnsberg. Den Platz im Dom hat er sich redlich verdient, besaß er doch die Großzügigkeit, im Jahr 1368 seine ganze Grafschaft aus reiner Sympathie für »nen Appel und n Ei« an das Erzstift Köln zu verkaufen. Auch sonst war Gottfried für sein großes Herz bekannt. Eine seiner letzten Regierungshandlungen bestand darin, seinen Neheimern ein hübsches Wäldchen zu schenken. Seit über 600 Jahren pilgern die Neheimer deshalb zum Kölner Dom, zu Michaelis, am 29. September. 600 Jahre Dankbarkeit wegen eines überlassenen Gehölzes! Wahre Westfalentreue. (Dass die Kölner aus Dankbarkeit für das ganze große Grafschaftsgeschenk nach Arnsberg pilgern, davon hat man noch nichts gehört.) Auch die Neheimer Kinder werden zu St. Michael bedacht und bekommen dann ein »Stütken«, ein kleines Weißbrot, zum Naschen. Das Grabmal des Grafen musste durch ein Gitter geschützt werden. Es heißt, enttäuschte Nachkommen hätten auf die Sandsteinfigur wütend eingehämmert, weil sie sich um ihr Erbe betrogen sahen.

2. Wissen Sie, wem die rheinische Borussia, die aus Mönchengladbach, fünf Meisterschaften zu verdanken hat? Dem Westfalen Wolfgang Kleff, der in Schwerte an der Ruhr aufgewachsen ist und beim heimischen VfL das Torwarthandwerk erlernt hat. Mehr als sieben Jahre lang hielt der Nationaltorwart mit unglaublichen Reflexen den Kasten der erfolgreichen Fohlenelf sauber. Ohne Unterbrechung.

3. Wissen Sie, wem es zu verdanken ist, dass die Kölner beim Warten auf den Zug nicht nass werden? Den Dortmundern! Die geniale Stahlkonstruktion der hohen Bahnhofshalle wurde in dem bekannten Stahlwerk »Dortmunder Union« gegossen, westfälische Wertarbeit, die selbst dem Bombenhagel des Zweiten Weltkriegs standhielt.

4. Wissen Sie, welches der Lieblingswallfahrtsort vieler Christen aus dem westlichen Münsterland ist? Das rheinische Kevelaer. Oft hört man hier mehr westfälische Töne als rheinische. »Maria zu lieben ist allzeit mein Sinn!«

Selbst der Karneval kann Rheinland und Westfalen nicht entzweien. Wer glaubt, dem Konfettiregen durch Flucht nach Westfalen entkommen zu können, der ist Rosenmontag noch nicht in Münster oder Dortmund gewesen, erst recht nicht im Sauerland, wo in vielen Orten kein Traktor mehr zu bekommen ist, um einen Festwagen zu ziehen. Gut, vielleicht braucht es in Westfalen ein Schlückchen mehr, um in die richtige Stimmung zu kommen. Aber dann geht der Westfale richtig ab. Umso unverständlicher deshalb die Worte eines westfälisch-nordrheinischen Landesvaters, eines Rheinländers namens Jürgen Rüttgers. Bei der Verleihung des »Ordens wider den tierischen Ernst« sagte Rüttgers doch tatsächlich: »Ich bin als Rheinländer immer wieder erstaunt, wie viel die Westfalen saufen können, ohne lustig zu werden.« Traraa, Traraa, Traraa! Lieber Herr Rüttgers, kommen Sie doch bitte mal zu einer Prunksitzung nach Untermarsberg! Westfalen, wie es singt und lacht! Sie werden sich totlachen und zudem feststellen, selbst beim karnevalistischen Liedgut braucht der Westfale keine Abstriche zu machen:

Westfalenland, Westfalenland
Ist wieder außer Rand und Band!
Mit Lachen und Scherzen und Singen
Woll'n wir alle Herzen bezwingen!
Wer anders denkt, hat dich nicht gekannt,
Du schönes Westfalenland.

Die besten Nachbarn der Welt

Was mit Sicherheit keine westfälische Erfindung ist, das ist der Egotrip. Wie kaum ein zweiter Volksstamm pflegen die Westfalen die Nachbarschaft. Das bedeutet nicht, dass man ständig grundlos vorbeischaut. Gute Nachbarschaft erweist sich erst in der Not. Die Westfalen haben deshalb den Notnachbarn erfunden. Den Notnachbarn gibt es schon seit ewigen Zeiten. Es muss sich dabei nicht um den direkten Nachbarn handeln. Haben durch Zuzug Neubaugebiete den Nachbarn von seinem Notnachbarn räumlich getrennt, bleibt er dennoch der Notnachbar. Nichts und niemand kann diese Beziehung stören. Manche haben, um auf Nummer sicher zu gehen, sogar der Notnachbarn zwei. Wie der Name sagt, stehen die Notnachbarn parat, wenn ein Unglück passiert, ein Brand, eine plötzliche Erkrankung, Kinder, die zu versorgen sind.

Besonders engagieren sich die Notnachbarn bei einem Todesfall. Lange Zeit waren sie es, die die Nachricht weitergaben, den Sarg besorgten, Pferd und Kutsche für den Leichenzug stellten. Besonders im Münsterland haben sich diese Bräuche noch erhalten, wenngleich in abgeschwächter Weise. Am Beispiel von Südlohn soll illustriert werden, wie Nachbarschaft in Westfalen heute noch funktioniert.

Südlohn liegt nahe der holländischen Grenze, im Kreis Borken. Ganz Südlohn ist seit altersher in »Hööke« aufgeteilt, ein »Hook« ist eine Nachbarschaft. Einer der Hööke trägt den Namen Breuloenia, nach dem Ortsteil Breul und dem Haus Lohn. Zu Beginn des neuen Jahres trifft man sich zum »Onärn«, zur Generalversammlung. Da darf die stolze Fahne nicht fehlen. Drei Zwecke werden in der Satzung definiert: Hilfe bei Sterbefällen, Hochzeiten und Geselligkeit. Die Satzung hält sogar den genauen Wortlaut der aufzugebenden Todesanzeige fest:

a) »Unser Nachbar ... ist verstorben. Die Beerdigung, wozu wir freundlich einladen, ist am ... um ... Uhr von der Friedhofshalle aus. Anschließend ist das Seelenamt in der Pfarrkirche St. Vitus zu Südlohn. Die Nachbarschaft Breuloenia.«
b) Hilfen beim Beerdigungskaffee (Schnittchen machen, bedienen, spülen) sind mit der Gaststätte abzustimmen.

c) Bei der Beerdigung hat die Nachbarschaft 6 Sargträger (bei der Beerdigung von Kindern 4 Sargträger) und 2 Kerzenträger, ggfls. 1 Kreuzträger, evtl. Fahnenträger zu stellen. Die Bereitschaft zu diesem Dienst wird von allen Nachbarn vorausgesetzt, ebenso die Teilnahme an der Beerdigung.

Bei Hochzeiten übernimmt die Nachbarschaft das Schmücken des Jubelhauses, worunter gemäß Satzung, das »Bekränzen des Hauseingangs und Aufstellen von mindestens 2 Tannenbäumchen« zu verstehen ist. Weiter heißt es: »Für die Organisation des Schmückens ist der Notnachbar des Hochzeiters verantwortlich«, was die Frage aufwirft, ob man eine Hochzeit ebenfalls zu den Notfällen des Lebens zu zählen hat. Auch der Ablauf des anschließenden Prosits ist genau geregelt, und zwar auf westfälisch kluge Weise: »Die von den Hochzeitern beim Ständchenbringen zur Verfügung gestellten Getränke werden beim Notnachbarn verzehrt.« Hierdurch wird sichergestellt, dass im Hochzeitshaus kein alkoholbedingtes Chaos ausbricht und stattdessen der Notnachbar seine Bude renovieren muss.

Ähnlich organisierte Nachbarschaften kann man in allen Ecken Westfalens finden. In Schwerte an der Ruhr heißen die Nachbarschaften seit dem 15. Jahrhundert »Schichten«. Das Schicht (nicht *die* Schicht) bestand aus je 30 Häusern. Ursprünglich waren es zehn Schichte, mit dem Sprengen der Stadtmauern wurden es mehr. Man unterschied Erbnachbarn und Einwohnernachbarn, die zur Miete wohnten. Wer Erbnachbar werden wollte, musste bis ins 18. Jahrhundert eine Tonne Bier spenden. Die 114,5 Liter dürften für fröhliche Feste gesorgt haben. Zu den schon bei den Hööken beschriebenen Notnachbardiensten kam der Feuerschutz hinzu, das Eintreiben der Steuern, die an die Stadt abgeführt wurden, das Ableisten von Wachdiensten und das Besorgen von Salz aus der staatlichen Saline in Königsborn. Im 17. Jahrhundert waren neben Rat und Gilden die Schichte gleichberechtigte Institutionen. Als 1669 der Stadtbrand auch St. Viktor zerstörte, halfen die Schichte selbstverständlich mit, das Dach neu zu errichten. Heute noch treffen sich die Schichte regelmäßig, und wenn es nur darum geht, einmal im Jahr fröhlich zu feiern.

Weshalb sich gerade in Westfalen solche Nachbarschaften etabliert haben? Es liegt wohl am alten sächsischen Erbe. Schon die Altwestfalen haben sich in kleinen Stämmen organisiert und diese Traditionen an ihre Kinder weitergegeben. Wenn Sie richtig gute Nachbarschaft genießen wollen, in Westfalen sind Sie gut aufgehoben.

Westfalens berühmteste historische Straße: der Hellweg

Straßen gibt es in Westfalen viele, kein Wunder in einem so dicht besiedelten Land. Auf Übersichtskarten, die deutsche Autobahnen zeigen, muss in einem Extraausschnitt das Ruhrgebiet vergrößert dargestellt werden, weil man das enge Netz der westfälischen Autobahnen sonst nicht abbilden könnte. Verkehrswege bedeuten Leben und Bewegung, Austausch und Handel. Schon in früheren Zeiten ging es in Westfalen munter zu. Eine der wichtigsten und ältesten Straßenverbindung war der Hellweg.

Woher der Name »Hellweg« stammt, dazu gibt es die unterschiedlichsten Theorien. Wahrscheinlich leitet sich der Begriff von dem Ausdruck »heller Weg« ab. Ganz einfach. Licht und hell war der Weg, weil auf einer Breite von drei Metern (der Länge einer Lanze) alle Bäume und Büsche gerodet wurden, sodass die westfälische Sonne ungestört auf die lange Zeit unbefestigte Straße strahlen konnte. Im Osten, wo sie aufgeht, beginnt der westfälische Hellweg, bei der Weserquerung nahe Corvey. Wie Perlen an einer Schnur reihen sich daran die Städte: Bad Driburg – Paderborn – Salzkotten – Geseke – Erwitte – Soest – Werl – Unna – Dortmund – Bochum ... Tief im Westen, wo die Sonne verstaubt, verlässt der Hellweg das Westfalenland wieder, um bei Duisburg den Rhein zu queren.

Der Hellweg ist Beweis dafür, dass schon die alten Germanen Fernstraßen bauen konnten. Man schätzt sein Alter auf 5 000 Jahre. Möglicherweise haben auch die frechen Römer Teile des Hellwegs genutzt, natürlich ohne Maut zu zahlen. Es heißt, der germanische Verkehrsminister Dobrintus bavarius habe keine passende Plakette zur Hand gehabt. Belegt ist, dass Karl der Große den Hellweg nutzte, um Kreuze und liturgische Accessoires zu den heidnischen Westfalen zu bringen und natürlich auch ein paar handfeste Instrumente, mit denen man den widerspenstigen Dickschädeln das Christentum einhämmern konnte.

Was wird man sonst auf dem Hellweg transportiert haben? Ganz sicher das kostbare Salz, das man bei Soest, Werl und Unna aus dem Boden holte. Diese Ware war so bedeutend, dass mancher Forscher glaubt, das weiße Gold sei es gewesen, das dem Hellweg seinen Namen gegeben habe. »Hall« – die keltische Bezeichnung für Salz kennen wir von Schwäbisch Hall oder Bad Reichenhall.

Eine dritte Erklärungsvariante fällt deutlich düsterer aus. Die Brüder Grimm, die großen deutschen Sprachgelehrten, waren der Ansicht, der Hellweg sei der Weg der Toten gewesen, der Weg zur Unterwelt, der Höllenweg. Highway to hell? Wir mögen nicht gerne daran glauben. Fest steht: Hellwege gab es in Deutschland viele, wird heute jedoch vom Hellweg gesprochen, versteht man darunter stets die westfälische Wegstrecke.

Die Westfalenhalle

Den Westfalen liegt es im Blut, sich von Zeit zu Zeit zu versammeln. Schon im alten Germanien war das Thing beliebt; um auch in modernen Zeiten einen Versammlungsort zu haben, schuf man die Westfalenhalle. Eigentlich muss man von Westfalenhallen sprechen, denn eine ganze Reihe von Hallen unterschiedlicher Größe zieht sich an der B1 entlang. Die Krönung aber ist *die* Westfallenhalle, ein architektonisches Schmuckstück, das trotz seines unglaublichen Fassungsvermögens als leichter, graziler Rundbau daherkommt. Legendär waren die Sechs-Tage-Rennen in den 1960er-, 1970er-Jahren, ein Volksfest, bei dem die auf den Holzkurven zirkulierenden Radfahrer nur die Staffage darstellten. Auch die ersten deutschen Hallenfußballturniere fanden in dem weiten Rund statt, ein Spaß in der langweiligen Winterpause. Wahlkampfauftritte und unvergessliche Rockkonzerte hat die Westfalenhalle erlebt, alle großen Bands hatten hier ihren Auftritt. Für immer bleibt in Erinnerung, wie sich Mick Jagger mit einem Taschentuch den Schweiß von den Achseln wischte und das Tuch sodann ins Publikum warf. Rasend warfen sich die Fans hinterher und zerrissen das Tuch in begeistertem Kampf in tausend Fetzen. Wer den Westfalen mangelndes Temperament vorwirft, sollte mal die Westfalenhalle besuchen.

Aber auch zu ernsthaften Zwecken kommt man in den Westfalenhallen zusammen, zu Aktionärsversammlungen oder zu Messen und Ausstellungen. Sind Sie ein Naturfreund und musikalisch nicht völlig unbegabt? Dann kommen Sie doch zur nächsten »Jagd und Hund«, Europas größter Jagdmesse. Hier wird er ermittelt, der deutsche Meister im Hirschrufen, eine alte westfälische Sportart. Um die Hirsche aus den westfälischen Wäldern zu locken, war es notwendig, ihre Sprache zu sprechen. In drei Disziplinen müssen Sie die wildkundige Jury überzeugen. Die erste Aufgabe besteht darin, einen alten Hirsch am Rande des Brunftplatzes zu intonieren, schön tief und mit gedämpfter Leidenschaft, durchaus mit einem leicht drohenden Unterton, der den jungen Hirschen klarmacht: Wenn hier jemand auf die Idee kommt, die Hübsche da drüben zu knutschen, kriegt er's mit mir zu tun! Nicht einfacher ist die zweite Aufgabe. Sie besteht darin, sich in die Seele eines Platzhirschs inmitten des Kahlwildrudels einzuspüren und dann seinen Ruf ertönen zu lassen. Und wenn sich ein westfälischer Sechzehnender inmitten seines Kahlwildrudels befindet, dann wackeln die Wände! Die letzte Aufgabe aber erfordert noch mehr Leidenschaft. Nun geht es darum, zwei Hirsche um die Wette röhren zu lassen – und zwar, so verlangt es die Jury, »auf dem Höhepunkt der Brunft«. Wenn Sie sich mit brünftigen Höhepunkten auskennen, ist die nächste »Jagd und Hund« in der Westfallenhalle das Revier, in dem Sie sich beweisen können. Der Titel des Deutschen Meisters im Hirschrufen lockt, keine Hirschkuh wird Ihnen künftig mehr widerstehen.

Falls Sie aber glauben, nicht richtig bei Puste zu sein und keinen gescheiten Ton produzieren zu können, Sie zudem die Jagd hassen, kein Wild mögen und viel lieber Fisch essen, auch kein Problem! In den Nachbarhallen präsentiert sich mit »Fisch und Angel« die richtige Messe für Sie. Und niemand wird Sie nötigen, den Brunftschrei des Karpfens zu imitieren. Garantiert nicht.

Westfalen und die Dichtkunst

Wie dichtet es sich in Westfalen? Heinrich Heine lieferte seinem Freund Fritz von Beughem, als dieser nach Westfalen zog, folgende Analyse, in einem Vierzeiler hübsch verpackt:

Mein Fritz lebt nun im Vaterland der Schinken
Im Zauberland, wo Schweinebohnen blühen,
Im dunkeln Ofen Pumpernickel glühen,
Wo Dichtergeist erlahmt und Verse hinken.

Erlahmender Dichtergeist, hinkende Verse? So also sieht es der Rheinländer! Heinrich Heines vernichtendem Urteil muss entschieden widersprochen werden. In Westfalen blühen nicht nur die Schweinebohnen, in Westfalen blüht – und diesen Beweis werden wir erbringen – auf das Schönste auch die Literatur. Die

Schwierigkeit, die sich auftut, besteht allein darin, eine Auswahl treffen zu müssen. So viele Dichter, so viele schöne Verse müssen wir weglassen, soll dieses Buch nicht zu einem mehrbändigen Werk anschwellen.

Annette von Droste-Hülshoff war nicht die einzige Westfälin, die schreiben konnte. Rechnen wir Wuppertal zu Westfalen, wofür es gute Gründe gibt, so dürfen wir die Schöpferin dieser Verse nicht unterschlagen:

Ein alter Tibetteppich

Deine Seele, die die meine liebet,
Ist verwirkt mit ihr im Teppichtibet.

Strahl in Strahl, verliebte Farben,
Sterne, die sich himmellang umwarben.

Unsere Füße ruhen auf der Kostbarkeit,
Maschentausendabertausendweit.

Süßer Lamasohn auf Moschuspflanzenthron,
Wie lange küsst dein Mund den meinen wohl
Und Wang die Wange buntgeknüpfte Zeiten schon?

Else Lasker-Schüler, jüdischer Herkunft, musste vor den Nazis fliehen und starb 1945, kurz vor Ende des Zweiten Weltkriegs, in Jerusalem. Auch ein Schauspiel hatte sie geschrieben: *Die Wupper*.

Christian Dietrich Grabbe, 1801 in Detmold geboren, 1836 ebendort verstorben, gilt neben dem gleichfalls so früh verstorbenen Georg Büchner als der bedeutendste Dramatiker des Vormärz. Seine Theaterstücke machten Furore, wohl weil er zugleich ein exzellenter Psychologe war: »Das Weib sieht tief, der Mann sieht weit« und »Wer

Zahnweh hat, wünscht, dass es Kopfweh wär', und wär' es Kopfweh, würd' er Zahnweh wünschen«, Lebensweisheiten Grabbes.

Ebenfalls aus Detmold stammt Ferdinand Freiligrath (1810–1876, westfälisch Freilich-rat gesprochen). Er war nicht nur Lyriker, er war zugleich ein mutiger Kämpfer für die Meinungsfreiheit und die Rechte der Arbeiter. Bei der *Neuen Rheinischen Zeitung* von Marx und Engels betreute er die Auslandsredaktion. Hier die erste Strophe seines Gedichtes »Brot«.

Wenn am Gestad' und in den Lüften
Sich keine Mühle mehr bewegt;
Wenn, müßig weidend in den Triften,
Der Esel keinen Sack mehr trägt:
Dann, wie ein Volk am hellen Tage
Kühn tritt der Hunger in das Haus;
Ein Wetter rüstet sich zum Schlage,
Und durch die Luft geht ein Gebraus:
Ihr dämpft den Zornruf, o Despoten,
Des Volkes nicht, das hungernd droht!
Denn die Natur hat ihn geboten,
den Schrei: Brot! Brot! Brot tut uns not!

Engagierte Zeilen, Literatur als Waffe gegen die Ungerechtigkeit hat in Westfalen Tradition. Viele sogenannte Arbeiterdichter wirkten im Ruhrgebiet, schilderten das Leben der Bergleute und Fabrikarbeiter ohne falsche Romantik. Max von der Grün ist hier zu nennen, aber auch Josef Reding aus Castrop-Rauxel.

Seine wohlverdiente Ruhe fand Hoffmann von Fallersleben (1798–1874), der Dichter des Deutschlandliedes und so vieler schöner Volkslieder, in Westfalen. Wegen seiner republikanischen Gesinnung wurde er von wütenden Monarchen verfolgt und befand sich stets auf der Flucht. Als Bibliothekar in Corvey war ihm dann noch ein friedlicher Lebensabend beschert. Dort besuchte ihn ein Freund und Mitstreiter und traf ihn just in dem Moment an, als Fallersleben eine Hasenkeule abnagte. »Ich dachte, du lebst vegetarisch?«, wunderte sich der Freund. »Ach, weißt du«, erwiderte Fallersleben, »manchmal packt mich die Wut darüber, dass uns die Hasen den ganzen schönen Kohl abfressen, und nun nehme ich Rache.«

Auch in der zeitgenössischen Literatur ist Westfalen vorne dabei. Von Rußschwaden umweht tat sich einer der bedeutendsten deutschen Lyriker schwer, das Licht der Welt zu erblicken. Peter Rühmkorf wurde 1929 in Dortmund geboren. Der witzige Aufklärer und Sprachakrobat hatte vor nichts und niemand Respekt und spottete selbst dem Tode:

Schaut nicht so bedeppert in diese Grube.
Nur immer rein in die gute Stube.
Paar Schaufeln Erde und wir haben
Ein Jammertal hinter uns zugegraben.

An dieser Spottdrossel hätte auch Heine seine Freude gehabt und sein harsches Urteil über die westfälische Dichtkunst schnell revidiert.

In Großdornberg bei Bielefeld wurde 1944 Bernhard Schlink geboren, der große Erzähler, dessen juristische Erfahrungen in vielen seiner Bücher aufblitzen. Seine Selbs-Trilogie machte ihn bekannt: *Selbs Justiz*, *Selbs Betrug*, *Selbs Mord*. Anrührend und aufwühlend zugleich sein Roman *Der Vorleser*, der auch erfolgreich verfilmt worden ist. Wir empfehlen: selbs-lesen!

Auch Kinder brauchen nicht auf westfälische Literatur zu verzichten. Wem verdanken *Die Wilden Hühner* ihre Existenz? Wer schrieb *Tintenherz*, *Tintenblut* und *Tintentod*? Cornelia Funke aus Dorsten! Und auch einer der größten Bestseller aller Zeiten stammt aus westfälischer Feder. Henriette Davidis, 1801 in Wengern an der Ruhr geboren, 1876 in Dortmund verstorben, veröffentlichte 1845 ihr *Praktisches Kochbuch für die gewöhnliche und feinere Küche*. Es sollte in unzähligen Auflagen erscheinen und unzählige hungrige Mägen erfreuen.

Westfälische Literatur, für jeden ist etwas dabei. Den Aufstieg zur Weltliteratur aber erlebte sie durch Annette von Droste-Hülshoff:

O schaurig ists, übers Moor zu gehen,
Wenn es wimmelt vom Heiderauche,
Sich wie Phantome die Dünste drehn
Und die Ranke häkelt am Strauche ...

Mit atemloser Spannung liest man diese Zeilen, sie sind von einer Intensität und sprachlichen Schönheit, wie man sie nur selten findet. Annette von Droste-Hülshoff (1797–1848) schrieb in einer Zeit, in der man dichtende Frauen belächelte. Sie ließ sich davon nicht beirren und schuf ein Werk, das sie zur größten Dichterin ihrer Zeit werden ließ. Unsagbar schöne Gedichte, aber auch Erzählungen und Novellen verdanken wir ihr, viele verortet in ihrer westfälischen Heimat, so *Die Judenbuche*. Im Januar 1797 wurde sie auf Burg Hülshoff bei Münster geboren. Sie blieb unverheiratet, war aber voller Leidenschaft. Von der größten Liebe ihres Lebens handelt das folgende Kapitel. Dass es sich durch seine erzählerische Form von den anderen unterscheidet, möge man uns verzeihen. Für eine Liebesgeschichte muss man sich etwas Zeit nehmen.

Annette von Droste-Hülshoff – eine Liebesgeschichte

Unruhig steht sie oben am Fenster des hübschen Hauses und späht in die Ferne. Wo er nur wieder bleibt? Das linke Auge hat sie zugekniffen, vor das rechte hält sie ein Fernrohr. Langsam gleitet ihr Blick über den Weg, bis sich die Windungen in einem Wäldchen verlieren. Sie achtet nicht auf den Bauern, der mit seinem Vierge-spann den Pflug durch die lehmigen Schollen zieht, bemerkt nicht das gackernde Huhn, das über die Wallhecke geflattert ist und mit schief gehaltenem Kopf zu dem Habicht emporschaut, der über den Eichenwipfeln seine stummen Kreise am Frühlingshimmel zieht. Sie hält ihr Fernrohr unverwandt auf den Weg gerichtet, der von Münster her zu ihrem verträumten Hause führt. Wie von Kinderhand gezeich-net liegt das Land vor ihr. Eine flache Ebene, Wiesenflecken, hecken-umsäumte Äcker, kleine Wälder und Tümpel, auf denen schnat-ternde Enten die Wasserlinsen schlucken, ein heiteres, ein buntes Bild. Annette bemerkt es nicht, hat keinen Blick für die Schönheit der Natur. Nicht jetzt. Wie oft ist sie durch diese geliebte Landschaft gestromert, abseits der Wege, auf der Suche nach einer bestimmten Blume oder einem seltenen Stein oder um auf einem der kleinen Kot-ten das Gespräch der Bauern zu belauschen. Erneut schwenkt sie das Fernrohr. Wo er nur bleibt! Er hat es doch versprochen! Am letzten Sonntag in Münster bei den Heckenrosen, ihrem literarischen Zirkel, hat er es ihr beim Heraustreten zugeflüstert, dass er heute kommen würde. Wo bleibt er nur, ihr Junge? Immer muss man sich um ihn Sorgen machen!

Levin schreitet munter voran. Nun ist es nicht mehr weit, bald wird er in Rüschhaus sein. Er wäre schon längst dort, wenn er nicht dem schwarzen Stier hätte ausweichen müssen, der sich ihm so unvermu-tet in den Weg gestellt hatte. Mit einem raschen Sprung über die Hecke ist er ihm ausgewichen und hat dann einen weiten Bogen schlagen müssen. Nun aber hat er die Eichenallee erreicht, an deren Ende Rüschhaus liegt. Das Gebäude hat etwas Fremdes, es sieht anders aus als die anderen Adelssitze im Münsterland. Es wirkt eher wie ein stattliches, freundliches Bauernhaus, auch wenn die hohen, schlanken Fenster und die breite Eingangstreppe herrschaftlichen Glanz ausstrahlen.

Levin erinnert sich, wie er das erste Mal hier hinausgewandert ist. 16 Jahre war er alt, ein Junge noch, den seine Eltern nach Münster aufs Gymnasium geschickt hatten.

»Du musst unbedingt meine Jugendfreundin Annette besuchen, Annette von Droste-Hülshoff«, hatte ihm seine Mutter eingeschärft und sogleich eines ihrer Gedichte rezitiert. Levin, der heimlich angefangen hatte zu dichten, gefielen die Verse, und er beschloss, den Rat seiner Mutter zu befolgen. So hatte er sich an einem sonnigen Frühlingstag in Begleitung seines Mentors, eines gutmütigen und kunstsinnigen, wenngleich etwas eitlen Vikars auf den Weg gemacht. Der Eindruck, den das so zauberhaft liegende Haus auf ihn gemacht hatte, war groß gewesen, größer jedoch noch war sein Erstaunen über die Hausherrin, und das Erstaunen wirkt bis heute. Was für eine seltsame Frau ist diese Annette! Zart und blässlich wirkt sie, fast ein wenig kränklich, aber welche ungeheuere Energie steckt in ihr, welche Neugier, welches Temperament! Ihre auffallend breite und hohe Stirn ist umgeben von einer ungewöhnlichen Fülle hellblonden Haares, das zu einer hohen Krone gewunden auf dem Scheitel befestigt ist. Die Nase ist lang, fein und scharf geschnitten. Auffallend schön ist der zierliche, kleine Mund, und wenn sie spricht, legt sich ein anmutiges Lächeln um ihre Lippen und die feinen Perlenzähne leuchten. Den Kopf hält sie meist leicht nach vorne geneigt, als ob er dem zarten Körper zu schwer wäre, zuweilen aber hebt sie ihn, um ihrem Gegenüber aufrecht ins Gesicht zu blicken. Dann blitzen ihre Augen auf, blau und leuchtend, die seltsamsten Augen der Welt. Sie scheinen etwas vorzutreten, und die Lider sind so zart, dass man meint, die Pupillen durchschimmern zu sehen, wenn sie die Augen schließt. Annette hatte ihn damals freundlich empfangen und dem etwas befangenen Schüler gleich mit herzlicher Unbekümmertheit ihre Sammlungen gezeigt. Die seltsamsten Steine waren da zu sehen und Muscheln in allen Formen und Farben. Sie hatte die Tür des Glasschranks vorsichtig geöffnet und einen getrockneten Seestern hervorgeholt, den sie dann wellenförmig durch die Luft schweben ließ, als befinde er sich im tiefen Ozean, und, die Stimme senkend, brummte sie dazu: »Ich bin der gefürchtete Meeresstern, der Schrecken der Matrosen!«

Levin hatte lachen müssen, was Annette offensichtlich gut gefiel. Dann hatte sie ihn weitergezogen zu einem Tisch, auf dem sich ein höchst seltsames Kunstwerk befand. Hübsch gerahmt war da eine filigrane Fantasielandschaft zu sehen. Mit feiner Schere aus weißem Papier herausgeschnitten turnten dort kleine Äffchen auf Felsen umher, Menschen spazierten unter Palmen und lustige Vögel jagten einander unter einem heiteren Wolkenband. Levin staunte umso mehr, als er hörte, dass dies alles die Dichterin selbst geschaffen hatte. Mit solcherlei Beschäftigungen ging die Besuchsstunde rasch zu Ende, und die beiden Gäste machten sich auf den Heimweg. Eine seltsame Frau, fand Levin, von Adel zwar, aber so gar nicht konventionell und ohne jeden Dünkel.

An diese erste Begegnung erinnert sich Levin, als er jetzt das hölzerne Gittertor erreicht; es schließt den Übergang zu einem kleinen Graben ab, hinter dem das Rüschhaus liegt. Er schaut hinauf zu ihrem Fenster und nimmt eine leichte Bewegung der Gardinen wahr. Fröhlich schiebt er den Riegel zurück und betritt den Garten.

Hier auf Rüschhaus lebt die Dichterin bereits seit einigen Jahren, nur wenige Kilometer von Burg Hülshoff, dem Ort ihrer Kindheit, entfernt. Sie hat die 40 nun schon überschritten und liebt den einsamen Ort. Die Einsamkeit fürchtet Annette nicht, im Gegenteil, sie genießt die Vorzüge, die ihr die Unabhängigkeit hier draußen bietet. Und allein ist sie ja nicht, ihre Mutter lebt bei ihr und auch die Plettendorferin, ihre Amme. »Meine Alte«, nennt sie sie oft mit einer Mischung aus Rührung und Respekt. Ihr eigenes Kind hatte die Plettendorferin gerade verloren, als sie die Aufgabe übernahm, die kleine, zarte Annette zu stillen. Ohne die kräftige Milch ihrer Amme hätte das anfällige Kind, das viel zu früh auf die Welt gekommen war, kaum überleben können. Annette dankte es ihr durch lebenslange Treue. Da war es nur selbstverständlich, dass sie die Alte als Lebensgefährtin mit nach Rüschhaus genommen hatte. 78 Jahre ist sie nun, und Annette pflegt und sorgt für sie, wie es eine leibliche Tochter nicht liebevoller tun könnte.

Annette eilt hinunter. Endlich ist er da, ihr Junge! Sie begrüßt ihn an der breiten Freitreppe. Genau an dieser Stelle stand sie, als er vor einem halben Jahr niedergeschlagen und bedrückt hierhergewandert war. Tränen hatten auch in ihren Augen gestanden, als sie ihm die zarte Hand zum Gruße reichte. »Ich mache mir solche Vorwürfe«, hatte sie gesagt, »warum habe ich den Brief Ihrer Mutter so lange unbeantwortet gelassen? Gestern setzte ich mich endlich nieder, um ihr einen recht ausführlichen Brief zu schreiben, als mein Blick auf eine mehrere Tage alte Zeitung fiel, die ich als Schreibunterlage genommen hatte. Da sprang mir der Name Ihrer Mutter ins Auge, und als ich näher hinsah, war es — die Anzeige ihres Todes!« Schluchzend fiel sie ihm in die Arme, und einer tröstete den anderen. Annette und die Mutter von Levin waren enge Freundinnen gewesen. Während Annette alleine geblieben war, hatte Katharina einen Juristen geheiratet und bald einen Sohn bekommen — Levin. In die ehrliche Erschütterung über den Verlust ihrer Freundin mischte sich bei Annette bald das Gefühl, sich um Levin in mütterlicher Weise kümmern zu müssen. So lud sie ihn zu regelmäßigen Besuchen ins Rüschhaus ein, und dies umso lieber, als sie bald sein dichterisches Talent erkannte. Levin schrieb wie sie, und so drehte sich ihr Gespräch oft um die Literatur. Als Levin für eine Zeitschrift Aufsätze über ihre westfälische Heimat sammeln sollte, kam bald ein gemeinsames Projekt zustande. Sonntags treffen sie sich in Münster zu ihrem Dichterkränzchen, aber der Dienstag gehört ihnen allein.

Heute hat sie Levin eine Neuigkeit mitzuteilen. Sie, die im Münsterland Verwurzelte, wird eine Reise machen. Auf Schloss Meersburg am Bodensee wohnt ihre Schwester Jenny, zusammen mit ihrem Schwager, dem Freiherrn von Laßberg, und ihren Kindern, den beiden kleinen Zwillingsschwestern. Einige Monate wird sie fort sein, sagt Annette zu Levin und hält dabei den Blick gesenkt. Levin nickt. Er weiß, wie Annette an ihrer Schwester hängt und dass ihrem Lungenleiden die Luftveränderung guttun würde. Schnell geht sie zum nächsten Thema über und fragt ihn, welche Fortschritte sein Buch über den Kölner Dom macht. Auch Levin begeistert sich an dem Gedanken, das große gotische Bauprojekt könnte noch vollendet werden. Seit Jahrhunderten steht es als traurige Bauruine da. Der ganze Mittelteil ein Torso, die Türme, die so mächtig in die Höhe ragen sollten, nur stumpfe Klötze. Nein, ein Gefühl von Scham ergreift einen, wenn man diesen unfertigen Bau erblickt! Ist er nicht auch ein Symbol für das darniederliegende Deutschland? Während die französischen Dome von Pracht und Reichtum ihres Landes künden, liegt der Kölner Dom wie ein totes Tier am Boden. Was kann er als Dichter für die Fortführung und Vollendung des Domes tun? Levin hat sich hierüber viele Gedanken gemacht, und – angespornt und ermuntert von Annette – ist er dabei, ein Buch zu schreiben, um für das Dombauwerk zu werben. Aber jetzt, wo Annette ihm ihre Reisepläne berichtet, weicht der Mut von ihm. Mit wem soll er das Manuskript besprechen? Annette muss lächeln, als sie seine betrübte Miene sieht.

»Kommen Sie, Levin«, sagt sie und führt ihn ins Haus, »auch für Sie habe ich Reisepläne ausgeheckt!«

Sie geht am Rande des großen Wassers spazieren. Am fernen südlichen Ufer ragen die schroffen Felsen der Alpen in die Höhe. Annette schaut selten hinüber. Gebückt hüpft sie behände von Stein zu Stein und freut sich an dem Spiel der Wellen. Manchmal bleibt sie stehen und greift mit den Händen in das noch sommerwarme Wasser, etwa, wenn sie wie jetzt eine schön geformte Muschel entdeckt. Hinter ihr, hoch auf dem Felsen, liegt die gewaltige Feste, die Meersburg. Vier Türme beherrschen stolz das Bild, überragen das Gewirr der Mauern, Stallungen und Wohnräume. Seit wenigen Wochen wohnt sie nun schon hier, nie aber war ihre Stimmung so gut wie heute. Immer wieder gleitet ein Lächeln über ihr Gesicht. Ihr Plan ist aufgegangen: Heute wird er kommen! Und keiner wird merken, dass sie das eingefädelt hat! Der alte gutmütige Laßberg hat Levin höchstpersönlich eingeladen! Levin soll ihm helfen, seine umfangreiche Bibliothek zu katalogisieren. Hunderte von alten Wälzern, die er antiquarisch erstanden hat, warten darauf, gesichtet und geordnet zu werden. Alleine ist Laßberg diese Aufgabe zu mühselig, da kommt ihm ein junger, intelligenter Kopf gerade recht. Wieder muss Annette lächeln. Und das Beste ist, Laßberg denkt, er wäre selbst auf Levin gekommen, und ihre Mutter wird keinen Verdacht schöpfen! Vorsichtig lässt sie die Muschel in ihre Tasche gleiten. Es ist Zeit umzukehren.

Die Sonne ist schon untergegangen, als Levin durch die niedere, lange Wölbung des Torbogens tritt. Der Pförtner begleitet ihn, und seine Lampe wirft ihren zuckenden Schein auf das dunkle Gemäuer. Gemeinsam betreten sie den inneren Hof, der eine Art geräumige Terrasse bildet. In den Abendhimmel hinein ragt der alte Belfried, und über einer Reihe niederer Mauerzinnen erblickt Levin den weiten, matten Spiegel des Bodensees. Plötzlich stürzt mit lautem Bellen ein großer schwarzer Hund auf sie zu. Levin weicht erschrocken zurück, während der Pförtner versucht, das wütende Tier zu beruhigen. Da öffnet sich die Schlosstür und lachend eilt Annette die Stufen hinab. »Still, Sultan, still! Du wirst doch nicht unseren lieben Gast verschrecken!« Mit leuchtenden Augen drückt sie Levin die Hand. Levin staunt, wie Annette sich verändert hat! Die Blässe ist von ihr gewichen, die Wangen sind voller und ihr Atem geht frei und unbeschwert. Die Luft hier scheint ihr gutzutun! Freudig gestimmt betritt er an ihrer Seite das Schloss.

In den ersten Tagen nimmt ihn der alte Laßberg ständig in Beschlag, Annette bekommt Levin kaum zu Gesicht. Der Graf zeigt ihm in der Bibliothek seine umfangreiche Sammlung, und Levin ist beeindruckt, was der Alte da so alles zusammengetragen hat. Echte Schätze sind darunter.

»Sehen Sie, Schücking«, ruft der Alte und zeigt ihm ein prächtiges Evangelienbuch mit den schönsten Miniaturen. Gold und Edelsteine verzieren die Buchdeckel. »Ein Geschenk Kaiser Karls des Dicken an die Lindauer Nonnen!«

Das wertvollste Buch aber ist eine Handschrift des Nibelungenliedes, das als die älteste und wichtigste Version allgemein Anerkennung gefunden hat. Doch neben diesen Kostbarkeiten findet sich auch eine Unmenge verstaubter grauer Bände. Ganze Buchwände sind damit bis zur hohen Zimmerdecke gefüllt. Levin graut es davor, Wochen und Monate auf den Regalen hier herumklettern zu müssen. Aber immerhin, es ist seine erste Anstellung, sein erstes selbst verdientes Geld. Und Laßberg zahlt nicht schlecht. Was bleibt ihm auch als Alternative? Die erhoffte Anstellung bei einer Zeitung lässt wohl noch lange auf sich warten.

»So«, sagt Laßberg, »ich lasse Sie wohl jetzt besser in Ruhe Ihre Arbeit machen, Sie finden sich schon zurecht!«

Zum Glück gibt es die Abende. Levin betritt den Salon. Jenny sitzt schon stickend auf dem Sofa. Wo bleibt Annette? Da kommt sie die Treppen von ihrem Turmzimmer herabgeeilt, wedelt mit beschriebenen Blattseiten. Sie setzt sich Levin gegenüber. Gespannt warten er und Jenny darauf, was Annette heute wieder geschrieben hat. Sie sprüht vor Energie und Lebensfreude, seit Levin bei ihnen ist. Die Gedichte, die sie, kaum angefangen, in Rüschhaus wieder beiseitegelegt hat, schreibt sie nun mit Schwung zu Ende, und viele neue noch dazu. Das hier wird den beiden sicher gefallen.

»Hört her«, sagt sie, hält das Blatt, kurzsichtig, wie sie ist, nah vor die Augen und trägt ein langes Gedicht vor, das so beginnt:

Wie sank die Sonne glüh und schwer!
Und aus versengter Welle dann
Wie wirbelte der Nebel Heer
Die sternenlose Nacht heran! …

Atemlos lauschen Levin und Jenny. Als Annette geendet hat, springt Levin auf und applaudiert.

»Bravo, Annette, bravo! Fein haben Sie das gemacht!«

Tags drauf schleicht sich Levin nach Stunden der Arbeit aus der staubigen Bibliothek. Er läuft die Treppe zum Nordturm empor und klopft vorsichtig an die Tür des Turmzimmers. Annette öffnet ihm freudig überrascht.

»Die alten Schinken erschlagen mich, der Staub rieselt aus allen Blättern. Ich muss hinaus ins Freie, kommen Sie mit?«

Annette nickt begeistert: »Aber vorsichtig, man soll uns nicht zusammen sehen. Wissen Sie was, ich werde vorausgehen! Wir treffen uns dann in einer halben Stunde unten am Schlagbaum, dort, wo der Weg zum See hinunterführt!«

Es ist ein warmer, sonniger Herbsttag. Die bunten Blätter leuchten in der Sonne, Annette hat sich an den Schlagbaum gelehnt und wartet. Wo Levin bloß wieder bleibt? Immer muss man auf den Jungen warten! Da sieht sie ihn den Weg herunterlaufen. – Laufen? Springen tut er wie ein junges Pferd! Er läuft auf den Schlagbaum zu, tut, als wolle er bremsen, aber der Weg ist zu steil, und so nimmt er den Schlagbaum im Sprunge. Annette lacht, halb erschrocken, halb belustigt:

»Mein Pferdchen, nicht so wild, du wirst dir noch die Füße brechen!«

Levin wiehert übermütig. Gemeinsam gehen sie hinunter zum See. Es tut gut, an der frischen Luft zu sein. Wie fein der Sand hier ist! Annette sucht nach Muscheln und Schneckenhäusern, welche die Flut ans Ufer gespült hat. Heute liegt der See in völliger Stille da. Levin blickt hinüber zu den Bergen am Schweizer Ufer.

»Dahinter liegt Italien! Wie wär's, liebe Freundin, wollen wir eine Reise machen?«

»Aber Levin, auf welche Gedanken mein Junge wieder kommt! Italien! Kann es denn dort schöner sein als hier?«

Levin schaut sich um und muss ihr recht geben. Die goldenen Weinberge ringsumher, gegenüber die mächtigen, schon schneegekrönten Alpen, der weite, glitzernde See, auf dem sich die Wasservögel treiben lassen, und dann das weiche, warme Licht der Herbstsonne! Nein, in Italien kann es nicht schöner sein! Annette sieht ihn von der Seite aus an. Ein hübscher Junge ist er, ihr Levin! Das fein geschnittene Gesicht so mädchenhaft zart, die blonden Haare trägt er fast schulterlang. Die klugen Augen glänzen so blau wie die ihren. Und so jung ist er, so zauberhaft jung! Treffen sich ihre Augen, so ist ihr ganz merkwürdig zumute. Es ist ihr, als würde sie sich darin spiegeln, zurückversetzt um viele Jahre. Ein Spiegelbild ihrer eigenen Jugend tritt leuchtend vor ihr Gesicht, und eine große Freude erfüllt brennend ihr Herz, eine große Freude und ein leiser Schmerz. Levin spürt ihre Verlegenheit, und er kommt auf ihre Gedichte zu sprechen, wofür sie ihm dankbar ist. Mit tapsigen Schritten geht er durch den Uferschlick: »O schaurig ist's, übers Moor zu gehen!«

Annette muss lachen: »Ach, das ist doch nichts Besonderes! Solche Gedichte könnte ich täglich schreiben. Du sollst sehen, in einem halben Jahr habe ich einen ganzen Band zusammen!«

Levin bleibt stehen und schüttelt den Kopf: »Einen Band Gedichte in nur einem halben Jahr? Bei allem Respekt, das ist nicht zu schaffen!«

Annette sieht ihn an, und ihre Augen funkeln vergnügt: »Wollen wir wetten?«

»Wetten?«, fragt Levin ungläubig.

»Ja, wetten! Lass uns sehen, wer recht behält!«

Jeden Tag gehen sie nun spazieren, heimlich, damit keine Gerüchte aufkommen! Es ist ihnen die liebste Stunde am Tag. Der Schlagbaum bleibt ihr Treffpunkt. Längst sind sie zum vertrauten Du übergegangen. »Mein kleines Pferdchen«, so nennt sie ihn gerne, und er sagt »Mütterchen« zu ihr. Oft fallen sie in den Dialekt ihrer westfälischen Heimat, so auch heute, als sie hinunter zum See gehen. Das Wetter ist umgeschlagen. Kalt und windig ist es geworden, und die Wellen klatschen ungewohnt wild ans Ufer. Levin schlägt einen anderen, geschützteren Weg vor, aber Annette drängt es zum Wasser. Sie läuft auf die Wellen zu und bietet dem Wind die Stirn, bestaunt das Heranrollen der Wogen. Plötzlich muss sie wieder husten, und Levin fasst sie unter dem Arm: »To, to, to, Möderken, nich still stohn, dat is niks, un den Mund tohallen!«

Annette ist gerührt. Sie lächelt ihn an und streicht ihm die Haare aus der Stirn: »Mein guter Junge, musst dir keine Sorgen machen! Dein altes Möderken hält schon was aus!«

Den Heimweg nehmen sie auch heute wieder durch den Weinberg. Ein einsames Winzerhäuschen steht dort auf einer Anhöhe. Der Besitzer, ein altes, redseliges Männchen mit einem Zopf, begrüßt sie schon wie gute Bekannte. Heute können sie nicht unter der Laube sitzen, aber auch im Häuschen ist es hübsch und gemütlich. Die hellen Fenster gehen alle zum See hinaus. Sie setzen sich an einen kleinen Tisch. Ihre Wangen sind vom Wind und der Kälte gerötet. Wie jung sie plötzlich ausschaut, denkt sich Levin. Der Alte bringt ihnen einen Teller mit den süßesten Trauben. Levin greift sich eine und steckt sie in den Mund. Warum sie wohl nicht geheiratet hat?

Sie spricht nie darüber, aber Levin weiß, dass sie sehr wohl Verehrer gehabt hat. Auch muss es da eine dunkle Geschichte gegeben haben von zwei Freunden, die gleichzeitig um sie warben, sie sich aber für keinen der beiden entscheiden konnte. Annette blickt träumend auf den See hinaus, der sich heute in ein wildes Meer verwandelt hat. Schaumbekränzt schieben sich die Wellen übereinander, türmen sich zu Wasserbergen und rennen wütend das Ufer an. Gedankenverloren greift auch sie zu den Früchten, und ihre Hände berühren sich. Fragend schauen sie sich in die Augen.

Wieder sitzt Annette in ihrem Zimmer und schreibt, schreibt wie im Rausch. Niemals zuvor sind ihr die Gedanken in solch einer Fülle zugeflogen. Die Erinnerungen an ihre grüne Heimat vermischen sich mit den neuen südlichen Bildern, wirbeln und tanzen umeinander, und mitten hinein drängt sich immer aufs Neue ein blond umlocktes, jugendfrisches Antlitz mit leuchtend blauen Augen. – Es ist spät geworden, sie löscht das Licht und legt sich ins Bett, aber Schlaf kann sie keinen finden. Immer noch wirbeln die Bilder in ihrem Kopf herum.

Zur selben Zeit im Südwestturm findet auch Levin keine Ruhe. Was geht da vor, was passiert denn da mit ihm? Er versucht seine Gefühle zu ordnen, sie mit einem gewissen Abstand zu betrachten, aber es gelingt ihm nicht. Ach was, worum es sich auch handelt, es ist doch gut so, denkt er sich und dreht sich zur Seite.

Am nächsten Tag regnet es. Kein Wetter zum Spazierengehen. Annette macht Levin einen anderen Vorschlag: »Lass uns auf Entdeckungsreise gehen. Komm, wir erforschen die Gewölbe der Burg!«

Levin schaut sie belustigt an. Meint sie das ernst? Es sieht ganz danach aus! Und so schleichen sie eine Stunde später mit Lampen bewaffnet in den Keller hinab. Die Burg ist groß und weitläufig.

In den Felsen hinein hatte man vor Urzeiten lange Gänge geschlagen. Wo sie wohl hinführen? Schon haben Annette und Levin den bewohnten Teil der Festung verlassen. Dunkel und feucht ist es hier. Annette gefällt das, ihre Abenteuerlust ist geweckt. Sie geht voraus, Levin folgt ihr nach. Ihre Lampen leuchten ihnen den Weg. Sie gelangen in einen schmalen, grob gehauenen Gang, der in die Tiefe zu führen scheint. Der Gang ist so lang, dass sie sein Ende nicht mit den Lampen ausleuchten können. Levin fasst nach Annettes zarter Schulter. Ob sie nicht besser umkehren sollen? Annette dreht sich zu ihm um und blickt lächelnd in sein besorgtes Gesicht: »Nicht doch, mein scheues Pferdchen, jetzt, wo's doch gerade richtig spannend wird!«

Also steigen sie noch tiefer hinab, Levin ängstlich besorgt, die zierliche Dichterin könne auf den unebenen Steinen stürzen. Schließlich geht es nicht mehr weiter. Hinter einer Windung ist der Gang verschüttet worden. Annette hält ihre Lampe hoch in der Hoffnung, eine Lücke zwischen den Steinen zu entdecken, und seufzt enttäuscht, als sich nichts dergleichen finden lässt. Levin drängt darauf zurückzukehren, aber Annette nimmt stattdessen ein Tuch, breitet es über einen Stein, nimmt darauf Platz und fordert Levin freundlich auf, sich zu ihr zu setzen.

»Ich möchte wetten, der Gang führt hinunter zum Seeufer«, sagt sie und stellt ihre Lampe auf den felsigen Boden.

Unruhig flattern Schatten die feuchten Wände entlang und verlieren sich im Dunkeln. Erinnerungen steigen in Annette auf.

»Habe ich dir schon erzählt, dass ich die Gabe des zweiten Gesichts besitze?«, fragt sie ihren blassen Begleiter. Levin fröstelt. Er weiß, dass Annette es liebt, Schauergeschichten zu erzählen. Ihm wird zunehmend unwohler. Aber Annette erzählt weiter: »Bei uns auf Schloss Hülshoff herrscht die Sitte, dass in der Osternacht das Gesinde aufsteht und draußen auf dem Hof im Freien mit einem seiner alten geistlichen Volkslieder die Auferstehung des Herrn feiert. Vor vielen Jahren war es, da wurde ich zur Osternachtsstunde von diesem Gesang geweckt. Ich trete ans Fenster und sehe zum Hof hinaus. Unten stehen in dunkler, feierlicher Runde die Hausdiener, Ackerknechte und Mägde zusammen, und ich lausche ergriffen dem altertümlichen Osterlied mit seiner anrührenden Melodie, die aus längst verflossenen Zeiten herüberzuklingen scheint. Das Lied ist noch nicht verklungen, da bemerke ich, wie sich unten die Haustür öffnet und eine weibliche Gestalt mit blondem Haar die Stufen in den Hof niederschreitet. In der Hand trägt sie einen Leuchter mit flackerndem Kerzenlicht, und wie der Schein ihr Gesicht erhellt, da erkenne ich – mein Spiegelbild! Meine Doppelgängerin geht ruhigen Schritts auf die Sängergruppe zu, die ihr leise auseinandertretend Platz macht. Mitten durch sie hindurch schreitet die Frau hinüber zum anderen Flügel des Schlosses, wo sie eine Tür öffnet und ins Haus eintritt. Der Schein ihres Lichts dämmert jetzt im Inneren des Gebäudes auf und bewegt sich langsam an den Fenstern vorüber. Dann ist alles wieder in Dunkelheit begraben. Aufgeregt ging ich zu Bett und fragte am nächsten Morgen den ersten mir entgegenkommenden Diener mit dem Anschein unbefangenster Ruhe, aber desto größerer innerer Anspannung: ›Nun, habt ihr in der vergangenen Nacht wieder den Ostermorgen angesungen?‹ – ›Freilich‹, antwortete der Diener, ›das gnädige Fräulein ist ja selbst zu uns heruntergekommen. Wir wunderten uns darüber und waren bange, dass sie sich erkälten könnte!‹«

Annette hat bei den letzten Worten ihre Stimme gesenkt und Levin mit großen Augen angeblickt. Levin schüttelt sich und drängt entschieden darauf, den düsteren Ort zu verlassen. Was ist das nur für eine Frau!

Am nächsten Abend klopft es unvermutet an Levins Tür. Annette tritt ins Zimmer, kichernd wie ein kleines Mädchen.

»Setz dich, Levin, höre, was ich zu deinem Dombuch beizutragen habe. Es ist zwar nur mittelmäßig gelungen, vielleicht, weil ich zu viele Gespenstergeschichten erzählt habe, aber hör's dir dennoch an. Es trägt den Namen des Dombaumeisters: Meister Gerhard von Köln:

Wenn in den linden Vollmondnächten
Die Nebel lagern überm Rhein,
Und graue Silberfäden flechten
Ein Florgewand dem Heil'genschrein:
Es träumt die Waldung, duftumsäumt,
Es träumt die dunkle Flutenschlange,
Wie eine Robbe liegt am Hange
Der Schürg und träumt …«

Levin lauscht gespannt. Annette schildert nun, wie die verfallene Baustelle des Domes traurig daliegt und niemand eine Hand regt, das Werk zu vollenden. Da plötzlich steht der alte Dombaumeister wieder auf. Ein graues Nebelmäntelchen umgeschlagen, das Richtmaß in der Aschenhand, steigt er empor zum Krane. Voller Empörung blickt er auf sein unvollendetes Werk und ruft:

»Ich habe diesen Bau gestellt,
Ich bin der Geist vergangner Jahre!
Weh! Dieses dumpfe Schlummerfeld
Ist schlimmer viel als Totenbahre!
O wann, wann steigt die Stunde auf,
Wo ich soll lang Begrabnes schauen?
Mein starker Strom, ihr meine Gauen,
Wann wacht ihr auf?«

»Das nehmen wir!«, ruft Levin begeistert. »Das kommt ins Buch mit hinein!«

Annette hält ihm erschrocken den Mund zu: »Psst, mein Junge, wenn uns jemand hört!«

Dann schaut sie vorsichtig auf den Gang hinaus, und husch – schon ist sie wieder verschwunden.

Bald ist das Wetter wieder schöner. Annette wartet am Schlagbaum und lässt sich die Sonne ins Gesicht scheinen, als sie plötzlich vertrautes Gewieher vernimmt. Sie dreht sich um und sieht, wie Levin auf einem Stock reitend den Berg heruntergesprungen kommt.

»Brav, mein Pferdchen, brav«, tätschelt sie seine Wange, »brav und stillgestanden, sollst auch dein Zuckerstückchen haben!«

Sie zieht ein Stück Konfekt aus der Tasche und steckt es ihm in den Mund. Dann hakt sie sich bei Levin unter, und sie gehen den gewohnten Weg am Wasser entlang. Wieder sprechen sie über Literatur. Gestern war Ludwig Uhland zu Gast auf der Meersburg, und Annette kann es nicht lassen, über den schwäbischen Dichter liebevoll zu spötteln. Levin tadelt sie deswegen, und sie lässt es sich gerne gefallen. Sie sprechen über Bücher, die sie am meisten beeindruckt haben. Annette nennt Walter Scott und Lord Byron.

»Wann hast du mit dem Lesen begonnen?«, will Levin wissen.

»Oh, schon recht früh«, sagt Annette, »eine richtige Lesewut überfiel mich, kaum dass man mir das Lesen beigebracht hatte. Meine Eltern allerdings betrachteten diese Leidenschaft mit Sorge, und so wurde meine Lektüre streng überwacht. Bücher, die sie für ungeeignet hielten, verschlossen sie in einem Schrank auf unserem Korridor. Eines Tages gehe ich daran vorüber und finde zu meiner Überraschung den Schlüssel im Schlosse stecken. Ich blicke mich um und öffne sachte den Schrank. Darauf ziehe ich das erste beste Buch heraus und beginne zu lesen, ich glaube, es waren Schillers *Räuber*. Eine Weile bleibe ich ungestört, plötzlich aber höre ich Schritte die Treppe heraufkommen. Meine Mutter! Erschrocken stelle ich das Buch zurück, drücke den Schrank zu und stecke auf meiner eiligen

Flucht den Schlüssel ein. Eine Weile treibe ich mich darauf im Garten herum, und als ich schüchtern und schuldbewusst ins Haus zurückkehre, sehe ich zu meiner großen Bestürzung die Mutter überall nach dem Schlüssel suchen. Ich gerate in große Angst, denn mir ist, als hätte ich den Schlüssel bei der Flucht aus dem Haus über die Brücke in den Wassergraben geworfen. Wenn mich jetzt die Mutter fragt, muss ich ihr die Wahrheit sagen! Glücklicherweise fragt sie mich nicht. Der Abend kommt, und ich liege höchst unglücklich in meinem Bett. Ich bitte Gott um seine Hilfe und schlafe weinend ein. Da träumt mir, ein helles, freundliches Wesen tritt zu mir in mein Zimmer und sagt: ›Hab keine Sorge, der Schlüssel, den du in den Hausgraben warfst, wird morgen auf dem Schranke liegen!‹ – In der Früh eile ich sofort dorthin – und tatsächlich! Der Schlüssel liegt wirklich dort, und ich kann der Mutter freudestrahlend die gute Nachricht bringen!«

Levin lacht und schüttelt den Kopf: »Passieren dir immer solche verrückten Geschichten? Da steht mir ja noch was bevor!«

Ihre Augen treffen sich, da bückt sie sich rasch zu einer Muschel nieder. Wie mag er das gemeint haben? – Ach, bestimmt war das nur so dahergesagt.

Es ist Nacht auf der Meersburg. Levin schläft in seinem Turm, Annette in dem ihren. Sie träumt unruhig, als eine plötzliche Windböe sie weckt. Was hat sie da nur wieder geträumt, wo soll denn das hinführen? Er ist doch so jung, viel zu jung, und sie ein verwelkendes Blatt. Nein, das führt doch zu nichts! Heftig wirft sie sich auf die andere Seite, aber Schlaf kann sie keinen mehr finden. So steht sie schließlich auf, öffnet die Tür und tritt hinaus auf den Balkon. Der Wind bläst kräftig von den Alpen herüber, im Mondlicht erkennt sie die eisigen Gipfel. Annette hält sich an der Brüstung fest. Sie schließt die Augen und trotzt dem Sturm. Sie weiß nicht, wie lange sie schon so dagestanden hat, als sie die Kälte plötzlich mit eisiger Schärfe spürt. Sie löst die klammen Hände von dem Geländer und kehrt frierend in ihr Zimmer zurück. Dort sucht sie nach der Lampe, zündet ein Licht an und setzt sich, immer noch erregt von Traum und Sturm, an ihren Schreibtisch:

Ich steh auf hohem Balkone am Turm
Umstrichen vom schreienden Stare,
Und lass gleich einer Mänade den Sturm
Mir wühlen im flatternden Haare;
O wilder Geselle, o toller Fant,
Ich möchte dich kräftig umschlingen,
Und, Sehne an Sehne, zwei Schritte vom Rand
Auf Tod und Leben dann ringen!

Die Wochen verfliegen. Levins Arbeit in der Bibliothek ist bald getan, nur noch wenige Bände sind zu archivieren. Es ist höchste Zeit zu überlegen, was für ihn danach kommt. Mit der Zeitungsredaktion wird es wohl nichts werden. Eine Hauslehrerstelle vielleicht? Annette hat den Gedanken an die bevorstehende Trennung lange beiseite geschoben, jetzt jedoch kann sie sich nicht länger selbst betrügen. Das Ende der glücklichen Zeit scheint gekommen. Kann er nicht noch bleiben, gibt es denn nicht noch Arbeit hier für ihn? Kann der Graf nicht einen Sekretär gebrauchen? – Nein, Annette weiß es, und bitter gesteht sie es sich ein, Levin muss weiterziehen, muss sich weiterentwickeln können. Sie kann ihn nicht wie einen Vogel in dem alten Gemäuer einsperren! Und wer weiß, vielleicht ist es ja auch das Beste für sie beide. Ja, auch für sie selbst! Denn wohin soll denn ihre Freundschaft führen? Sie hat schon bemerkt, dass man über sie spricht. Sie sind ein zu ungleiches Paar, sie, die adelige Alte, und er, der hübsche Junge aus bürgerlichem Haus. Wie eine Mutter fühlt sie, nennt ihn ihren Jungen, ihren Sohn. Und doch, wenn er sie mit seinen strahlenden Augen so ansieht, mischen sich noch andere Gefühle mit hinein, Gefühle, die sie sich verbieten muss, die niemand spüren darf. Sie betrügt sich selbst darum, doch ihre Träume verraten sie stets aufs Neue. So beschließt sie, das Unabwendbare, die Trennung, duldend hinzunehmen und die noch verbleibenden Stunden mit Levin zu genießen.

Ein milder friedlicher Wintertag führt sie wieder hinunter an ihren See, dicht am Rande der glitzernden Wellen gehen sie entlang, funkelnd grüßen die Alpen herüber. Annette läuft etwas voraus, und ihre Füße hinterlassen zierliche Abdrücke in dem feuchten Sand. Levin sieht ihre zarte Gestalt in der Sonne leuchten und bemerkt mit einiger Rührung, wie die Wellen in die Abdrücke hineinstrudeln und die Spur der Dichterin mit sich nehmen. Annette schaut heute nicht nach den geliebten Muscheln. Sie hat etwas auf dem Wasser entdeckt, einen Vogel, der auf dem Wasser treibt und sanft über die Wellen hinweggleitet. Ein Schwan ist es nicht, auch keine Möwe, das kann sie trotz ihrer Kurzsichtigkeit gut unterscheiden. Plötzlich jedoch ist der Vogel verschwunden. Aufgestiegen ist er nicht, also muss er blitzschnell untergetaucht sein. Annette schaut angestrengt hinaus. Eine Minute verstreicht. Wo ist er nur hin? Da! Da vorne ist er wieder! Schüttelt das Wasser von sich, aufgetaucht aus den eisigen Fluten. Annette atmet auf. Seltsam, sie hat Angst um den Vogel verspürt. Am Ende der Bucht verlassen sie den Strand und gehen wieder den gewohnten Weg hinauf durch die Weinberge. In der Schenke kehren sie ein. Wieder sind sie die einzigen Gäste, und beide sind froh darüber. Annette aber schaut weiter hinaus auf den See. Da vorne, da ist er ja, ihr Vogel! Immer noch lässt er sich dahintreiben. Plötzlich aber und völlig unvermutet taucht er wieder und ist verschwunden. Nur ein kleiner Kreis auseinanderstrebender Wellen ist zu sehen. Aufgeregt fasst Annette nach Levins Hand.

»Sieh nur, sieh! Er ist ertrunken! Nun kommt er nicht mehr zurück! Zu lange ist er schon unter Wasser!«

Levin versucht sie zu beruhigen: »Der kommt schon wieder!«

Zu zweit starren sie schweigend auf die stille Wasserfläche. Die Sonne steht schon tief am Himmel und taucht den See in ihr rötliches Abendlicht. Die Wellenkreise sind schon längst verschwunden, da schießt etwas Lebendiges aus dem Wasser empor. Ihr Vogel! Erleichtert lachen die beiden, aber Annettes Gesicht wird plötzlich wieder ernster. Ein Gedanke geht ihr durch den Kopf. Sie greift ein Stück Papier und beginnt zu schreiben:

Sieh drunten auf dem See im Abendrot
Die Taucherente hin und wieder schlüpfend;
Nun sinkt sie nieder wie des Netzes Lot,
Nun wieder aufwärts mit den Wellen hüpfend;
Seltsames Spiel, recht wie ein Lebenslauf!
Wir beide schaun gespannten Blickes nieder;
Du flüsterst lächelnd: immer kömmt sie auf –
Und ich, ich denke: immer sinkt sie wieder!

Schweigend gehen sie nach Hause. »Seltsames Spiel, recht wie ein Lebenslauf«, geht es Levin durch den Kopf.

Der Abschied ist gekommen, alle Burgbewohner haben sich im Hof versammelt. Der Graf drückt Levin nochmals dankbar die Hand und wünscht ihm eine gute Reise. Nach Franken wird Levin fahren, beim General von Wrede soll er auf Schloss Ellingen dessen Söhne unterrichten. Auch Jenny verabschiedet ihn herzlich. Dann steht Annette vor ihm und drückt ihm die Hand. Sie lächelt, aber ihr Blick ist seltsam nach innen gekehrt. Auch Levin spürt den Abschiedsschmerz, hält aber ihre Hand nicht länger als schicklich. Am Burgtor dreht er sich noch einmal um und winkt zurück, dann tritt er durch das Tor und ist ihren Blicken entschwunden. Die Gruppe auf dem Hof zerstreut sich, Annette eilt hinauf in ihren Turm. Dort sinkt sie auf ihrem Sofa nieder, und heftige

Tränenstöße erschüttern den schmalen Körper. Das Zimmer verlässt sie heute nicht mehr.

Er ist fort! Annette hat sich nicht vorstellen können, wie groß die Leere sein kann. Ihr Junge ist fort, ihr Sohn, ihr geliebter! Annette fürchtet sich davor, die vertrauten Wege alleine gehen zu müssen. Sie bleibt auf ihrem Zimmer, rollt sich auf dem Sofa zusammen, wie ein Igel liegt sie da. Tagelang bringt sie keine einzige Zeile zu Papier. Nur wenn der Postbote kommt, eilt sie hinunter in der Hoffnung auf ein Lebenszeichen. Eine Woche vergeht, dann wagt sie sich zum ersten Mal wieder aus der Burg. Sie geht den Weg hinunter bis zum Schlagbaum. Dort setzt sie sich auf einen Stein und wartet. Wenn doch ihr Pferdchen jetzt dahergesprungen käme! Wie hatte sie sich immer auf diesen Moment gefreut, auf sein erhitztes Gesicht, seine jugendliche Frische! Und wie jung ist sie selbst gewesen! Nun fühlt sie sich nur noch alt und grau. Ach, warum musste er nur gehen, der Ungezogene, der Undankbare! Traurig versucht Annette der Wahrheit zu trotzen, nein, sie will ihn wieder herzaubern, will ihn wieder bei sich haben! Rasch nimmt sie ihre Gläser ab und steckt sie ein. Sie blinzelt in die Aprilsonne, unscharf nur sieht sie den Weg zwischen den Bäumen zur Burg verlaufen. So sitzt sie da und wartet, träumt ihn, sehnt ihn sich herbei. Endlich rührt sich was, ein Wanderer kommt des Weges, undeutlich nur, schemenhaft sieht sie seinen Schatten. Ihr Herz schlägt höher. Das ist er, das muss er sein! Endlich kommt er wieder, kommt zu ihr zurück! Warum nur ließ er sein Mütterchen so lange allein?

Elf große Kunstwerke und ihre Geschichte

Westfalen ist ein Land voller bedeutender Kunstwerke. Einige Meisterwerke herauszugreifen ist immer ein willkürlicher Akt. Die getroffene Auswahl kann lediglich ein Querschnitt sein, soll Appetit machen, selbst auf Schatzsuche zu gehen.

Das Kreuzabnahmerelief an den Externsteinen

Schon Goethe hatte gestaunt und vermutet, das einzigartige Kunstwerk stamme aus den Zeiten Karls des Großen, etwa um 800. Heutige Kunstexperten datieren es mehrheitlich auf das frühe 12. Jahrhundert. So oder so, die riesige, in den Kalkfelsen der Externsteine hineingemeißelte Kreuzabnahme ist die älteste aus massivem Fels gehauene Großplastik nördlich der Alpen. In der Mitte prangt ein schlichtes Kreuz. Nikodemus ist auf eine Palme gestiegen und hat den Leichnam befreit, der nun von Josef von Arimathäa mühsam geschultert wird. Maria fasst den Kopf des toten Sohnes, ihr eigener Kopf ist verloren gegangen. Johannes, der Jünger, den Jesus liebte, steht unter dem Kreuz, Mond und Sonne verhüllen sich mit Trauertüchern. Merkwürdig ist eine zentrale Gestalt im Himmel, die ein kleines Kind in den Händen hält, Symbol vielleicht für den Vater, der seinen Sohn zur Erde geschickt hatte. Seltsam auch der Drache ganz unten, der eine weitere Gestalt umschlingt, während ein Bärtiger danebenkniet. Sind es Adam und Eva, die von der bösen Schlange, dem Satan, verführt werden? Deuten sie zum Kreuz, weil es der gekreuzigte Christus war, der die Menschheit wieder von der Sünde befreite?

Die archaische Kraft der Szene ergreift jeden Betrachter, es ist ein Kunstwerk von geradezu expressionistischer Wucht. Möglicherweise, ja sehr wahrscheinlich befand sich am selben Ort ein altes germanisches Heiligtum. Durch die christliche Überformung wurde die Kultstätte ihrer früheren Funktion beraubt. Wie mag das Relief auf die Altsachsen gewirkt haben? Statt der starken, unverwundbaren Götter sollten sie nun einen Gott verehren, den man tot vom Kreuz holte. Kein Wunder, dass die frühen Westfalen länger brauchten, diese radikale Umwertung ihres Gottesbildes nachzuvollziehen. Was es ihnen erleichtert haben mag: Sein Leben für seine Freunde zu geben, dieser Mut war ihnen nicht fremd.

Homage to the square – Josef Albers

Bottrop. Ein stiller, ein grüner Ort. Mittendrin ein moderner Museumsbau, ein gläsernes Quadrat. Hier kann man sie finden, die »Huldigungen an das Quadrat«. Niemals zuvor und niemals später wurden Quadrate von solch seltsamer Schönheit geschaffen. Auf quadratischem Grund werden die Quadrate immer kleiner, wie die Puppe in der Puppe, drei, maximal vier Farben, die miteinander kommunizieren, eine schier unendliche Vielfalt von Bezügen, ein hohes sinnliches Vergnügen.

Geschaffen wurde der Bilderzyklus von Josef Albers. Josef Albers, 1888 in Bottrop geboren, war Volksschullehrer, bevor er sich der Kunst zuwandte. 1908 besuchte er das Hagener Folkwangmuseum und blieb staunend vor Werken von Paul Cézanne und Henri Matisse stehen. Auch die geometrischen Bilder Piet Mondrians beeinflussten und bestärkten ihn, den Weg zur Abstraktion zu gehen. »Spielerischer Anfang entwickelt Mut, führt zum Erfinden – Entdecken.«

Josef Albers studierte in Berlin und München. Seine Doppelbegabung als Künstler und Pädagoge qualifizierte ihn für eine besondere Aufgabe: Albers ging nach Weimar, wo er zu einem der wichtigsten Lehrer des Bauhauses wurde, ein »Meister«, wie sich die dortigen Professoren nannten. Das Bauhaus hatte den Anspruch, alle Künste unter einem Dach zu vereinigen, die Trennung von Handwerk und Kunst zu überwinden. Josef Albers unterrichtete Glastechnik und Holzverarbeitung, 1930 avancierte er zum stellvertretenden Direktor, bevor der aufkommende Nationalsozialismus dem mutigen Projekt ein Ende machte. Josef Albers emigrierte in die USA, erhielt einen Ruf an das Black Mountain College in North Carolina. Reisen nach Lateinamerika ließen ihn die alten Kulturen der indigenen Völker entdecken, deren Kunst sein Werk beeinflusste. Albers experimentierte mit der Wirkung von Formen, Farben, Flächen und Linien: »Kunst ist zuerst Vision, nicht Expression.« Die psychologischen Wirkungen der Farben faszinierten ihn, die optischen Wahrnehmungen: »Nur der Schein trügt nicht.« In seinen Quadraten ist diese Botschaft vielleicht am konsequentesten verwirklicht, im Bottroper Museum Quadrat kann man sich davon überzeugen. Josef Albers starb 1976 in Connecticut. Die umfangreichste Sammlung des großen westfälischen Künstlers aber findet sich in seiner Heimatstadt Bottrop.

Der Beckumer Prudentiaschrein

Der Schrein der Heiligen Drei Könige im Kölner Dom ist prächtig, nicht minder prächtig aber ist der Goldschrein, der sich in der Beckumer Propsteikirche St. Stephanus befindet. Er ist gestaltet wie ein hohes Haus, wie ein Tempel. Zwischen grazilen Doppelsäulen thronen Christus und die Gottesmutter, begleitet von den zwölf Aposteln. Erstaunlich filigran sind die Gesichter gezeichnet. Geschnitztes Eichenholz wurde mit getriebenem und vergoldetem Silberblech überzogen, 180 kostbare Edelsteine funkeln geheimnisvoll. Uralt ist dieser Goldschrein, im Jahr 1230 wurde er von den Beckumern in Auftrag gegeben. Man vermutet, dass insbesondere die Bäcker der Stadt gespendet hatten, denn über Jahrhunderte hieß der Schrein der »Bäckerkasten«. Vielleicht ist dieser Ausdruck aber auch vom Namen der Stadt Beckum abgeleitet.

Eine Inschrift verrät die Namen der Goldschmiede: Renfridus, Hermannus und Sifridus. Ihre Werkstatt stand wahrscheinlich in Osnabrück, womit also auch der Entstehungsort des Schreins westfälisch wäre. Beckum hatte erst wenige Jahre zuvor die Stadtrechte erhalten und wollte mit dem Goldschrein der ganzen Welt beweisen, was man sich leisten konnte. Hierzu gehörte es, wichtige Reliquien zu besitzen. Auch dafür griffen die Beckumer vermutlich tief in die Tasche. Keine geringeren Knochen als die der frühen Märtyrer Stephanus und Sebastian erwarben sie für ihre Kirche.

Unglücklicherweise nahm die Säkularisierung keine Rücksicht auf die heiligen Gebeine: Anfang des 19. Jahrhunderts ließen profane Buben den Schrein öffnen und schnappten sich Stephanus' und Sebastians Überreste. Ein leerer Schrein aber ist ein trauriger Schrein, dachten sich die Beckumer. Der Münsteraner Bischof Brinkmann, ehemals Kaplan in Beckum, erwarb 1878 bei einem Rombesuch Reliquien der heiligen Prudentia, die man in einer alten Katakombe an der Via Appia gefunden hatte. Nichts Genaues weiß man von Prudentia, nur dass sie wohl den Märtyrertod starb und ihr Name Klugheit bedeutet. Als die Reliquien 1881 im Beckumer Bahnhof eintrafen, wurden sie von 5 000 Menschen begrüßt. Nicht dabei aber war Bischof Brinkmann. In den Jahren des heftig tobenden Kulturkampfes mit dem Bismarck-Regime hatte der Bischof nach Holland flüchten müssen. Die Neubeschickung des leeren Goldschreins war also auch eine hochpolitische Aktion. In feierlichem Zug wurde der Goldschrein vom Bahnhof in die Propsteikirche überführt, seitdem trägt er den Namen Prudentiaschrein. Kein schönerer findet sich in Westfalen.

(Selbst wer lieber die Heiligen Drei Könige besuchen will, muss nicht unbedingt nach Köln reisen. Findige können die drei sternenkundigen Herren auch auf dem Beckumer Schrein entdecken.)

Das Paradies – August Macke und Franz Marc

Nach dem abgeschlossenen Umbau glänzt es in neuem Licht: das LWL-Museum für Kunst und Kultur am Domplatz in Münster, auch unter dem Namen Westfälisches Landesmuseum bekannt. Dort findet sich ein eigentümliches, sehr hohes und zugleich sehr schmales Gemälde, das auf einfachen Putz aufgebracht worden ist. Es zeigt das Paradies. Eine heitere, fröhliche Szene, mit einem selbstbewussten Adam und einer wunderschönen Eva, umgeben von allerlei Getier und einer kecken Affenbande im Geäst. Das *Paradies* befand sich einmal in Bonn, im Wohnhaus von August Macke. Als sein bayerischer Freund Franz Marc zu Gast war, schmückten die beiden jungen Leute gemeinsam das hohe Treppenhaus aus, August Macke war für die Menschen zuständig, Franz Marc für die Tiere. Als das Bild fertig war, fragte August Macke seinen kleinen Sohn Walter, wie ihm das *Paradies* gefalle. Der Junge betrachtete es unzufrieden: »Da fehlen ja die Kinder!« August Macke lachte. Walter hatte natürlich recht. Aber Kinder im Paradies? War das nicht arg unbiblisch? August Macke fand einen Ausweg. Er malte Eva ein kleines Bäuchlein. So, nun war das *Paradies* perfekt! In Münster können Sie es neben vielen anderen Werken des gebürtigen Sauerländers bewundern.

Der Marienaltar des Conrad von Soest

Dortmund? Kohle, Stahl, Bier und Fußball, was sonst? – Von wegen! Die Reichsstadt, reiches Mitglied der Hanse, hat weit mehr zu bieten als die üblichen Klischees. Auch viele interessante Kirchen finden sich im Stadtgebiet; hat man nur wenig Zeit, sollte man sich zumindest die Marienkirche ansehen. Hier ist ein Altar zu bestaunen, wie es nur wenige gibt, ein Wunder an Farbigkeit und harmonischer Gestaltung. Szenen aus dem Leben Marias stehen im Mittelpunkt des Marienaltars, lebendige, farbenfrohe Geschichten.

Wer war der Schöpfer dieses Meisterwerks? Lange spekulierten die Wissenschaftler, den Beweis aber führte Rolf Fritz, der Leiter des Museums für Kunst und Kulturgeschichte in Dortmund. Im Jahr 1950 entdeckte er ein wichtiges Bilddetail. Hinter Marias Sterbebett steht ein Tisch. Auf ihm liegt ein Buch, das leicht geöffnet ist. Hierdurch werden vier Buchstaben lesbar: »con..d«. Der Vergleich mit der Signatur eines anderen Kunstwerks führte auf die Spur des Künstlers. Es ist Conrad von Soest.

Der Name führt in die Irre. Conrad von Soest müsste eigentlich Conrad von Dortmund heißen. In Dortmund wurde er um 1370 geboren, am Ostenhellweg befand sich sein Wohnhaus, vielleicht auch seine Werkstatt, in Dortmund ist er 1422 verstorben. Glücklichen Umständen ist es zu verdanken, dass wir über Conrad von Soest mehr wissen als über viele seiner Zeitgenossen. Er muss viel herumgekommen sein, sein höfischer Stil weist auf Einflüsse des französischen Hofes hin, eine Parisreise ist anzunehmen. Die Pracht des Marienaltars ist Ausdruck des enormen Selbstbewusstseins der Reichsstadt. »Seht her«, scheinen die Dortmunder gerufen zu haben, »was wir uns leisten können!« Der Stolz der freien Bürger offenbart sich auch in den Details. So berühren die Heiligen Drei Könige das kleine Jesuskind, was der Adel üblicherweise niemals tun würde.

Conrad von Soest verdanken wir noch weitere Kunstwerke: die Nikolaustafel der Nikolaikapelle in Soest (heute im LWL-Museum für Kunst und Kultur in Münster), den Tragaltar der Dortmunder Familie Berswordt, auf dem Conrad von Soest den Dortmunder Stadtpatron Reinold als Ritter dargestellt hat (heute Alte Pinakothek München), und den Altar der evangelischen Stadtkirche in Bad Wildungen mit der Darstellung der ältesten zisalpinen Brille.

Ein Selbstbildnis – Ida Gerhardi

Eine selbstbewusste Frau. Ihr Blick ist klug und skeptisch zugleich. Kleidung und Schmuck beweisen Geschmack und Unabhängigkeit. Mit einer selbstverständlich erscheinenden Geste rückt sie ihre Brille zurecht. Das Bild ist realistisch gemalt, wenngleich mit sehr individuellem Pinselstrich, ein Selbstporträt. Es hängt in Lüdenscheid, in den Städtischen Museen, und zeigt eine große westfälische Künstlerin: Ida Gerhardi.

Die Malerin wurde 1862 in Hagen geboren. Ihr Vater, ein niedergelassener Arzt, starb früh, worauf die Familie nach Detmold zog, wo Ida Gerhardi aufwuchs. Als sie sich mit 28 Jahren entschloss, Künstlerin zu werden, blieben ihr die meisten Türen versperrt. Kunst war ein ernsthaftes Gewerbe, die Akademien nahmen nur Männer auf. In München gab es eine Damenakademie, bald aber zog es Ida Gerhardi nach Paris, dem Zentrum der Moderne. Dort lockten einige private Schulen, an denen auch Frauen studieren konnten. Was für ein anderer, frischerer Wind wehte hier! Ida Gerhardi machte die Bekanntschaft von Auguste Rodin, Frederick Delius und zahlreichen anderen Künstlern. Zusammen mit Studienkolleginnen wohnte Ida Gerhardi in dem bei Paris gelegenen Künstlerdorf Grez-sur-Loing, erlebte an der Seite ihrer Detmolder Freundin Jelka Rosen das bunte Treiben der Seinemetropole, auch Käthe Kollwitz war oft mit dabei. Sie besuchten Vergnügungslokale und Tanzveranstaltungen, erhielten zahlreiche Anregungen, die sie in Bildern festhielten. Es war die Zeit des Spätimpressionismus; lockere, spontane, situative Szenen von großer Lebendigkeit entstanden. Einen besonderen Blick hatte Ida Gerhardi für Menschen. Ihre Porträts waren, wenngleich von impressionistischer Leichtigkeit, zu der sich später expressionistische Farbigkeit gesellte, immer auch Seelenlandschaften, gelungene Charakterstudien. Ihr Talent sprach sich herum, oft musste sie auf Reisen gehen, um Auftragsarbeiten anzufertigen. 1913 verließ sie Paris endgültig und zog zu ihrer Familie nach Lüdenscheid, wo sie 1927 verstarb.

Ihre vielleicht bekannteste Arbeit ist das Porträt eines der bedeutendsten deutschen Kunstmäzene: Karl Ernst Osthaus.

Hohenhagen – Karl Ernst Osthaus

Ein Gesamtkunstwerk. Eine Siedlung hoch über der Stadt Hagen gelegen, ein Ensemble aus korrespondierenden modernen Bauten, aufgelockert durch parkartiges Grün. Ein künstlerischer Kontrapunkt gegen die Monotonie und Trostlosigkeit der Industriebauten. Mehrere Architekten und Künstler hatten ihren Anteil daran, Initiative und Gesamtplanung aber lagen in den Händen eines einzigen Mannes, von Karl Ernst Osthaus.

Osthaus war 1874 in Hagen zur Welt gekommen, das reiche Erbe seines Großvaters ermöglichte ihm ein Leben ohne wirtschaftliche Zwänge. Bei ausgedehnten Reisen schulte der Bankierssohn Auge und Empfinden, sammelte Kunst verschiedenster Nationen und bekam zugleich einen sicheren Blick für das Neue in der Kunst. In der Zeit des Wilhelminismus, in der nur mehr die deutsche Kunst zählte, setzte er sich mutig und gegen alle Widerstände über das engstirnig-chauvinistische Denken hinweg. Die Trennung von Kunst und Leben erschien Osthaus artifiziell, alle Menschen und Künstler lud er ein, an seinem Gesamtkunstwerk mitzuwirken. Wenn es gelang, neue, menschenwürdige Häuser zu schaffen, wäre der Anfang gemacht. Die Architektur musste voranschreiten, alle anderen Künste würden sich anschließen und davon profitieren. Neben Henry van de Velde gewann Karl Ernst Osthaus Peter Behrens, Adolf Loos, Walter Gropius und weitere moderne Architekten. Häuser für Arbeiter und Künstler entstanden in enger Nachbarschaft, eine Schule, Ausstellungsräume, ein eigenes Verlagsgebäude, ein gläserner Turm wurde entworfen.

Im Zentrum der Gartenstadt Hohenhagen entstand 1908 der Hohenhof, das Wohnhaus für Osthaus, gestaltet von Henry van de Velde. In Absprache mit dem Bauherrn gelang es van de Velde, ein einzigartiges Gesamtkunstwerk zu schaffen; die futuristische Formensprache des Äußeren fand ihre Entsprechung in der Inneneinrichtung, in den Möbeln, den Böden, den Lampen und Stoffen. Bis hin zu Besteck und Geschirr, zu den kleinsten Details wurde alles vollkommen neu entworfen. Für den Wintergarten malte Henri Matisse ein Fliesentriptychon, Johan Thorn Prikker schuf die Treppenhausverglasung. Karl Ernst Osthaus rückblickend über sein Programm: »Das große Problem der Zeit war die Zurückführung der Kunst ins Leben.«

Schon wenige Jahre zuvor hatte unten in der Stadt ein neues Gebäude für Furore gesorgt, ein Palast für die Kunst, die Inneneinrichtung geschaffen von Henry van de Velde. Wieder war es Karl Ernst Osthaus, von dem Idee und Gelder stammten, ein Haus für zeitgenössische Kunst, das erste seiner Art, für die Werke noch weitgehend unbekannter und in Deutschland verpönter Künstler: Auguste Renoir, Vincent van Gogh, Paul Gauguin, Auguste Rodin (den Osthaus durch die Vermittlung von Ida Gerhardi kennengelernt hatte). Folkwang-Museum nannte der visionäre Mäzen sein Haus, Anregung für viele junge deutsche Künstler, die solche Kunst bislang vergeblich in Deutschland gesucht hatten, auch sein westfälischer Landsmann August Macke zählte dazu. Den Malern der »Brücke« ermöglichte Karl Ernst Osthaus 1907 eine erste Gemeinschaftsausstellung, mit Emil Nolde befreundete er sich und stellte dessen Bilder aus. Hagen wurde zum Zentrum der Moderne, hier wurde der Mief der Wilhelminischen Ära vertrieben, im Herzen Westfalens.

Noch viele andere Projekte stieß Osthaus an. Unter seinem Vorsitz gründete sich der »Sonderbund« mit dem Ziel, die moderne Kunst einem größeren Publikum bekannt zu machen. Der größte Teil seiner Sammlungen befindet sich heute an anderer Stelle. Die Stadt Essen kaufte nach Osthaus' Tod den Großteil der Sammlung auf und ließ ein neues Folkwang-Museum bauen. Wer das ursprüngliche Folkwang-Museum, das heutige Osthaus-Museum in Hagen, besucht und auch den nahen Hohenhof, wird den Geist seines Schöpfers in einzigartiger Weise verspüren.

Der Raub der Töchter des Leukippos – Peter Paul Rubens

»Zwei Herren geben zwei Damen Reitunterricht«, sagt Loriot, als ihn die Eheberaterin fragt, was das Gemälde darstelle. Seine Ehefrau ergänzt: »Mehr so Urlaub, mit Reiten und so.«

Nicht nur wegen dieser Kommentare ist die Psychologin froh, als die Therapiestunde vorüber ist.

Urlaub? Reitunterricht? Das besagte Gemälde stellt in dramatischer Bewegung den Raub zweier nackter Schwestern dar, die von ihren Entführern Castor und Pollux auf zwei schnaubende Rosse gezerrt werden. Die beiden Brüder, sterblich der eine, unsterblich der andere, werden auch Dioskuren genannt. Das Sträuben der Mädchen wird verständlich, wenn man weiß, dass sich diese bereits verlobt hatten. Ganz der Vater, konnten und wollten die beiden Zeussöhne auf derart bürgerliche Kleinigkeiten jedoch keine Rücksicht nehmen und schnappten sich kurzerhand das Objekt ihrer Begierde, die beiden hübschen Leukippiden.

Der Künstler, der die Szene in solch einzigartiger Lebendigkeit festhält, ist Peter Paul Rubens. Rubens wurde 1577 in Siegen geboren. Die Stadt hat ihrem berühmten Sohn ein würdiges Andenken bewahrt und verfügt mit dem Rubenssaal im Oberen Schloss über eine der wichtigsten Ausstellungsorte des Malers. Neun Originalgemälde sind dort zu bewundern, darunter eine Fassung des Raubes der Leukippiden.

Der Taufstein der Stiftskirche Freckenhorst

Wie schon erwähnt, taten sich die Westfalen mit dem Christentum lange schwer. Als sie sich jedoch schließlich zum neuen Glauben bekannten, taten sie dies mit westfälischer Entschlossenheit. Um Christ zu werden, musste man sich taufen lassen; um sich taufen zu lassen, brauchte man gescheite Taufsteine. Die Vielzahl an merkwürdigen Taufsteinen aus frühester Zeit legt Zeugnis für die Glaubensfestigkeit der Westfalen ab. Eine ganze Woche könnte man nur damit verbringen, durch Westfalen zu reisen, um all die unterschiedlichen Taufwasserbehältnisse zu bewundern. Der vielleicht älteste Taufstein findet sich in Rhynern, archaisch, kaum bearbeitet. Schon vorsichtig gestaltet sind die Weihebecken in Waltrop, Ostönnen, Lüdinghausen, Schwerte oder Diestedde, byzantinisch beeinflusste Taufsteine finden sich in Wattenscheid, Brenken, Metelen, Ramsdorf, Coesfeld und

Elsen, Taufsteine aus der Zeit der Staufer kann man in der Propsteikirche von Bochum, in Brakel, Beckum und Aplerbeck bewundern, noch etwas später entstand der prächtige Taufstein von Brechten.

Als das bedeutendste steinerne Taufbecken Westfalens und ganz Deutschlands aber gilt der Taufstein von Freckenhorst. In Freckenhorst wurde bereits im Jahr 854 ein Kloster gegründet; Bischof Liutbert von Münster schenkte ihm Reliquien des heiligen Bonifatius, der zum Patron der Stiftskirche wurde. Der Taufstein, den die Jahreszahl 1129 ziert, hat die Form einer niedrigen Säule und besteht aus zwei Reliefzonen. Im unteren Bereich tummeln sich sechs wilde Löwen um ein menschliches Haupt. Es soll wohl Daniel darstellen, den man in die Löwengrube geworfen hat. Dann folgt ein erstaunlich reich verziertes Inschriftenband, das zugleich die Basis für sieben Säulen bildet – diese separieren sieben Bilder voneinander, sieben Bilder, die vom Leben Jesu erzählen: von der Verkündigung seiner Geburt bis zur Wiederkunft im Weltgericht. Die Reliefs sind trotz oder wegen ihrer Schlichtheit von eindrucksvoller Bildkraft, romanische Steinmetzkunst in Vollendung. Dehio, der große Kunstreisende, nannte sie »eine Goldschmiedearbeit in Stein«. Unbedingt besuchen! (Der Besuch lohnt sich nicht nur wegen des Taufsteins. Mediävisten kommen, um die älteste Inschrift in niederdeutscher Sprache zu bewundern, die sich auf dem Grabmal der Geva in der Krypta findet. Auch auditive Charaktere kommen auf ihre Kosten. Zwölf Läuteglocken verteilen sich auf drei Etagen. In der unteren Glockenstube hängen noch die fünf historischen Glocken – vollständig erhaltene Stiftsgeläute findet man in Westfalen sonst nur noch in Steinfurt-Borghorst und Metelen. Will man die alten Glocken von St. Bonifatius hören, muss man zum »Krüßing« kommen, dem Freckenhorster Festtag am 3. Mai. Fällt er auf einen Wochentag, wird am darauffolgenden Sonntag geläutet. Mit der Hand!)

Das Drei-Hasen-Fenster in Paderborn

»Der Hasen und der Löffel drei, und doch hat jeder Hase zwei.« –
Man kann sich gut vorstellen, wie sich die mittelalterlichen Steinmetze einst einen Spaß daraus gemacht haben, die Gläubigen zu verwirren. Jeder der drei Hasen hat zwei Löffel. Warum sind es dann
nicht sechs Ohren? Dieses Rätsel konnte nur entstehen, weil man die
Hasen im Kreis gruppierte. Das Paderborner Fenster im Kreuzgang
ist damit auch eines der frühesten Hamsterräder der Geschichte,
wenngleich man eine solche Anordnung auch an anderen Stellen in
Westfalen antrifft, im nahen Kloster Hardehausen im Eggegebirge
und auch im Dom von Münster, im Gewölbe des Johannis-Chores.

Hasen haben die Westfalen schon in vorchristlicher Zeit verehrt,
gelten sie doch als Symbole der Fruchtbarkeit, weshalb die Nagetierchen als Osterhasen auch ins Christentum herüberhoppeln durften.
Nirgendwo aber tun sie es in eleganterer und zugleich sportlicherer
Weise als in Paderborn.

Die Gerechtigkeit – Hubert Weber

Universität Münster, Juristische Fakultät. Im Treppenhaus große,
farbige Fenster, Bleiglas. Eines davon zeigt die Weltkugel. Eine
schwarze und eine weiße Hand sind darauf zu sehen, streben die
Berührung an. Von der Sonne beschienen schwebt eine große Figur
im All. Gott? Ein Engel? Die Figur hat weibliche Züge, hält die
Rechte erhoben. Das Merkwürdigste aber: Dort, wo man sonst die
Hand vermutet, wächst ein Kreuz aus dem Arm. Das Bild trägt den
Titel *Gerechtigkeit*.

Der Künstler heißt Hubert Weber (1920–2013). Als junger Soldat
wurden ihm in Russland beide Hände zerrissen. Die Ärzte konnten
ihm keine Hoffnungen machen, auch der linke Oberarm war zertrümmert, man riet zur Amputation. Sein Vater aber kämpfte um
seinen Sohn, erfuhr von einem Professor in Berlin, der mit neuen
Prothesen Erfolge hatte.

Professor Ferdinand Sauerbruch, Westfale aus Barmen. Er nahm sich des jungen Mannes an, operierte ihn zehnmal, schenkte ihm raffinierte neue Hände, mit denen Hubert Weber sogar einen Stift führen konnte. Sauerbruch erkannte das Talent Webers, ermutigte ihn, ein Kunststudium zu beginnen. Der »Künstler ohne Hände« wurde einer der bekanntesten Maler und Bildhauer der Nachkriegszeit. Ganze Kirchen stattete er mit Wandmalereien, Plastiken und Glasfenster aus. Die Universität Münster verlieh dem gebürtigen Franken ihren Staatspreis. Für den Neubau der Juristischen Fakultät schuf Hubert Weber die Treppenhausfenster. Zwei isolierte Hände auf einem Erdball, ein Kreuz, das aus dem Arm eines Engels wächst. Die Gerechtigkeit.

Pizza westfalica

Wer meint, der Westfale könne nur Pumpernickel und Möpkenbrot, ist schief gewickelt. Der Westfale ist auch kulinarisch weit vielseitiger als gedacht, ja im Westfalen ist ein echter Italiener versteckt. Den Beweis führte ein ebensolcher, der italienische Meisterkoch Angelo Zicaro. Bei dem gebürtigen Kalabresen, dem es als erstem Italiener gelungen ist, sich einen deutschen Meisterbrief zu erkochen, paaren sich südländische Kreativität mit germanischer Gründlichkeit. Wer in Deutschland lernen möchte, wie man italienische Spezialitäten zubereitet, der kann in München einen Kursus in Angelo Zicaros mediterraner Kochschule besuchen.

Mit einer völlig anderen Bitte trat die *Süddeutsche Zeitung* an Angelo Zicaro heran. Ob er im Auftrag des Blattes elf Tiefkühlpizzen testen könne? Man wolle endlich herausfinden, was an den Versprechen der Werbung dran sei. Kann so ein aufgetauter Fladen tatsächlich Restaurantqualität entwickeln? Angelo Zicaro stellte sich der Herausforderung tapfer. Bei der Zubereitung, die aus nichts anderem bestand, als den Ofen anzuschalten, die vereiste Scheibe hineinzuschieben, auf die Uhr zu schauen und die brutzelnde Pizza pünktlich herauszuziehen, hielt er sich streng an die Packungsangaben. Bei der Verkostung (wenn dieses Wort in diesem Zusammenhang erlaubt ist), wurde auf alle typischen Pizzamerkmale geachtet, und am Ende wurden die Punkte vergeben. Die Skala reichte von null bis zehn, zur Auswahl kamen aus Gründen der besseren Vergleichbarkeit nur Salamipizzen.

Der arme Signor Zicaro! Was muss er gelitten haben! Hier eine Auswahl seiner Urteile: »Wir haben immer genau nach Anleitung gebacken, aber beim Reinbeißen ist die Pizza hart wie Biscotti. Die Salami ist verschrumpelt und teils verbrannt.« (Original Wagner Steinofen) »Das Beste am Rand ist der hübsche Mehlstaub ... der Käse ist zwar schön geschmolzen, schmeckt aber genau wie die Salami: nach gar nichts!« (Alfredo von Lidl) Auch Bio macht's nicht besser.

Die Bio-Steinofenpizza aus der Serie »Unsere Natur« (Wagner) sei schon optisch »eine Katastrophe«, der Pizzapapst konnte keinen Rand entdecken, keine Porung im Teig, »das dürfte ihn schwer verdaulich machen«. Auch das noch! Weder äußere noch innere Werte. Und das bei der teuersten Pizza im Test. Die Bio-Pizza von Alnatura macht es da schon besser, »beim Belegen allerdings wurde schlampig gearbeitet, deshalb ist der Käse am Rand angebrannt ... der Käse soll Mozarella sein, schmeckt aber undefinierbar«.

Acht der elf Pizzen dümpeln bei erschreckenden null bis fünf Punkten herum, man muss schon ziemlich hungrig sein oder fürchterlich erkältet, um sie hinunterzuwürgen. Zwei Pizzen immerhin schaffen mit sieben Punkten ein recht ansprechendes Ergebnis, reichen aber nicht an den Testsieger heran, der zehn von zehn Punkten erhielt und damit den Lorbeerkranz der Tiefkühlpizzen. Wer aber ist es, der dieses Traumergebnis schaffte, den nicht zu toppenden Geschmacksgenuss? Es ist die Pizza tradizionale aus dem Hause Dr. Oetker! Bei diesem urwestfälischen Erfolgsprodukt gerät der italienische Meister ins Schwärmen, man spürt förmlich, dass er sein Lob am liebsten auf Italienisch gesungen hätte. Wie er vom Teig schwärmt, von dessen perfekter Konsistenz! Außen knusprig, innen aber weich und saftig, mit einer Porung, die ihresgleichen sucht. Eine feine Ahnung von Focaccia-Brot umweht die Geschmacksknospen. Dazu die Farbe! Und die authentischen Mehlflecken! Und die feine Soße! Sogar der Käse ist ordentlich, was im Zeitalter von Käsesurrogaten keinesfalls selbstverständlich ist. Angelo Zicaro ist sich sicher, hier wurden hochwertige Zutaten verwendet. Sein Gesamturteil zu der Köstlichkeit aus der berühmten westfälischen Pizzaschmiede: »Das ist klar die beste Pizza im Test.« Westfalenherz, was willst du mehr?

Tipp: Und wenn es schon mal schnell gehen muss und Sie zudem ein Anhänger der tiefgefrorenen Küche sind, warum nicht zum Nachtisch ein Stück Kuchen von Coppenrath & Wiese? Der westfälische

Konditormeister Josef Wiese (1932–2009) stammt aus Mettingen und gründete mit seinem Vetter Aloys Coppenrath den Tortenriesen. Wissen Sie, welches Produkt am besten läuft? Der Bienenstich. (Seit 2015 gehört die größte Konditorei Westfalens zu Dr. Oetker.)

Hochkultur in Westfalen

Wer glaubt, Westfalen bestünde nur aus Malochern und Bauern, der liegt weit daneben. Westfalen ist ein Land voller Museen, Theater und Konzertsäle. Kulturfreaks wird es in Westfalen niemals langweilig. Dass westfälische Kultur aber nicht nur in der Breite überzeugt, sondern auch echte Spitzenleistungen zu bieten hat, davon sollen einige Beispiele zeugen.

Anne-Sophie Mutter, die Meistergeigerin, ist hoch unzufrieden. In ihrem schönen München gibt es keinen gescheiten Konzertsaal und wird es so schnell auch keinen geben. Der Gasteig? Ein monströses Ungeheuer! Wie gerne hingegen packt sie ihren Koffer und geigt den Westfalen etwas vor. Im Konzerthaus Dortmund war sie schon oft zu Gast, so wie viele andere Spitzenstars der klassischen Musik. Seit das Haus an der Brückstraße im September 2002 eröffnet wurde, schwärmen die Kritiker von dessen einmaliger Akustik. Eingeladen von einer schicken Glasfassade tritt der Hörer ein und findet Platz in einem Saal, dessen Ausstattung als »Harmonie der Nüchternheit« gelobt wird. Nichts lenkt den Gast vom konzentrierten Hörerlebnis ab. Ein nahezu vollkommener Genuss.

Wer dem Schauspiel den Vorzug gibt, auch der findet in Westfalen reichlich Gelegenheit für spannende Abende. Die Ruhrfestspiele Recklinghausen suchen in Europa ihresgleichen. Zu verdanken haben wir das renommierte Theaterfestival den weichen Herzen und den beherzten Händen der Recklinghäuser Kumpel. Der Winter 1946/47 war lausig kalt. Im Hamburger Theater froren Akteure und Zuschauer so arg, dass das Haus vor der Schließung stand. In ihrer Not fuhren die Hamburger Theaterleute ins Ruhrgebiet. Bei der Zeche Recklinghausen machten sie halt und schilderten den Kumpeln ihre Not. Heimlich, ohne dass die Alliierten etwas merkten, beluden die Bergarbeiter die Theater-Lkw mit Kohle, das Hamburger Theater war gerettet. Aus Dank kamen die Hamburger im Sommer wieder und spielten für die Recklinghäuser. »Kunst gegen Kohle« nannte sich die Aktion, der Startschuss für die Ruhrfestspiele war getan.

Als feste Bühne ist das Schauspielhaus Bochum das westfälische Aushängeschild. Schon in den 1920er-Jahren machte sich Bochum unter der Intendanz von Saladin Schmitt als *die* deutsche Shakespeare-Bühne einen Namen. Renommierte Regisseure gaben sich in Bochum die Türklinke in die Hand: Hans Schalla, Peter Zadek, Claus Peymann … Dessen Aufführung von Kleists *Hermannsschlacht* ist nach wie vor unübertroffen. Bis heute zählt das Schauspielhaus zu den führenden deutschen Bühnen, mehrfach ausgezeichnet von vielen Kulturzeitschriften.

Unweit vom Schauspielhaus kommen diejenigen auf ihre Kosten, die Schauspieler lieber auf Rollschuhen erleben. Das Starlight Express Theater wurde 1988 errichtet. Nirgendwo anders auf der Welt gibt es ein Festspielhaus, in dem ein Musical von mehr Zuschauern gesehen worden wäre. Über 15 Millionen Besucher können sich nicht irren.

Auch in Gelsenkirchen tanzt der Bär. Das Musiktheater im Revier ist einer der spektakulärsten europäischen Theaterbauten der Nachkriegszeit. Und es überzeugt nicht nur architektonisch: Die Inszenierungen erhalten die besten Kritiken, 2013 erst wurde das Ballett mit dem hübschen Reviertitel »Ruß« mit dem renommiertesten deutschen Theaterpreis, dem »Faust«, für die beste Choreografie ausgezeichnet.

Auch nach Barmen, dem westfälischen Stadtteil von Wuppertal, zieht es Ballettfreunde aus aller Welt. Das dortige Opernhaus ist nicht nur die Hauptspielstätte der Wuppertaler Bühnen, es ist auch die Heimat des Tanztheaters Pina Bausch. Jeder Freund des Balletts kennt Pina Bausch, durch ihre originellen und berührenden Inszenierungen hatte sie sich einen Kultstatus von internationalem Rang erarbeitet. Pina Bausch starb 2009 in Wuppertal, ihre Arbeit aber wird in Barmen erfolgreich fortgesetzt.

Avantgardisten schwören auf die Ruhrtriennale. In spektakulären Spielstätten, den monumentalen Industriedenkmälern des Potts, mit der Bochumer Jahrhunderthalle, der angrenzenden Turbinenhalle und dem Dampfgebläsehaus als Zentrum, dürfen Turboregisseure kräftig Dampf machen. Reizvoll ist der Kontrast, der sich aus den stählernen Maschinenhallen und der Hochkultur ergibt, Mensch und Maschine schenken sich nichts.

Ob klassische Musik, Schauspiel oder Ballett – in allen Sparten nehmen die westfälischen Spielstätten Spitzenplätze ein. Westfalen machen kein Theater? Und ob! Der Platz reicht leider nicht aus, all die anderen Bühnenerlebnisse zu schildern. Ein kleines Beispiel nur für die Leistungsfähigkeit auch sogenannter kleiner Häuser: Die Westfälischen Kammerspiele Paderborn erhielten 2012 als erste außerchinesische Bühne überhaupt den höchsten chinesischen Theaterpreis, den »Goldenen Löwen«: Xigong, Paderborn!

Ein Quiz für Westfalenkenner

Zum Schluss noch ein kleines Quiz, um den größten Westfalenkenner unter den Lesern zu ermitteln: 18 knifflige Fragen. Die Auflösung finden Sie auf der letzten Seite.

1. In welcher Gemeinde Westfalens verdienen die Menschen am meisten?

   a) in Soest
   b) in Steinfurt
   c) in Attendorn

2. Wie viele Berge hat das Sauerland?

   a) weniger als 1 000
   b) genau 1 000
   c) mehr als 1 000

3. Wo befindet sich die größte Schublade Westfalens?

   a) im Heimatmuseum von Attendorn
   b) im Standesamt von Bielefeld
   c) in Herne-West

4. Unter einem Manta-Teller versteht man

   a) die Racing-Radkappen eines Kultautos
   b) ein beliebtes Schnellgericht im Ruhrgebiet
   c) ein Stück Geschirr, das die wasserstoffperoxidierte Friseuse auf jede Ausfahrt mit dem fuchsschwanzgeschmückten Auto ihres Lovers mitnimmt, um seinen lästernden Freunden zu beweisen, dass es ihr durchaus gelingt, über den Tellerrand zu schauen

5. In welcher kreisfreien Stadt von NRW wohnen die schlanksten Menschen?

    a) in Köln
    b) in Münster
    c) in Düsseldorf

6. Welches ist der kürzeste Fluss Deutschlands?

    a) die Lenne
    b) die Möhne
    c) die Pader

7. Wo befindet sich das Siebensonnenfenster?

    a) in Meschede
    b) in Bad Laasphe
    c) in Herford

8. Wo steht die vielleicht älteste bespielbare Orgel der Welt?

    a) in St. Andreas, Ostönnen (Soest)
    b) in der Dortmunder Marienkirche
    c) in der Propsteikirche Bochum

9. Wo kann man in Westfalen die Sterne am schönsten beobachten?

    a) am Hermannsdenkmal im Teutoburger Wald
    b) auf dem Kahlen Asten
    c) in Münster in der Nähe des Aasees

10. Von wem stammt das Zitat: »Ich habe nie lange gefackelt, die Kartoffel immer sofort auf die Bude geballert.«

a) von Klaus Fischer
b) von Lothar Emmerich
c) von Helmut Rahn

11. In welchem westfälischen Gewässer gibt es Ebbe und Flut?

a) im Westfälischen Meer
b) im Großen Heiligen Meer
c) im Hengsteysee

12. Wie hieß der erste und einzige König von Westfalen?

a) Karl-Dieter
b) Hieronymus
c) Egon

13. Im Jahr 1999 wurde Hermann dem Cherusker ein gigantisches Fußballtrikot über die Blechohren gezogen. Von welchem westfälischen Verein?

a) Schalke
b) Paderborn
c) Bielefeld

14. Auf welche Insel können Sie Ihr Münsteraner Gesangbuch mitnehmen?

a) auf die ehemalige Rheininsel Kaiserswerth bei Düsseldorf
b) in die Kirche Sant Pere in Petra auf Mallorca
c) auf die ostfriesische Insel Wangerooge

15. Was ist ein Tödden?

    a) ein Bommel über der Wiege eines Babys in Rheine
    b) ein wandernder Kaufmann aus Westfalen
    c) der Türmer von St. Lamberti in Münster

16. Welches westfälische Bier schaffte es in die Hitparaden?

    a) Veltins
    b) Iserlohner
    c) Bottroper

17. Was meint ein Wattenscheider, wenn er sagt: »Ich geh im Bett«?

    a) eine neue Variante der heimischen Gymnastik
    b) eine westfälische Form des Schlafwandelns
    c) eine Müdigkeitsbekundung

18. Was bekamen Recklinghäuser Bergleute viele Jahre lang von ihrer Zeche als Proviant, wenn sie unter Tage fuhren?

    a) zwei Liter sauberes Wasser aus einer Tiefenbohrung
    b) eine Thermoskanne Kaffee, frisch gebrüht vom Kohlenfeuer
    c) eine Flasche Schnaps

1. Attendorn ist richtig. Jeder Attendorner hatte 2012 ein verfügbares Einkommen von durchschnittlich 40 400 Euro, das ist westfälischer Rekord. Und das Schöne daran ist, dass sich diese hübsche Summe nicht aus den Rekordeinnahmen einiger weniger Millionäre ergibt, sondern aus den Einkommen vieler gut bezahlter Facharbeiter. In Attendorn gibt es 1 100 Betriebe, oft hochspezialisierte Unternehmen, die für gute Arbeit gute Löhne zahlen. Auch um Attendorn herum das gleiche Bild: der Kreis Olpe ist der Spitzenreiter in Westfalen. Und nicht nur dort: in ganz NRW!

2. Mehr als 1 000. Die einen haben um die 1 700 Berge gezählt, eine andere Statistik sagt, es seien exakt 2 711 Gipfel, wenn man sich der offiziellen Definition der Geografen für einen Berg bedient. Wie auch immer, die Bezeichnung »Land der tausend Berge« für das Sauerland ist eine typisch westfälische Untertreibung. Fast drei Jahre Urlaub müsste man nehmen, wollte man jeden Tag einen der hübschen Sauerländer Berge besteigen. Das hat selbst Reinhold Messner noch nicht geschafft.

3. Herne-West nennen die Fans des BVB den Ruhrgebietsrivalen, um das Wort Schalke nicht in den Mund nehmen zu müssen. Der Rasen des Schalker Stadions kann durch eine riesige Schublade an die frische Luft gefahren werden.

4. Der Manta-Teller ist ein Schnellgericht. Der Ruhrgebietsklassiker besteht aus einer Currywurst an Pommes rot-weiß. Der Name kommt vom Opel Manta, dessen Fahrer seine Blondine am liebsten zur Pommesbude ausfuhr. Auch viele Opel Mantas sind Westfalen gewesen. Einst wurde das schicke Pony-Car auch in Bochum gefertigt. Heute läuft dort kein Auto mehr vom Band, die Fabrik wurde abgerissen. Schade.

5. »Düsseldorf!«, rufen jetzt viele und denken an die gertenschlanken Models auf den Laufstegen der Kö. Mit hoher Wahrscheinlichkeit sind diese Mädchen aber aus Münster importiert, denn Münster ist mit Abstand und seit Jahren die Stadt mit den besten Maßen. Nirgendwo sonst in NRW sind die Menschen so schlank, auch nicht in Düsseldorf oder Köln. Der durchschnittliche Body-Mass-Index (BDI) liegt in der heimlichen Hauptstadt Westfalens im Gegensatz zu allen anderen NRW-Kommunen stets unter 25 und damit im attraktivsten Bereich, alle Lügen strafend, die den Westfalen Fettleibigkeit unterstellen. (Dass das westfälische Herne mit einem 61-prozentigen Anteil an Übergewichtigen die rundeste Stadt an Rhein und Ruhr ist, kann nur an den bekanntermaßen guten dortigen Pommesbuden liegen.)

6. Die Pader. Mächtig quillt sie aus dem Karst, mitten in Paderborn, 200 Quellen schicken 3 000 bis 9 000 Liter Wasser pro Sekunde an die Oberfläche. So bildet sich im Nu ein ansehnlicher Fluss, nach nur vier Kilometern aber ist schon wieder Schluss. Dann vereinigt sich der kürzeste Fluss Deutschlands mit der Lippe.

7. Über der Pforte an der Südseite des Herforder Münsters strahlen sieben Sonnen um die Wette. Die Legende erzählt, der Boden sei so sumpfig gewesen, dass die Herforder Äbtissin und ihre Nonnen beim Bau der Kirche um das Jahr 1000 die Gottesmutter um Hilfe angefleht hätten. Tags darauf seien sieben Sonnen am Himmel erschienen und hätten den Sumpf ruck, zuck ausgetrocknet. Andere sehen in dem Sonnenkreis eine Darstellung der Plejaden, so wie auf der Himmelsscheibe von Nebra. Das Aufscheinen des hellen Sternenhaufens zeigte den Germanen das Ende der Winterzeit an, ein Frühlingssymbol also.

8. Die Orgel von St. Andreas in Ostönnen hat eine einzigartige Geschichte. Offenbar erklang sie einst in der St.-Thomae-Kirche in

Soest. Als diese im Jahr 1722 ein neues Instrument bestellte, nahm der Orgelbauer die alte Orgel in Zahlung und stellte sie in Ostönnen auf. Dort wurde sie erweitert und überarbeitet, doch manche Teile stammen noch aus spätgotischer Zeit, das Pfeifenwerk etwa.

9. Nirgendwo auf der Welt kann man den Sternenhimmel in einer solchen Präzision und Schärfe betrachten wie in Münster. Das Planetarium im LWL-Museum für Naturkunde in der Nähe des Aasees wurde 2010 mit dem hochmodernen Fulldome-Projektionssystem der Firma Sky-Skan Europe ausgestattet. Legen Sie sich in einen der dreh- und neigbaren Besucherstühle und bewundern Sie das Universum in seiner ganzen Schönheit. Und wenn Sie wollen, können Sie den schönsten Stern, den Sie sehen, auf den Namen eines lieben Menschen taufen lassen. (www.sternentaufe-deutschland.de)

10. Lothar »Emma« Emmerich (1941–2003) stammt aus Dortmund-Dorstfeld. Sein Kindheitstraum »Ich wollte einmal in Schwarz-Gelb und einmal in Schwarz-Weiß« spielen wurde zur Realität. Mit der Nationalmannschaft wurde er 1966 Vizeweltmeister, mit dem BVB wurde er Deutscher Meister und Pokalsieger, gewann den Europapokal der Pokalsieger und wurde an der Seite von Sigfried Held Torschützenkönig der Bundesliga, als »Terrible Twins« waren die beiden gefürchtet. Auch belgischer Torschützenkönig wurde Lothar Emmerich noch. Vor einem Spiel gegen die Antwerpener Stadtrivalen wurde er für 24 Stunden entführt. »Emma« war nicht nur ein großer Torschütze, er war auch einer der fairsten Spieler der Liga. Keine einzige Karte hat er gesehen. Ein weiteres Zitat von ihm: »Gib mich die Kirsche!«

11. Westfälisches Meer? So nennt man die Möhnetalsperre gerne. Die Anziehungskraft des Mondes aber reicht nicht aus, Ebbe und Flut zu erzeugen. Auch das Große Heilige Meer, Westfalens größtes natürliches Gewässer, ein See in der Plantlünner Sandebene im Kreis

Steinfurt, kann nicht mit Gezeiten aufwarten. Ebbe und Flut aber gibt es im Hengsteysee. Der Wasserstand des Stausees der Ruhr bei Hagen, unterhalb der Hohensyburg, schwankt regelmäßig um einen satten Meter. Schuld daran sind dicke, lange Röhren, die das Seewasser hoch hinauf in ein Staubecken des Ruhrufers pumpen, immer dann, wenn zu viel Strom im Netz ist. Wenn mittags die westfälischen Hausfrauen und -männer ihren Herd anschmeißen, lässt man das Wasser zurück in den See rauschen und holt sich über Turbinen den Strom zurück.

12. Der erste und einzige König von Westfalen war ein Korse. Hieronymus Napoleon war der jüngste Bruder des großen Bonaparte. Jérôme regierte das von seinem Bruder geschaffene Königreich Westfalen von 1807 bis 1813. Meist wurde er von seinen Untertanen »König Lustig« genannt. Aber nur, weil er so gerne feierte, nicht, weil es unter seiner Regierung besonders lustig zugegangen wäre. Im Gegenteil. Um an der Seite seines Bruders das große Russland zu erobern, wurden 28 000 brave westfälische Bauernsöhne zwangsrekrutiert, die wenigsten sahen ihre Heimat wieder. Wären die Napoleons nicht so kriegerisch gewesen, Westfalen hätte durchaus von ihnen profitieren können. Die Leibeigenschaft wurde unter ihnen abgeschafft, die Religionsfreiheit eingeführt, ebenso das bürgerliche Gesetzbuch (Code civil) und die erste deutsche Verfassung. Außerdem wurde 1810 das erste deutsche Parlament eingerichtet. Aber was half das alles, wenn das Land bluten musste. Nach der Völkerschlacht bei Leipzig (1813) und der Niederlage Napoleons war Schluss mit dem jungen Königreich Westfalen. Der Wiener Kongress stellte weitgehend die alten Strukturen wieder her.

13. Bielefeld ist richtig. Schließlich trägt Bielefeld als Vornamen »Hermann« in latinisierter Form: »Arminia«. 130 Quadratmeter Stoff waren für das Trikot nötig, das sicherte den Eintrag ins *Guinness-Buch der Rekorde*.

14. Nach Wangerooge. Das Bistum Münster reicht hoch hinauf in den Norden, das Cloppenburger Land ist eine alte Münsterländer Enklave, zu der auch Wangerooge gehört. Hieran wird die alle politischen Grenzen sprengende Kraft Westfalens deutlich.

15. Wenn der Kiepenkerl eine Regionalbahn ist, dann ist der Tödden ein Trans Europ Express. Der Händler kam von Holland bis ins Baltikum, um sein Leinen zu verkaufen. Dieses hatten die Bauern im Winter gesponnen, und es war insbesondere bei Seefahrervölkern schwer gefragt, als Segeltuch für die Schiffe und für wetterfeste Kleidung. Die Tödden waren gut durchorganisiert und verwendeten sogar eine eigene Geheimsprache, das Humpisch oder Bargunsch. Die westfälische Textilindustrie war einst weltberühmt. Dass sie es heute noch ist, auch daran sind zwei Tödden schuld. Die Brüder Brenninkmeyer aus Mettingen im Tecklenburger Land gründeten 1841 in Holland ein Geschäft, das als eines der ersten Kleidung in Konfektionsgrößen anbot. Die Brüder hießen Clemens und August, sodass ein Name für ihr Unternehmen schnell gefunden war: C&A. Zu einem der größten Bekleidungsunternehmen der Welt herangewachsen ist C&A weiter fest in Familienhand. Und wenn sich alle zwölf Stämme der ca. 500-köpfigen Großfamilie treffen, dann kommt man am alten Familienstammsitz zusammen, in Mettingen, in Westfalen.

16. Das Bier aus Bottrop! Unvergesslich Jürgen von Mangers Version von Udo Jürgens' Heimwehhymne *Griechischer Wein*. Sie erinnern sich? »Bottroper Bier, is so wie der Saft füürt Leben, hier im Revier ...« Junge, Junge!

17. Die Grammatik an der Ruhr folgt eigenen Gesetzen. Ein fußfaules Mitglied unserer Ministrantengruppe drohte vor einem Ausflug: »Wenn we wandan, geh ich ausse Messdiener!«
Auch Verwandtschaftsbeziehungen werden höchst anschaulich

gemacht. Was sagt eine Dame, die verdeutlichen will, dass sie die Tante von Manfreds Sohnemann ist? »Vonne Manni sein Kleinem, da bin ich die Tante drüber.« Ein beliebter Geheimtipp, der im Ruhrgebiet vom Vater zum Sohn weitergegeben wird, lautet: »Wennsse lecker essen wills, geh bei die Oma oder anne Bude.« Und wenn der Wattenscheider müde ist, will er nur eines: »Ab im Bett!«

18. Die Bergwerksleitung wusste, wie hart die Arbeit der Kumpel war. Um ihnen Erleichterung zu verschaffen, bekamen die schwarzen Männer von Recklinghausen täglich eine Flasche Boente mit auf die Schicht, den bekannten Recklinghäuser Qualitätsschnaps. Einen »Kurzen« zwischendurch, und die Arbeit lief wieder wie geschmiert.

18 Punkte   Gratulation! Besser geht es nicht, Sie sind ein Westfale durch und durch.

15–17 Punkte   Eine Leistung, auf die Sie zu Recht stolz sein dürfen. Mehr hätte auch Heinrich Lübke nicht geschafft.

12–14 Punkte   Nicht schlecht. Sie sollten jedoch nicht nachlassen, in Westfalen auf Reisen zu gehen. Sie werden sehen, es gibt noch viel Neues zu entdecken.

9–11 Punkte   Üben, üben, üben! Und dieses Buch gleich noch mal von vorne lesen.

0–8 Punkte   Westfalen ist und bleibt für Sie ein Buch mit sieben Siegeln. Oder haben Sie das Quiz nach zu reichlichem Genuss von Pils und Korn gemacht? Dann dürfen Sie sich natürlich ebenfalls für einen Westfalenkenner halten.

Über den Autor

Enkel eines Münsterländer Gastwirts und Bauern, Sohn eines westfälischen Lehrers, in Dortmund geboren, mit Emscherwasser getauft, in Schwerte an der Ruhr aufgewachsen, Ministrant des Erzbistums Paderborn, stolzer Besitzer einer BVB-Schülerdauerkarte, Arzt im Sauerland, Angestellter des Landschaftsverbandes Westfalen-Lippe, Mitglied der westfälischen Ärztekammer, sich nur zäh an alles Neue gewöhnend, Hutgröße 62 und Plattfüße: Johannes Wilkes ist Westfale durch und durch.

Danksagung

Mein besonderer Dank gilt Herrn Professor Dr. Markus Köster, der mit außerordentlichem Sachverstand und viel westfälischem Humor das Buch bereichert hat.

Franken im Rampenlicht

Johannes Wilkes
Das kleine Franken-Buch
Humorvolles Lexikon
Klappenbroschur, 182 Seiten
ISBN 978-3-86913-409-3

Franken soll für uns überall dort sein, wo sich die Menschen als Franken bezeichnen. All denjenigen, die es ganz genau wissen wollen, sei folgender Trick verraten: Fingern Sie beim Dorfmetzger umständlich in Ihrem Geldbeutel und legen mit dem Ausdruck tiefsten Bedauerns einen Cent zu wenig auf die Theke. Sagt der Metzger »Bassd scho!«, sind Sie in Franken. Oder der Metzger ist ein fränkischer Exilant.

»Eine durchweg flott geschriebene, höchst vergnüglich zu lesende Sammlung«
NÜRNBERGER NACHRICHTEN

»Eine humorvolle Entdeckungsreise der fränkischen Seele«
BAYERN 2

Was Sie schon immer über Nürnberg wissen wollten ...

Johannes Wilkes
Das kleine Nürnberg-Buch
Humorvolles Lexikon
Klappenbroschur, ca. 240 Seiten
ISBN 978-3-86913-733-9

Freunde der Noris aufgepasst! Haben Sie schon einmal einen Gang um die Stadtmauer gemacht? Oder sich im Tiergarten über das Liebesleben der Zoobewohner informiert? Kennen Sie die Geheimnisse der Nordstadt? Wissen Sie, wo man am besten Silvester feiert oder wie Nürnberg im Jahr 2051 aussehen wird? Nürnberg ist eine Stadt für Entdecker. Und so erzählt dieses Buch von Helden, Künstlern und mutigen Frauen, von Dürers Füßen und von den zehn Dingen, die jeder Nürnberger einmal im Leben gemacht haben muss. Und wenn Sie uns Ihren Nürnberger Lieblingsbrunnen verraten, verraten wir Ihnen Ihre Persönlichkeit. Versprochen!